"互联网+"
生鲜农产品供应链商业模式

但 斌　张旭梅◎著

本书是国家社会科学基金重大项目
"推进'互联网+'生鲜农产品供应链渠道发展研究"(15ZDB169)的最终研究成果

科学出版社
北京

内 容 简 介

本书通过对"互联网+"生鲜农产品供应链商业模式创新问题进行质性和案例研究，提出了提升生鲜农产品流通效率与支持供应链企业优化管理实践的商业模式及策略，主要包括基于社群经济的 C2B 商业模式、基于消费众筹的预售模式、"互联网+"农消对接、生鲜电商跨界合作等重要模式，生鲜超市、生鲜供应商和生产者等供应链成员企业的"互联网+"转型策略，以及生鲜实体店全渠道转型路径和生鲜农产品供应链全渠道发展路径等内容。

本书内容深入、细致，结构合理，全面扎根企业实际，反映了"互联网+"生鲜农产品供应链的最新学术成果，对从事生鲜农产品供应链研究和实践的企业领导、管理人员、技术人员、科研机构的研究人员、高等院校的教师和学生都有很好的参考和借鉴价值。

图书在版编目(CIP)数据

"互联网+"生鲜农产品供应链商业模式 / 但斌，张旭梅著. —北京：科学出版社，2024.12

ISBN 978-7-03-077602-0

Ⅰ.①互… Ⅱ.①但… ②张… Ⅲ.①互联网络－应用－农产品－供应链管理－研究－中国 Ⅳ.①F724.72-39

中国国家版本馆 CIP 数据核字（2024）第 015004 号

责任编辑：王丹妮 / 责任校对：姜丽策
责任印制：张 伟 / 封面设计：有道设计

科学出版社 出版
北京东黄城根北街 16 号
邮政编码：100717
http://www.sciencep.com
三河市春园印刷有限公司印刷
科学出版社发行 各地新华书店经销

*

2024 年 12 月第 一 版 开本：720×1000 1/16
2024 年 12 月第一次印刷 印张：15 1/2
字数：309 000

定价：188.00 元
（如有印装质量问题，我社负责调换）

前　言

我国作为一个农业大国,"三农"问题是关系到国民素质、经济发展和社会稳定的重要问题。生鲜农产品作为农业生产的主要产出和城镇人民生活的必需品,在"三农"问题中具有至关重要的作用。生鲜农产品的销售与流通渠道一头连接着城镇居民的"菜篮子",另一头连接着农民的钱袋子。由于生鲜农产品是具有高易腐性特点和高时效要求的一类农业食品,生鲜农产品供应链管理相对于其他类型的农产品要求更高且更加困难。因此,建立高效、通畅的生鲜农产品流通渠道,推行有机衔接"产—供—销—消"的生鲜农产品供应链管理模式,逐步形成以市场为导向、根据市场配置资源的新型农业经济形态至关重要。

电子商务与互联网技术的发展及相关应用的兴起,逐渐成为学术界研究和企业界实践的热门领域,但对于具有高易腐性的生鲜农产品的研究和应用远远不够,远不能达到为建设现代化的生鲜农产品市场和流通渠道提供系统的理论与方法的目的。由于我国生鲜农产品存在流通问题,近年来,中央文件和政府部门的报告从多个方面强调建设新型、高效与智慧的生鲜农产品流通渠道。在综合分析生鲜农产品供应链相关概念和研究文献的基础上,有必要结合"互联网+"与生鲜农产品供应链的特征,研究"互联网+"生鲜农产品供应链商业模式创新的问题,力争为构建现代化的生鲜农产品供应链发展模式提供新的分析视角和理论指导。

本书以生鲜农产品供应链为研究对象,通过对"互联网+"环境下涌现的生鲜农产品供应链商业发展模式与运营实践以及出现的相关问题进行理论分析与案例研究,提出能够有效推进生鲜农产品供应链商业模式创新发展与实现高效运营管理的路径机制与机理。本书共分为6章,主要研究内容如下。

第1章为"互联网+"生鲜农产品供应链商业模式概述,主要介绍本书的研究背景与相关概念,分析和综述研究现状,阐述本书研究的内容。

第2章基于互联网技术、方法和思维与生鲜农产品供应链深度融合,加速生鲜农产品供应链流通实现,深化对生鲜农产品供应链的创新力和生产力的理解,以生鲜农产品供应链模式为研究对象,提出基于消费者导向的"互联网+"生鲜农产品供应链商业模式,并对商业模式创新的关键要素、实践案例等进行深入研究,进而构建该类商业模式创新的实现路径。

第3章考虑到"互联网+"环境下,生鲜供应链与消费者的连接方式已转换为双向沟通,能够通过线上渠道与消费者直接互动而实现价值共创,对此以生鲜农产品供应链渠道模式为研究对象,提出基于价值重构的"互联网+"生鲜农产品供应链渠道模式,并对渠道模式创新的关键组成、实践案例及实施策略进行深入研究,进而构建该类商业模式创新的实现路径。

第 4 章针对"不仅卖产品也需卖服务"的生鲜农产品行业发展趋势,指出利用"互联网+"工具和思维,通过合作寻求创新发展并满足消费者需求,进一步以生鲜农产品供应链合作模式为研究对象,提出基于生活性服务的"互联网+"生鲜农产品供应链合作模式,并对合作模式创新的关键要素、表现形式及实践案例进行深入研究,进而构建该类商业模式创新的实现路径。

第 5 章针对传统生鲜零售门店销售模式不能完全满足消费者需求、"互联网+"给生鲜供应商带来挑战和压力、农业生产者面临拓展增收空间难题等成员企业的现实发展问题,从满足消费者偏好和需求的角度出发,基于案例分析设计生鲜农产品供应链成员企业"互联网+"转型策略,提出推动生鲜农产品供应链成员企业"互联网+"转型的对策和建议。

第 6 章围绕"互联网+"环境下生鲜实体店如何在原有线下渠道基础上快速与高效地建立全渠道参与竞争、生鲜实体店和生鲜电商怎样带动上游供应链合作企业实现全渠道转型的问题,结合典型案例与相关实践,分析生鲜实体店全渠道转型过程和生鲜零售商供应链全渠道发展过程,对应提出生鲜实体店全渠道转型路径机理和生鲜农产品供应链全渠道发展路径。

本书的特色和创新之处体现在以下四个方面。

1)提出生鲜农产品供应链"互联网+"农消对接实现路径

现有研究主要集中在"农超对接"和"公司+农户"两种产销对接模式,农消对接模式尚未得到社会各界的广泛关注。农消对接模式摒弃了中间商,能够实现农户和消费者直接交易,具有较大的研究价值,但目前与之相关的研究较少,研究的模式也较为单一,不能对该模式进行系统性的运营指导。考虑"互联网+"环境下消费者的多元化需求,本书对农消对接模式进行全面探索与深度分析,提出"互联网+"环境下农消对接模式的实现路径。研究丰富了生鲜农产品供应链管理理论,满足了农消对接实践发展的现实指导需求。

2)提出基于社群经济的"互联网+"生鲜农产品供应链 C2B 商业模式

关于电子商务环境下生鲜农产品供应链怎么运作这个命题展开的研究还不够深入。尤其是在"互联网+"行动计划以及"互联网+'三农'"这一新环境下,社群经济将推动电子商务和供应链管理的革新,既给生鲜农产品供应链的发展带来新机遇,同时又提出了商业模式变革的挑战。研究提出基于社群经济的"互联网+"生鲜农产品供应链 C2B(consumer-to-business,顾客对企业电子商务)商业模式,有效丰富了电子商务环境下生鲜农产品供应链的研究并形成了相应的实践发展指导。

3）提出面向消费者偏好与需求的"互联网+"生鲜超市复合型销售模式

由于消费者购买模式的变化、新技术和新方法的引入已经给生鲜农产品流通渠道带来了变革，并且"互联网+"对于传统的"三农"和农产品供应链也会产生极大的影响，现有研究并未就生鲜超市转型门店销售模式满足消费者日益多样化的偏好和需求展开研究。研究从满足消费者偏好和需求的角度出发，提出并设计"互联网+"生鲜超市复合型创新销售模式，有效弥补了文献缺口，并提供了优化生鲜超市运营管理的对策建议。

4）提出生鲜农产品供应链全渠道转型与发展路径机理

现有研究较少涉及生鲜企业如何从传统渠道转型为全渠道零售，缺乏对转型问题展开系统、全面的过程分析，难以对生鲜实体店渠道转型过程做出系统性解答，较难为生鲜实体店提供理论支持以积极应对互联网环境下消费者产生的渠道多样化需求。研究提出实体生鲜企业互联网渠道转型路径和内在机理，打开了互联网环境下生鲜企业成功实现从单渠道到全渠道零售转型的黑箱，并给出了生鲜企业开展全渠道转型实践的针对性指导建议。

通过以上研究，可以提出"互联网+"环境下生鲜农产品供应链商业模式创新的实现路径、运作机制与内在机理，形成"互联网+"生鲜农产品供应链商业模式创新的研究范畴，丰富并充实生鲜农产品供应链管理优化与商业模式创新的相关研究。同时，本书的研究结论能够为互联网环境下生鲜农产品供应链参与主体发展、渠道关系优化、上下游顺畅对接等相关实践的具体开展提供新的分析视角和有益理论指导。

本书第1章由但斌、张旭梅、江小玲撰写，第2章由但斌、郑开维、邵兵家撰写，第3章由张旭梅、梁晓云、吴胜男、陈旭撰写，第4章由但斌、张旭梅、刘墨林、邓振华撰写，第5章由王磊、但斌、王钊撰写，第6章由张旭梅、吴雨禾、江小玲撰写。全书由但斌、张旭梅统稿。

本书的有关研究工作得到国家社会科学基金重大项目（批准号：15ZDB169）的资助；本书的编写和出版得到科学出版社的大力支持和重庆大学经济与工商管理学院的资助，在此表示衷心感谢。

由于时间仓促及作者水平有限，本书不足之处在所难免，敬望读者批评指正。

作　者

2024年10月

目 录

第1章 "互联网+"生鲜农产品供应链商业模式概述 ·············· 1
- 1.1 生鲜农产品供应链的概念及特点 ·············· 6
- 1.2 "互联网+"生鲜农产品供应链管理的研究意义 ·············· 8
- 1.3 "互联网+"生鲜农产品供应链商业模式的研究现状 ·············· 20

第2章 基于消费者导向的"互联网+"生鲜农产品供应链商业模式 ·············· 33
- 2.1 基于社群经济的"互联网+"生鲜农产品供应链 C2B 商业模式 ·············· 33
- 2.2 "互联网+"生鲜农产品供应链 C2B 商业模式实现路径 ·············· 41
- 2.3 基于消费众筹的"互联网+"生鲜农产品供应链预售模式 ·············· 54

第3章 基于价值重构的"互联网+"生鲜农产品供应链渠道模式 ·············· 65
- 3.1 考虑消费者便利性的"互联网+"生鲜农产品供应链 O2O 渠道模式 ·············· 65
- 3.2 "互联网+"生鲜农产品供应链 O2O 渠道模式实现路径 ·············· 75
- 3.3 生鲜农产品供应链"互联网+"农消对接渠道模式及实现路径 ·············· 89

第4章 基于生活性服务的"互联网+"生鲜农产品供应链合作模式 ·············· 110
- 4.1 "互联网+"生鲜农产品供应链的产品服务融合模式 ·············· 110
- 4.2 消费需求驱动的"互联网+"生鲜电商同业互补模式 ·············· 121
- 4.3 "互联网+"生鲜电商跨界合作模式 ·············· 137

第5章 生鲜农产品供应链成员企业"互联网+"转型策略 ·············· 148
- 5.1 "互联网+"环境下生鲜超市多渠道转型策略 ·············· 148
- 5.2 生鲜农产品供应商"互联网+"功能拓展转型策略 ·············· 159
- 5.3 基于产品增值的生鲜农产品生产者"互联网+"转型策略 ·············· 175

第6章 生鲜农产品供应链全渠道转型与发展路径 ·············· 195
- 6.1 生鲜实体店全渠道转型路径 ·············· 195
- 6.2 生鲜农产品供应链全渠道发展路径 ·············· 209

参考文献 ·············· 225

第1章 "互联网+"生鲜农产品供应链商业模式概述

我国作为一个农业大国,"三农"问题是关系到国民素质、经济发展和社会稳定的重要问题。从 2004 年到 2023 年的中央"一号文件"连续 20 次锁定"三农"。党的二十大报告指出,"推动现代服务业同先进制造业、现代农业深度融合""树立大食物观,发展设施农业,构建多元化食物供给体系"①。农产品作为农业生产的主要产出和城镇居民生活的必需品,在"三农"问题中具有至关重要的作用。2024 年,国务院总理李强在政府工作报告中进一步强调"坚持不懈抓好'三农'工作,扎实推进乡村全面振兴""锚定建设农业强国目标""加强粮食和重要农产品稳产保供""我们这样一个人口大国,必须践行好大农业观、大食物观,始终把饭碗牢牢端在自己手上"②。

生鲜农产品(包括蔬菜、水果、畜禽肉、蛋、水产品、奶制品等)的销售与流通渠道(供应链)一头连接着城镇居民的"菜篮子",另一头连接着农民的钱袋子。一方面,农户常常抱怨生鲜农产品销售困难、价格低廉,其主要原因在于生鲜农产品市场体制不健全,流通渠道不畅;另一方面,城镇居民又在为怎样才能吃上新鲜、安全、绿色、健康的生鲜农产品而烦恼。要改变这种局面,建立高效、通畅的生鲜农产品流通渠道,推行有机衔接"产—供—销—消"的生鲜农产品供应链管理模式,逐步形成以市场为导向、根据市场配置资源的新型农业经济形态至关重要。

由于生鲜农产品是具有高易腐性特点和高时效要求的一类农业食品,生鲜农产品供应链管理相对于其他类型的农产品要求更高且更加困难。电子商务和供应链管理自 20 世纪 90 年代被引入我国以来,一直是学术界研究和企业界实践的热门领域,但这些研究和实践主要关注与针对的是工业产品和非易腐消费品,对于农产品(特别是具有高易腐性的生鲜农产品)的研究和应用远远不够,远不能达到为建设现代化的农产品市场和流通渠道提供系统的理论与方法的目的。

鉴于我国农产品流通中存在的这些问题,2015 年的《中共中央 国务院关于加大改革创新力度加快农业现代化建设的若干意见》强调"创新农产品流通

---

① 《高举中国特色社会主义伟大旗帜 为全面建设社会主义现代化国家而团结奋斗——在中国共产党第二十次全国代表大会上的报告》,http://cpc.people.com.cn/20th/n1/2022/1026/c448334-32551867.html。

② 《政府工作报告——2024 年 3 月 5 日在第十四届全国人民代表大会第二次会议上》,https://www.gov.cn/yaowen/liebiao/202403/content_6939153.htm。

方式""支持电商、物流、商贸、金融等企业参与涉农电子商务平台建设"[①]。2015年3月,李克强总理在政府工作报告中首次提出"制定'互联网+'行动计划"[②]。同年8月,国务院办公厅发布《关于加快转变农业发展方式的意见》,明确强调:"开展'互联网+'现代农业行动。鼓励互联网企业建立农业服务平台,加强产销衔接。"[③]之后几年的中央文件和政府工作报告中多次关注农产品流通问题,从多个方面强调建设新型、高效的农产品流通渠道,如表1.1所示。例如,2015年12月31日发布的《中共中央 国务院关于落实发展新理念加快农业现代化 实现全面小康目标的若干意见》明确提出"大力推进'互联网+'现代农业,应用物联网、云计算、大数据、移动互联等现代信息技术,推动农业全产业链改造升级""加强农产品流通设施和市场建设"[④];2016年12月31日发布的《中共中央 国务院关于深入推进农业供给侧结构性改革 加快培育农业农村发展新动能的若干意见》同样提出"推进'互联网+'现代农业行动""促进新型农业经营主体、加工流通企业与电商企业全面对接融合,推动线上线下互动发展"[⑤];2018年的《中共中央 国务院关于实施乡村振兴战略的意见》提出"鼓励支持各类市场主体创新发展基于互联网的新型农业产业模式"[⑥],同年3月的政府工作报告进一步指出"深入推进'互联网+农业'"[⑦];2019年的《中共中央 国务院关于坚持农业农村优先发展做好"三农"工作的若干意见》继续践行以农立国,明确指出"深入推进'互联网+农业',扩大农业物联网示范应用。推进重要农产品全产业链大数据建设,加强国家数字农业农村系统建设。继续开展电子商务进农村综合示范,实施'互联网+'农产品出村进城工程"[⑧];2020年的《中共中央 国务院关于抓好"三农"领域重点工作确保如期实现全面小康的意见》则清晰指出"加快物联网、大数据、区块链、人工智能、第五代移动通信网络、智慧气象等现代信息技术在农业领域的应用"[⑨];2020年的政府工作报告指出"要继续出台支

---

① 《中共中央 国务院关于加大改革创新力度加快农业现代化建设的若干意见》,http://www.gov.cn/zhengce/2015-02/01/content_2813034.htm。
② 《政府工作报告(全文)》,https://www.gov.cn/guowuyuan/2015-03/16/content_2835101.htm。
③ 《国务院办公厅关于加快转变农业发展方式的意见》,http://www.gov.cn/zhengce/content/2015-08/07/content_10057.htm。
④ 《中共中央 国务院关于落实发展新理念加快农业现代化 实现全面小康目标的若干意见》,http://www.gov.cn/zhengce/2016-01/27/content_5036698.htm。
⑤ 《中共中央 国务院关于深入推进农业供给侧结构性改革 加快培育农业农村发展新动能的若干意见》,http://www.gov.cn/zhengce/2017-02/05/content_5165626.htm。
⑥ 《中共中央 国务院关于实施乡村振兴战略的意见》,http://www.gov.cn/zhengce/2018-02/04/content_5263807.htm。
⑦ 《政府工作报告(全文)》,http://www.gov.cn/premier/2018-03/22/content_5276608.htm。
⑧ 《中共中央 国务院关于坚持农业农村优先发展做好"三农"工作的若干意见》,http://www.gov.cn/zhengce/2019-02/19/content_5366917.htm。
⑨ 《中共中央 国务院关于抓好"三农"领域重点工作确保如期实现全面小康的意见》,http://www.gov.cn/zhengce/2020-02/05/content_5474884.htm。

持政策，全面推进'互联网+'，打造数字经济新优势"①；2021年的《中共中央 国务院关于全面推进乡村振兴加快农业农村现代化的意见》进一步提出"发展智慧农业，建立农业农村大数据体系，推动新一代信息技术与农业生产经营深度融合"②；2022年的《中共中央 国务院关于做好2022年全面推进乡村振兴重点工作的意见》提出"实施'数商兴农'工程，推进电子商务进乡村。促进农副产品直播带货规范健康发展""完善全产业链质量安全追溯体系""加快实施'互联网+'农产品出村进城工程"③；2022年党的二十大报告指出"加快建设现代化经济体系""构建优质高效的服务业新体系，推动现代服务业同先进制造业、现代农业深度融合""加快发展物联网，建设高效顺畅的流通体系，降低物流成本""树立大食物观，发展设施农业，构建多元化食物供给体系"④；2023年的《中共中央 国务院关于做好2023年全面推进乡村振兴重点工作的意见》同样提出了"深入实施'数商兴农'和'互联网+'农产品出村进城工程，鼓励发展农产品电商直采、定制生产等模式，建设农副产品直播电商基地"⑤；2023年的政府工作报告指出"一体推进农业现代化和农村现代化""树立大食物观，构建多元化食物供给体系"⑥。

表 1.1　近几年中央文件和政府工作报告中有关农产品流通的内容

文件和报告	有关农产品流通的内容
2015年的《中共中央 国务院关于加大改革创新力度加快农业现代化建设的若干意见》	创新农产品流通方式 支持电商、物流、商贸、金融等企业参与涉农电子商务平台建设
2015年的政府工作报告	制定"互联网+"行动计划 发展物流快递，把以互联网为载体、线上线下互动的新兴消费搞得红红火火 深化流通体制改革，加强大型农产品批发、仓储和冷链等现代物流设施建设，努力大幅降低流通成本
2015年12月31日发布的《中共中央 国务院关于落实发展新理念加快农业现代化 实现全面小康目标的若干意见》	大力推进"互联网+"现代农业 加强农产品流通设施和市场建设

---

① 《政府工作报告（文字实录）》，https://www.gov.cn/premier/2020-05/22/content_5513757.htm。
② 《中共中央 国务院关于全面推进乡村振兴加快农业农村现代化的意见》，http://www.gov.cn/zhengce/2021-02/21/content_5588098.htm。
③ 《中共中央 国务院关于做好2022年全面推进乡村振兴重点工作的意见》，https://www.gov.cn/zhengce/2022-02/22/content_5675035.htm。
④ 《高举中国特色社会主义伟大旗帜 为全面建设社会主义现代化国家而团结奋斗——在中国共产党第二十次全国代表大会上的报告》，http://cpc.people.com.cn/20th/n1/2022/1026/c448334-32551867.html。
⑤ 《中共中央 国务院关于做好2023年全面推进乡村振兴重点工作的意见》，https://www.gov.cn/zhengce/2023-02/13/content_5741370.htm。
⑥ 《政府工作报告——2023年3月5日在第十四届全国人民代表大会第一次会议上》，https://www.gov.cn/gongbao/content/2023/content_5747260.htm。

续表

文件和报告	有关农产品流通的内容
2016年的政府工作报告	促进大数据、云计算、物联网广泛应用 推动电子商务进农村 大力支持农产品精深加工,延伸农业产业链条
2016年12月31日发布的《中共中央 国务院关于深入推进农业供给侧结构性改革 加快培育农业农村发展新动能的若干意见》	促进新型农业经营主体、加工流通企业与电商企业全面对接融合,推动线上线下互动发展 完善鲜活农产品直供直销体系 推进"互联网+"现代农业行动
2017年的政府工作报告	促进电商、快递进社区进农村,推动实体店销售和网购融合发展 支持主产区发展农产品精深加工,发展观光农业、休闲农业,拓展产业链价值链,打造农村一二三产业融合发展新格局
2018年的《中共中央 国务院关于实施乡村振兴战略的意见》	鼓励支持各类市场主体创新发展基于互联网的新型农业产业模式,深入实施电子商务进农村综合示范,加快推进农村流通现代化
2018年的政府工作报告	深入推进"互联网+农业",多渠道增加农民收入,促进农村一二三产业融合发展 加快建设现代农业产业园和特色农产品优势区 发展农产品加工业 发展农村新业态新模式
2019年的《中共中央 国务院关于坚持农业农村优先发展做好"三农"工作的若干意见》	深入推进"互联网+农业",扩大农业物联网示范应用 推进重要农产品全产业链大数据建设,加强国家数字农业农村系统建设 继续开展电子商务进农村综合示范,实施"互联网+"农产品出村进城工程
2019年的政府工作报告	全面推进"互联网+",运用新技术新模式改造传统产业 健全农村流通网络,支持电商和快递发展 加快农业科技改革创新,大力发展现代种业,加强先进实用技术推广,实施地理标志农产品保护工程,推进农业全程机械化 扶持主产区发展农产品精深加工
2020年的《中共中央 国务院关于抓好"三农"领域重点工作确保如期实现全面小康的意见》	加快物联网、大数据、区块链、人工智能、第五代移动通信网络、智慧气象等现代信息技术在农业领域的应用 开展国家数字乡村试点 启动农产品仓储保鲜冷链物流设施建设工程 重点培育家庭农场、农民合作社等新型农业经营主体,培育农业产业化联合体,通过订单农业、入股分红、托管服务等方式,将小农户融入农业产业链 加强绿色食品、有机农产品、地理标志农产品认证和管理 强化全过程农产品质量安全和食品安全监管,建立健全追溯体系 制定农业及相关产业统计分类并加强统计核算,全面准确反映农业生产、加工、物流、营销、服务等全产业链价值
2020年的政府工作报告	要继续出台支持政策,全面推进"互联网+",打造数字经济新优势
2021年的《中共中央 国务院关于全面推进乡村振兴加快农业农村现代化的意见》	发展智慧农业,建立农业农村大数据体系,推动新一代信息技术与农业生产经营深度融合 优化农产品贸易布局,实施农产品进口多元化战略,支持企业融入全球农产品供应链 依托乡村特色优势资源,打造农业全产业链

续表

文件和报告	有关农产品流通的内容
2021年的《中共中央 国务院关于全面推进乡村振兴加快农业农村现代化的意见》	加快健全现代农业全产业链标准体系，推动新型农业经营主体按标生产，培育农业龙头企业标准"领跑者" 立足县域布局特色农产品产地初加工和精深加工 推进公益性农产品市场和农产品流通骨干网络建设 加强农产品质量和食品安全监管，发展绿色农产品、有机农产品和地理标志农产品，试行食用农产品达标合格证制度，推进国家农产品质量安全县创建 支持市场主体建设区域性农业全产业链综合服务中心 加快实施农产品仓储保鲜冷链物流设施建设工程，推进田头小型仓储保鲜冷链设施、产地低温直销配送中心、国家骨干冷链物流基地建设
2021年的政府工作报告	健全城乡流通体系，加快电商、快递进农村，扩大县乡消费 运用好"互联网+"，推进线上线下更广更深融合，发展新业态新模式，为消费者提供更多便捷舒心的服务和产品
2022年的《中共中央 国务院关于做好2022年全面推进乡村振兴重点工作的意见》	保障"菜篮子"产品供给 加大力度落实"菜篮子"市长负责制 稳定大中城市常年菜地保有量，大力推进北方设施蔬菜、南菜北运基地建设，提高蔬菜应急保供能力 加快实施"互联网+"农产品出村进城工程，推动建立长期稳定的产销对接关系 推动冷链物流服务网络向农村延伸，整县推进农产品产地仓储保鲜冷链物流设施建设，促进合作联营、成网配套
2022年的政府工作报告	加强县域商业体系建设，发展农村电商和快递物流配送 各方面要共同努力，装满"米袋子"、充实"菜篮子"，把14亿多中国人的饭碗牢牢端在自己手中
2022年的党的二十大报告	构建优质高效的服务业新体系，推动现代服务业同先进制造业、现代农业深度融合 树立大食物观，发展设施农业，构建多元化食物供给体系 发展乡村特色产业，拓宽农民增收致富渠道
2023年的《中共中央 国务院关于做好2023年全面推进乡村振兴重点工作的意见》	抓紧抓好粮食和重要农产品稳产保供 构建多元化食物供给体系 树立大食物观，加快构建粮经饲统筹、农林牧渔结合、植物动物微生物并举的多元化食物供给体系，分领域制定实施方案 加快完善县乡村电子商务和快递物流配送体系，建设县域集采集配中心，推动农村客货邮融合发展，大力发展共同配送、即时零售等新模式，推动冷链物流服务网络向乡村下沉 深入实施"数商兴农"和"互联网+"农产品出村进城工程，鼓励发展农产品电商直采、定制生产等模式，建设农副产品直播电商基地
2023年的政府工作报告	下大气力抓农业生产，强化产销衔接和储备调节，确保粮食和生猪、蔬菜等稳定供应 全面落实粮食安全党政同责，强化粮食和重要农产品稳产保供，始终不懈地把14亿多中国人的饭碗牢牢端在自己手中 树立大食物观，构建多元化食物供给体系 发展乡村特色产业，拓宽农民增收致富渠道

在此背景下，开展"互联网+"生鲜农产品供应链的相关研究具有重要的理论意义和现实意义。

与传统的工业供应链几十年来丰富的研究相比，生鲜农产品供应链的相关研究时间较短，尚不够系统和深入，需要新的供应链管理方法研究和实践探索。为此，本书以生鲜农产品供应链为对象，重点针对生鲜农产品供应链、生鲜农产品电子商务、生鲜农产品供应链商业模式以及存在的问题，剖析"互联网+"生鲜农产品供应链的研究现状。作为本书的开篇和基础，本章主要介绍生鲜农产品供应链的基本概念，分析国内外相关研究现状与进展。

1.1 生鲜农产品供应链的概念及特点

为了明确本书的研究对象，这里从供应链的基本概念出发，分析和阐释生鲜农产品供应链的基本概念及特点。

1.1.1 供应链的概念

供应链这一名词直接译自英文的"supply chain"，国内也有学者将其译为供需链。供应链至今尚无一个统一的定义，许多学者或机构给出了不同的定义。应用较广的定义为：供应链是围绕核心企业，通过对信息流、物流、资金流的控制，从采购原材料开始，制成中间产品以及最终产品，最后由销售网络把产品送到消费者手中的将供应商、制造商、分销商、零售商、直到最终用户连成一个整体的功能网链结构。它是一个范围更广的企业结构模式，包含所有加盟的节点企业，从原材料的供应开始，经过链中不同企业的制造加工、组装、分销等过程直到最终用户。它不仅是一条连接供应商到用户的物料链、信息链、资金链，而且是一条增值链，物料在供应链上因加工、包装、运输等过程而增加其价值，给相关企业带来收益（马士华和林勇，2006）。从定义中可以看出，它是以工业供应链为背景进行的描述。

1.1.2 生鲜农产品供应链的概念

1. 农产品供应链

农产品供应链（agricultural product supply chain）或称为农业食品供应链（agri-food supply chains），至今尚无统一的定义。Ahumada 和 Villalobos（2009）认为，农业食品供应链描述农产品从生产到分销的活动，涉及农产品"从田间到餐桌"的全过程，由承担农产品的生产、分销、加工和营销等职责的组织组成。冷志杰（2006）认为，农产品供应链是由农业生产资料供应商、农产品种植者、养殖者、加工者、物流服务经销商、消费者等各个环节构成的组织形式或网络结构。

农产品供应链与工业供应链相同之处为：它是一个在不同过程和活动中一起工作的组织组成的网络，其目的是将产品和服务带到市场以满足客户需求。农产品供应链一般也有核心企业，可以是生产商（如大型农产品生产企业）、分销商（如大型农产品批发企业）或零售商（如大型连锁超市），主要起组织管理功能，完成信息流、资金流和物流的集成与交互，与其他成员一道共同构建供应链。

农产品供应链与工业供应链不同之处为：质量、安全、气候变化等对农产品的作用很重要，其他的特性还包括有限的保质期、需求和价格变化，这使得农产品供应链比其他供应链更复杂和难以管理。

2. 生鲜农产品供应链

生鲜农产品供应链（supply chain of agricultural fresh products）又称为生鲜食品供应链（fresh-food supply chain）或生鲜供应链（fresh supply chain），相关概念有生鲜农产品（食品）物流（logistics of agricultural fresh products or fresh-food）、冷链（cold chain）等。

由于生鲜农产品是一种变质产品（易腐品），早期关于生鲜农产品供应链的研究也大都包含在变质产品（易腐品）供应链中。然而，与一般的变质产品不同，生鲜农产品具有高易腐性、时鲜性、季节性、地域性和随机短生命周期等特性，并且可以从外观分析其质量的特点，一般的变质产品供应链研究难以准确刻画生鲜农产品供应链的特点。这里结合生鲜农产品的特点以及农产品供应链的相关概念，可将生鲜农产品供应链定义为：生鲜农产品供应链是涉及生鲜农产品"从田间到餐桌"全过程的组织组成的网络，这些组织包括生鲜农产品的生产商（种植者、养殖者、加工者）、销售商（批发商、零售商）以及物流服务商等，他们承担生鲜农产品的生产、分销、加工和营销等职能。

生鲜农产品供应链是通过信息流、物流和资金流将生鲜农产品的生产商、物流服务商、销售商以及消费者连接起来，旨在实现生鲜农产品快速、高效和安全地从产地到餐桌的位移。生鲜农产品供应链更关注位于农业供应链下游和末端的产后加工、流通和消费过程，重点考虑食品安全、流通过程中的损耗控制、生鲜农产品保鲜与加工等人们生活中普遍关心的问题。

1.1.3 生鲜农产品供应链的特点

由于生鲜农产品的特性，生鲜农产品供应链具有以下特点。

（1）资产专用性高。由于生鲜农产品具有容易腐烂变质的属性，因此在物流过程中必须采取一定的保护措施，才能保证生鲜农产品的质量。比如，生鲜农产品在采购环节需要进行分类、整理等工作；在运输过程中部分产品需要使用特种运输设备，如肉制品的运输等。从这种意义上说，生鲜农产品流通比其他产品流通具有更强的资产专用性，投资回收期可能更长。

（2）市场不确定性大。生鲜农产品的生产和消费是分散的，经营者难以取得垄断地位，市场信息基本上是完全共享的，同时也是非常分散的，人们难以全面掌握市场供求信息及竞争者、合作者的信息。生鲜农产品生产的季节性强，批量上市后，产品价格波动比较大，价格下降明显。此外，生鲜农产品的易腐性限制了其在短时间内在不同地区进行调节的可能性，使得生鲜农产品供应链具有更多的风险。在不完善的市场经济体制下，还会存在市场运行不规范的问题。分散农户对市场难以把握，往往在市场给出的错误信号和地方政府对市场的错误判断指导下盲目生产，造成买和卖的不畅通，增加了交易的费用。

（3）市场力量不均衡。我国农村劳动力过剩，大多数生鲜农产品是由分散农户生产的；相对于加工企业、流通企业等市场主体，其市场力量非常薄弱，处于一种弱势地位。

（4）对物流的要求较高。由于各个地方的气候、地理条件不一样，不同种类的生鲜农产品适宜于不同的地域，但人们的需求又是多种多样的，这就需要对生鲜农产品进行跨区域的流通。同时，生鲜农产品具有易腐性，在流通过程中会造成一定的消耗，时间越长、距离越大，消耗也就越大，流通成本就越高，这是和工业品物流不同的地方。要降低成本，提高效益，就必须对生鲜农产品供应链的物流过程进行专业化的管理，尽量减少流通环节，提高流通水平，因此其对物流的要求就比较高。

1.2 "互联网+"生鲜农产品供应链管理的研究意义

开展"推进'互联网+'生鲜农产品供应链渠道发展研究"具有重要的理论意义和现实意义。

1.2.1 创新农产品流通方式是解决"三农"问题的重要抓手

"三农"问题一直是全党工作的重中之重，创新农产品流通方式是农业现代化建设的一个重要抓手。为此，2015年农业部发布的《关于做好2015年农产品加工业重点工作的通知》中提及"发展直销直供、电子商务、移动互联网营销、第三方电子交易平台等新型流通业态"[①]；同年印发的《中共中央 国务院关于加大改革创新力度加快农业现代化建设的若干意见》明确提出"创新农产品流通方式""加强农产品产地市场建设，加快构建跨区域冷链物流体系""推进合作

---

① 《农业部关于做好2015年农产品加工业重点工作的通知》，http://www.moa.gov.cn/nybgb/2015/er/201711/t20171129_5922898.htm。

社与超市、学校、企业、社区对接"和"支持电商、物流、商贸、金融等企业参与涉农电子商务平台建设""开展电子商务进农村综合示范"[①];同年12月31日的《中共中央 国务院关于落实发展新理念加快农业现代化实现全面小康目标的若干意见》提到"加强农产品流通设施和市场建设""健全统一开放、布局合理、竞争有序的现代农产品市场体系,在搞活流通中促进农民增收""完善流通骨干网络"等[②]。2016年12月31日发布的《中共中央 国务院关于深入推进农业供给侧结构性改革 加快培育农业农村发展新动能的若干意见》,提到"促进新型农业经营主体、加工流通企业与电商企业全面对接融合,推动线上线下互动发展""完善全国农产品流通骨干网络"[③]。2018年的《中共中央 国务院关于实施乡村振兴战略的意见》提到"创新发展基于互联网的新型农业产业模式""加快推进农村流通现代化"[④]。2019年5月财政部办公厅与商务部办公厅联合印发的《关于推动农商互联完善农产品供应链的通知》指出"不断提高订单农业、产销一体、股权合作等长期稳定农产品流通模式在农产品流通中的比重,实现联产品、联设施、联标准、联数据、联市场,打造上联生产、下联消费,利益紧密联结、产销密切衔接、长期稳定的新型农商关系,构建符合新时代农产品流通需求的农产品现代供应链体系,提升农产品供给质量和效率"[⑤]。2020年的《中共中央 国务院关于抓好"三农"领域重点工作确保如期实现全面小康的意见》提到"重点培育家庭农场、农民合作社等新型农业经营主体,培育农业产业化联合体""优化'保险+期货'试点模式"[⑥];同年9月国务院办公厅印发的《关于以新业态新模式引领新型消费加快发展的意见》明确指出"引导实体企业更多开发数字化产品和服务,鼓励实体商业通过直播电子商务、社交营销开启'云逛街'等新模式""加快推广农产品'生鲜电子商务+冷链宅配'、'中央厨房+食材冷链配送'等服务新模式""组织开展形式多样的网络促销活动,促进品牌消费、品质消费"[⑦]。2021年的《中共中央 国务院关于全面推进乡村振兴加快农业农村现代化

---

① 《中共中央 国务院关于加大改革创新力度加快农业现代化建设的若干意见》,http://www.gov.cn/zhengce/2015-02/01/content_2813034.htm。

② 《中共中央 国务院关于落实发展新理念加快农业现代化实现全面小康目标的若干意见》,http://www.gov.cn/zhengce/2016-01/27/content_5036698.htm。

③ 《中共中央 国务院关于深入推进农业供给侧结构性改革 加快培育农业农村发展新动能的若干意见》,http://www.gov.cn/zhengce/2017-02/05/content_5165626.htm。

④ 《中共中央 国务院关于实施乡村振兴战略的意见》,http://www.gov.cn/zhengce/2018-02/04/content_5263807.htm。

⑤ 《关于推动农商互联完善农产品供应链的通知》,https://www.gov.cn/zhengce/zhengceku/2019-10/18/content_5441440.htm。

⑥ 《中共中央 国务院关于抓好"三农"领域重点工作确保如期实现全面小康的意见》,http://www.gov.cn/zhengce/2020-02/05/content_5474884.htm。

⑦ 《国务院办公厅关于以新业态新模式引领新型消费加快发展的意见》,http://www.mof.gov.cn/zhengwuxinxi/caizhengxinwen/202009/t20200922_3592547.htm。

的意见》明确提出"加快健全现代农业全产业链标准体系,推动新型农业经营主体按标生产,培育农业龙头企业标准'领跑者'""推进公益性农产品市场和农产品流通骨干网络建设""支持市场主体建设区域性农业全产业链综合服务中心""依托乡村特色优势资源,打造农业全产业链,把产业链主体留在县城,让农民更多分享产业增值收益"等[1];同年5月财政部办公厅与商务部办公厅联合印发的《关于进一步加强农产品供应链体系建设的通知》明确提出"紧紧围绕畅通国内大循环、助力构建新发展格局,遵循'强节点、建链条、优网络'工作思路,以省(自治区、直辖市)为实施主体开展农产品供应链体系建设,着力完善农产品流通骨干网络,强化长期稳定的产销对接机制,加快建设畅通高效、贯通城乡、安全规范的农产品现代流通体系"[2]。2022年的《中共中央 国务院关于做好2022年全面推进乡村振兴重点工作的意见》提出"聚焦关键薄弱环节和小农户,加快发展农业社会化服务""开展订单农业、加工物流、产品营销等""创建消费帮扶示范城市和产地示范区,发挥脱贫地区农副产品网络销售平台作用""持续推进农村一二三产业融合发展""鼓励各地拓展农业多种功能、挖掘乡村多元价值,重点发展农产品加工、乡村休闲旅游、农村电商等产业""支持大型流通企业以县城和中心镇为重点下沉供应链""推动冷链物流服务网络向农村延伸,整县推进农产品产地仓储保鲜冷链物流设施建设,促进合作联营、成网配套"[3]。2023年的《中共中央 国务院关于做好2023年全面推进乡村振兴重点工作的意见》明确提出"加快粮食烘干、农产品产地冷藏、冷链物流设施建设""做大做强农产品加工流通业""实施农产品加工业提升行动,支持家庭农场、农民合作社和中小微企业等发展农产品产地初加工,引导大型农业企业发展农产品精深加工""引导农产品加工企业向产地下沉、向园区集中,在粮食和重要农产品主产区统筹布局建设农产品加工产业园""完善农产品流通骨干网络,改造提升产地、集散地、销地批发市场,布局建设一批城郊大仓基地""支持建设产地冷链集配中心""加快完善县乡村电子商务和快递物流配送体系,建设县域集采集配中心,推动农村客货邮融合发展,大力发展共同配送、即时零售等新模式,推动冷链物流服务网络向乡村下沉""提升净菜、中央厨房等产业标准化和规范化水平"[4]。

---

[1]《中共中央 国务院关于全面推进乡村振兴加快农业农村现代化的意见》,http://www.gov.cn/zhengce/2021-02/21/content_5588098.htm。

[2]《关于进一步加强农产品供应链体系建设的通知》,http://jjs.mof.gov.cn/tongzhigonggao/202105/t20210514_3702133.htm。

[3]《中共中央 国务院关于做好2022年全面推进乡村振兴重点工作的意见》,https://www.gov.cn/zhengce/2022-02/22/content_5675035.htm。

[4]《中共中央 国务院关于做好2023年全面推进乡村振兴重点工作的意见》,https://www.gov.cn/zhengce/2023-02/13/content_5741370.htm。

当前我国经济发展进入新常态，主动适应新常态并推进我国现代化农业的发展与传统农业的转型至关重要。从餐桌端回溯，新型农业现代化背景下的农业产出需要实现从"强调数量、解决温饱"向"强调安全、满足品位"转型。然而，新型农业现代化转型下传统的农产品流通方式不再能与之匹配，传统农产品流通方式的很多弊端反映出深层次的问题，如信息不对称导致农产品流通不透明，传统供应链渠道无法实现农产品顺畅流通和优化配置，物流设施不完善导致农产品不能保质保量地流通至终端。特别是对于生鲜农产品这类高易腐性和高时效性的农产品，这种矛盾更加突出。传统农产品流通方式和渠道存在的这些弊端与问题已经逐渐成为实现农业现代化的障碍因素，然而关于农产品流通方式和流通渠道的理论和方法研究还比较缺乏，既不能很好地为政府有关部门提供决策参考，又难以有效地指导相关企业的实践。

1.2.2　生鲜农产品供应链是保障城镇居民"菜篮子"的主要渠道

生鲜农产品作为城镇居民的生活必需品，关系着千家万户的日常生活。中共中央、国务院更是多次在"一号文件"中强调要抓好"菜篮子工程"。例如，2020 年的《中共中央 国务院关于抓好"三农"领域重点工作确保如期实现全面小康的意见》明确指出"压实'菜篮子'市长负责制""支持奶业、禽类、牛羊等生产，引导优化肉类消费结构""推进水产绿色健康养殖，加强渔港建设和管理改革"[①]；2021 年的《中共中央 国务院关于全面推进乡村振兴加快农业农村现代化的意见》明确指出"深入实施重要农产品保障战略，完善粮食安全省长责任制和'菜篮子'市长负责制，确保粮、棉、油、糖、肉等供给安全""优化农产品贸易布局，实施农产品进口多元化战略，支持企业融入全球农产品供应链"[②]；2022 年的《中共中央 国务院关于做好 2022 年全面推进乡村振兴重点工作的意见》明确指出"保障'菜篮子'产品供给""加大力度落实'菜篮子'市长负责制""稳定大中城市常年菜地保有量，大力推进北方设施蔬菜、南菜北运基地建设，提高蔬菜应急保供能力""统筹做好重要农产品调控""健全农产品全产业链监测预警体系，推动建立统一的农产品供需信息发布制度，分类分品种加强调控和应急保障"[③]；2023 年的《中共中央 国务院关于做好 2023 年全面

---

① 《中共中央 国务院关于抓好"三农"领域重点工作确保如期实现全面小康的意见》，http://www.gov.cn/zhengce/2020-02/05/content_5474884.htm。

② 《中共中央 国务院关于全面推进乡村振兴加快农业农村现代化的意见》，http://www.gov.cn/zhengce/2021-02/21/content_5588098.htm。

③ 《中共中央 国务院关于做好 2022 年全面推进乡村振兴重点工作的意见》，https://www.gov.cn/zhengce/2022-02/22/content_5675035.htm。

推进乡村振兴重点工作的意见》同样明确指出"抓紧抓好粮食和重要农产品稳产保供""构建多元化食物供给体系""树立大食物观，加快构建粮经饲统筹、农林牧渔结合、植物动物微生物并举的多元化食物供给体系，分领域制定实施方案""严格'菜篮子'市长负责制考核""发挥农产品国际贸易作用，深入实施农产品进口多元化战略"①。然而，由于生鲜农产品供应链不畅通，逢春节等需求高峰期或者是高温天、持续降雨等恶劣天气，生鲜农产品供应链条就会受到阻断，菜价就会猛涨，菜质损耗相较平时也会更加严重；而且现行的生鲜农产品流通渠道中间环节过多还会导致监管困难和安全问题。在当前人均可支配收入不断上升的背景下，"菜篮子工程"除了最初满足城镇居民的副食品供应外还增添了更加丰富的内涵，要满足城镇居民对于生鲜农产品越来越高的品质和安全的要求。然而，天气变化影响蔬菜价格，尤其是天气反常极易造成菜价大幅波动，生鲜品质和安全问题频发，折射出传统生鲜农产品供应链与现行市场的高要求之间的矛盾，城镇居民"买菜难"仍是亟待解决的难题。究其背后原因主要是传统的生鲜农产品销售渠道单一、供应不顺畅。传统的生鲜农产品供应链主要是通过产地批发商、运输商、销地批发商、零售商等层层中间商流通到最终消费者，但由于传统渠道信息不畅、能力有限，很难在短时间内将大量成熟的生鲜农产品输送到消费者手中，从而造成生鲜农产品价格任性。所以为了解决传统的农产品供应与日益增加的需求之间的矛盾，必须建立现代化的生鲜农产品供应链，从而保障城镇居民"菜篮子"，让广大城镇居民吃上"新鲜菜""安全菜""便宜菜"。

1.2.3 多元化、立体化的生鲜农产品营销渠道是破解"卖菜难"困局的必要手段

如何保证"农民持续增收"一直是"三农"问题需要破解的重大问题。2021年的《中共中央 国务院关于全面推进乡村振兴加快农业农村现代化的意见》提出了"依托乡村特色优势资源，打造农业全产业链，把产业链主体留在县城，让农民更多分享产业增值收益"，更进一步指出"立足县域布局特色农产品产地初加工和精深加工，建设现代农业产业园、农业产业强镇、优势特色产业集群""完善农村生活性服务业支持政策，发展线上线下相结合的服务网点，推动便利化、精细化、品质化发展，满足农村居民消费升级需要，吸引城市居民下乡消费"②；同年5月农业农村部办

---

① 《中共中央 国务院关于做好2023年全面推进乡村振兴重点工作的意见》，https://www.gov.cn/zhengce/2023-02/13/content_5741370.htm。

② 《中共中央 国务院关于全面推进乡村振兴加快农业农村现代化的意见》，http://www.gov.cn/zhengce/2021-02/21/content_5588098.htm。

公厅和国家乡村振兴局综合司印发的《社会资本投资农业农村指引（2021年）》明确指出"鼓励社会资本开发特色农业农村资源，积极参与建设现代农业产业园、农业产业强镇、优势特色产业集群，发展特色农产品优势区，发展绿色农产品、有机农产品和地理标志农产品""发展'一村一品''一镇一特''一县一业'，建设标准化生产基地、集约化加工基地、仓储物流基地，完善科技支撑体系、生产服务体系、品牌与市场营销体系、质量控制体系，建立利益联结紧密的建设运行机制""加快农业品牌培育，加强品牌营销推介，鼓励社会资本支持区域公用品牌建设，打造一批'土字号''乡字号'特色产品品牌和具有市场竞争力的农业企业品牌"[①]；2022年的《中共中央 国务院关于做好2022年全面推进乡村振兴重点工作的意见》提出"巩固提升脱贫地区特色产业，完善联农带农机制，提高脱贫人口家庭经营性收入""支持农民直接经营或参与经营的乡村民宿、农家乐特色村（点）发展"[②]；2023年的《中共中央 国务院关于做好2023年全面推进乡村振兴重点工作的意见》指出"培育壮大县域富民产业""完善县乡村产业空间布局，提升县城产业承载和配套服务功能，增强重点镇集聚功能""实施'一县一业'强县富民工程""深入开展新型农业经营主体提升行动，支持家庭农场组建农民合作社、合作社根据发展需要办企业，带动小农户合作经营、共同增收""实施农业社会化服务促进行动，大力发展代耕代种、代管代收、全程托管等社会化服务，鼓励区域性综合服务平台建设，促进农业节本增效、提质增效、营销增效"[③]。多年来中央"一号文件"一直强调生鲜农产品营销渠道的建设发展对破解"卖菜难"问题的重要性。例如，2015年12月31日发布的《中共中央 国务院关于落实发展新理念加快农业现代化实现全面小康目标的若干意见》提到"在搞活流通中促进农民增收""加强农民合作社示范社建设，支持合作社发展农产品加工流通和直供直销"[④]；2016年12月31日发布的《中共中央 国务院关于深入推进农业供给侧结构性改革 加快培育农业农村发展新动能的若干意见》提出"大力推广'生产基地＋中央厨房＋餐饮门店'、'生产基地＋加工企业＋商超销售'等产销模式"[⑤]；2018年的《中共中央 国务院关于实施乡村振兴战略的意见》提出"鼓励支持各类市场主体创新发展基于互联网

[①]《农业农村部办公厅 国家乡村振兴局综合司关于印发〈社会资本投资农业农村指引（2021年）〉的通知》，http://www.moa.gov.cn/govpublic/CWS/202105/t20210508_6367317.htm。

[②]《中共中央 国务院关于做好2022年全面推进乡村振兴重点工作的意见》，https://www.gov.cn/zhengce/2022-02/22/content_5675035.htm。

[③]《中共中央 国务院关于做好2023年全面推进乡村振兴重点工作的意见》，https://www.gov.cn/zhengce/2023-02/13/content_5741370.htm。

[④]《中共中央 国务院关于落实发展新理念加快农业现代化实现全面小康目标的若干意见》，http://www.gov.cn/zhengce/2016-01/27/content_5036698.htm。

[⑤]《中共中央 国务院关于深入推进农业供给侧结构性改革 加快培育农业农村发展新动能的若干意见》，http://www.gov.cn/zhengce/2017-02/05/content_5165626.htm。

的新型农业产业模式,深入实施电子商务进农村综合示范,加快推进农村流通现代化"[1];2022年的《中共中央 国务院关于做好2022年全面推进乡村振兴重点工作的意见》提出"实施'数商兴农'工程,推进电子商务进乡村""促进农副产品直播带货规范健康发展"[2];2023年的《中共中央 国务院关于做好2023年全面推进乡村振兴重点工作的意见》提出"深入实施'数商兴农'和'互联网+'农产品出村进城工程,鼓励发展农产品电商直采、定制生产等模式,建设农副产品直播电商基地"[3]。

生鲜农产品的销售收入是农民收入的一个重要来源,然而近年来由生鲜农产品营销渠道不畅导致的"卖菜难"严重阻碍了农民增收。例如,2016年内蒙古多地出现羊肉滞销现象,2017年晋江菜农500亩(1亩≈666.7平方米)花菜滞销,2017年广州生鲜家禽有价无市,严重滞销,2017年山东圆葱、白菜与土豆等遭遇卖难,2020年春节合肥出现乌菜、青菜和芹菜滞销,2021年上半年更是先后传出广西红香橙、广东多地年花、广东惠东马铃薯、云南文山土豆滞销等新闻。各级政府十分关注"卖菜难"问题,于是有广西崇左市江州区江州镇4位社区支部书记"采取'农田直采+点对点配送'的直供模式,由菜农自行采摘、清洗、分装,4位'第一书记'托管、托运、托售,分别运送到各居民小区门口,实行全程无接触配送"的妙招,帮助菜农卖菜,共同破解卖菜难问题;更有"线下实体展示、线上购买配送,天津市北辰区农产品展示中心把本地百余种特色农产品汇聚起来,'线上+线下'365天'不打烊'推广、销售,让'锁在深闺无人知'的优质农产品打开了销路、卖出了口碑"。

然而仅靠这些努力是不能从根本上解决"卖菜难"问题的。追踪"菜贱伤农"现象背后的原因我们不难发现,传统的生鲜农产品销售主要是依靠各级批发商和生产者自产自销,但是传统渠道中的批发商运输能力有限,且不能宏观把控市场需求,很难将大量新鲜品质的生鲜农产品输送给最终消费者;营销方式更是少之又少,一般是沿街叫卖和中间商模式。沿街叫卖的营销方式零散、规模小,很难达到营销的效果;经由中间商的模式合作链条长、中间环节多,导致牛鞭效应的产生,使农产品滞销。单一的农产品销售和营销渠道导致农户和消费者间供求信息不对称、生鲜农产品供应链上下游运作不协调,一方面农户不知道市场需求信息凭借经验盲目种植,另一方面消费者对生鲜农产品需求量大、生鲜农产品价格居高不下。所以要想真正打破"卖菜难"困局,必须运用多元化、立体化的生鲜农产品营销渠道,打破生鲜农产品生产者和消费者之间的信息壁垒,从而实现农民的增产增收。

---

[1]《中共中央 国务院关于实施乡村振兴战略的意见》,http://www.gov.cn/zhengce/2018-02/04/content_5263807.htm。
[2]《中共中央 国务院关于做好2022年全面推进乡村振兴重点工作的意见》,https://www.gov.cn/zhengce/2022-02/22/content_5675035.htm。
[3]《中共中央 国务院关于做好2023年全面推进乡村振兴重点工作的意见》,https://www.gov.cn/zhengce/2023-02/13/content_5741370.htm。

1.2.4 高效的供应链管理是降低生鲜农产品交易流通成本的治本之策

生鲜农产品的交易流通成本居高不下一直是该行业发展的瓶颈,会引发菜(肉)价高、滞销和流通损耗等一系列的问题[①②③]。当前,我国形成了稳定的农产品多级批发市场流通格局,农产品批发市场在我国承担着 70%以上农产品流通份额,占据着流通的主导地位,然而,在这个体系中,信息相对滞后,常常会导致出现丰产不丰收的情况,同时由于价格变动信息传导慢,批发商也面临较高的价格风险,再加上农产品流通多元交叉,没有统一规划,流通效率不高,商品难以溯源,如此看来,各个流通主体都有运营难题,传统流通渠道亟须优化升级,也即农产品流通亟须提升供应链管理,实现"短链"流通,加速发展[①]。不得不承认:一是我国生鲜流通效率较低,成本较高,价值损耗较大;二是我国的农产品流通以农贸市场为主体,约 60%以上的农产品零售依赖于农贸市场渠道,商超占比较低,多年来超市体系并未像欧美那样,成为农产品流通的主渠道;三是我国超市不仅未成为生鲜流通的主渠道,而且其内部市场集中度仍偏低,较为分散的竞争结构阻碍了规模经济的实现,使得我国农产品的"农超对接"比例不足 30%,约 70%的农产品仍采用三级或四级流通体系[④]。

以上种种也引发了我国对生鲜农产品流通交易成本的关注。例如,2015 年印发的《中共中央 国务院关于加大改革创新力度加快农业现代化建设的若干意见》指出"国内农业生产成本快速攀升,大宗农产品价格普遍高于国际市场"的问题[⑤];2016 年 12 月 31 日的《中共中央 国务院关于深入推进农业供给侧结构性改革 加快培育农业农村发展新动能的若干意见》明确指出"近几年,我国在农业转方式、调结构、促改革等方面进行积极探索,为进一步推进农业转型升级打下一定基础,但农产品供求结构失衡、要素配置不合理、资源环境压力大、农民收入持续增长乏力等问题仍很突出,增加产量与提升品质、成本攀升与价格低迷、库存高企与销售不畅、小生产与大市场、国内外价格倒挂等矛盾

---

① 《关于进一步优化发展环境促进生鲜农产品流通的实施意见》,https://www.ndrc.gov.cn/xxgk/zcfb/tz/202006/t20200608_1230942.html。
② 《农产品流通亟需提升供应链管理》,http://finance.people.com.cn/n1/2019/0812/c1004-31288665.html。
③ 《农产品"短链"流通加速发展(经济透视)》,http://paper.people.com.cn/rmrb/html/2021-04/06/nw.D110000renmrb_20210406_2-17.htm。
④ 《供需信息匹配:破解生鲜供应链流通瓶颈难点》,http://www.cnfood.cn/article?id=1373559744538611714。
⑤ 《中共中央 国务院关于加大改革创新力度加快农业现代化建设的若干意见》,http://www.gov.cn/zhengce/2015-02/01/content_2813034.htm。

亟待破解"[1]。近几年,国家同样持续关注和努力降低生鲜农产品流通交易成本。例如,2019年财政部办公厅与商务部办公厅印发的《关于推动农商互联完善农产品供应链的通知》指出"各地中央财政资金支持农产品产后商品化处理设施和冷链物流的比例不得低于70%"[2];2020年的《中共中央 国务院关于抓好"三农"领域重点工作确保如期实现全面小康的意见》进一步指出"制定农业及相关产业统计分类并加强统计核算,全面准确反映农业生产、加工、物流、营销、服务等全产业链价值"[3];2021年的《中共中央 国务院关于全面推进乡村振兴加快农业农村现代化的意见》进一步强调"稳步推进反映全产业链价值的农业及相关产业统计核算"[4];2023年的《中共中央 国务院关于做好2023年全面推进乡村振兴重点工作的意见》指出"构建产权关系明晰、治理架构科学、经营方式稳健、收益分配合理的运行机制,探索资源发包、物业出租、居间服务、资产参股等多样化途径发展新型农村集体经济"[5]。寻求降低生鲜农产品流通交易成本的方法和手段十分必要且迫在眉睫。

值得注意的是,与发达国家相比,我国冷链市场的发展尚有很大差距,国外冷链流通率基本上都达到了85%以上,我国只有19%,其中我国预冷果蔬的占比一般为10%,而国外高达95%～100%,受制于较低的冷链运输水平,我国每年仅果蔬一项的损失金额就有上千亿元。生鲜农产品的易腐特性对其供应链管理提出了更严格的要求,需要扁平化、高效的供应链来缩短流通环节,加快流通速度,减少流通中的滞留与损耗。数据资料显示,在当前流通体系下,我国农产品流通的损耗显著高于发达国家。分品类来看,我国果蔬类的流通损耗为20%～30%,而美国仅11%;我国肉类流通损耗为12%,美国仅3%;我国水产品流通损耗为15%,美国仅7%。最终,所有流通成本会通过加价的形式转移给消费者。数据显示,我国果蔬类农产品的加价率在95%左右,海鲜加价率为115%,牛羊肉的加价率为75%。目前生鲜农产品流通交易成本居高不下仍然是我国亟待解决的重要问题,现有的生鲜农产品供应链渠道运营与管理没有办法从根本上解决该问题,利用高效的供应链管理手段来降低生鲜农产品流通交易成本势在必行。

---

[1]《中共中央 国务院关于深入推进农业供给侧结构性改革 加快培育农业农村发展新动能的若干意见》,http://www.gov.cn/zhengce/2017-02/05/content_5165626.htm。

[2]《关于推动农商互联完善农产品供应链的通知》,https://www.gov.cn/zhengce/zhengceku/2019-10/18/content_5441440.htm。

[3]《中共中央 国务院关于抓好"三农"领域重点工作确保如期实现全面小康的意见》,http://www.gov.cn/zhengce/2020-02/05/content_5474884.htm。

[4]《中共中央 国务院关于全面推进乡村振兴加快农业农村现代化的意见》,http://www.gov.cn/zhengce/2021-02/21/content_5588098.htm。

[5]《中共中央 国务院关于做好2023年全面推进乡村振兴重点工作的意见》,https://www.gov.cn/zhengce/2023-02/13/content_5741370.htm。

1.2.5 "互联网+"行动计划是促进生鲜农产品供应链渠道发展的强力推手

李克强总理在 2015 年政府工作报告中提出"互联网+"行动计划，标志着"互联网+"作为新的经济形态已上升为国家战略，成为推动中国经济发展的新引擎。接着，国务院印发《关于积极推进"互联网+"行动的指导意见》①。"互联网+"给生鲜农产品流通行业带来了发展机遇，同时必然引起生鲜农产品供应链渠道的巨大变革。我国持续出台多项关键文件不断强调"互联网+"行动计划对生鲜农产品供应链渠道发展的重要性。例如，2015 年 12 月 31 日发布的《中共中央 国务院关于落实发展新理念加快农业现代化实现全面小康目标的若干意见》指出"大力推进'互联网+'现代农业，应用物联网、云计算、大数据、移动互联等现代信息技术，推动农业全产业链改造升级"②；2016 年 12 月 31 日发布的《中共中央 国务院关于深入推进农业供给侧结构性改革 加快培育农业农村发展新动能的若干意见》指出"推进'互联网+'现代农业行动"③；2018 年发布的《中共中央 国务院关于实施乡村振兴战略的意见》指出"鼓励支持各类市场主体创新发展基于互联网的新型农业产业模式，深入实施电子商务进农村综合示范，加快推进农村流通现代化"④；2019 年发布的《中共中央 国务院关于坚持农业农村优先发展做好"三农"工作的若干意见》指出"深入推进'互联网+农业'，扩大农业物联网示范应用""推进重要农产品全产业链大数据建设，加强国家数字农业农村系统建设"⑤；2020 年发布的《中共中央 国务院关于抓好"三农"领域重点工作确保如期实现全面小康的意见》指出"依托现有资源建设农业农村大数据中心，加快物联网、大数据、区块链、人工智能、第五代移动通信网络、智慧气象等现代信息技术在农业领域的应用""开展国家数字乡村试点"⑥；2021 年发布的《中共中央 国务院关于全面推进乡村振兴加快农业农村现代化的意见》指出"发展智慧农业，建立农业农村大数据体系，推动新一代信息技术与农业生产经营深度融合""加快

---

① 《国务院关于积极推进"互联网+"行动的指导意见》，http://www.gov.cn/zhengce/content/2015-07/04/content_10002.htm。

② 《中共中央 国务院关于落实发展新理念加快农业现代化实现全面小康目标的若干意见》，http://www.gov.cn/zhengce/2016-01/27/content_5036698.htm。

③ 《中共中央 国务院关于深入推进农业供给侧结构性改革 加快培育农业农村发展新动能的若干意见》，http://www.gov.cn/zhengce/2017-02/05/content_5165626.htm。

④ 《中共中央 国务院关于实施乡村振兴战略的意见》，http://www.gov.cn/zhengce/2018-02/04/content_5263807.htm。

⑤ 《中共中央 国务院关于坚持农业农村优先发展做好"三农"工作的若干意见》，http://www.gov.cn/zhengce/2019-02/19/content_5366917.htm。

⑥ 《中共中央 国务院关于抓好"三农"领域重点工作确保如期实现全面小康的意见》，http://www.gov.cn/zhengce/2020-02/05/content_5474884.htm。

完善县乡村三级农村物流体系，改造提升农村寄递物流基础设施，深入推进电子商务进农村和农产品出村进城，推动城乡生产与消费有效对接"[1]，同年农业农村部办公厅和国家乡村振兴局综合司印发的《社会资本投资农业农村指引（2021年）》中明确指出"智慧农业建设""鼓励社会资本参与建设智慧农业，推进农业遥感、物联网、5G、人工智能、区块链等应用，推动新一代信息技术与农业生产经营、质量安全管控深度融合，提高农业生产智能化、经营网络化水平""鼓励参与'互联网+'农产品出村进城工程建设，推进优质特色农产品网络销售，促进农产品产销对接"[2]；2022年发布的《中共中央 国务院关于做好2022年全面推进乡村振兴重点工作的意见》指出"创建消费帮扶示范城市和产地示范区，发挥脱贫地区农副产品网络销售平台作用""鼓励各地拓展农业多种功能、挖掘乡村多元价值，重点发展农产品加工、乡村休闲旅游、农村电商等产业""实施'数商兴农'工程，推进电子商务进乡村""促进农副产品直播带货规范健康发展""加快实施'互联网+'农产品出村进城工程，推动建立长期稳定的产销对接关系""大力推进数字乡村建设""推进智慧农业发展，促进信息技术与农机农艺融合应用""加快推动数字乡村标准化建设，研究制定发展评价指标体系，持续开展数字乡村试点""加强农村信息基础设施建设"[3]；2023年发布的《中共中央 国务院关于做好2023年全面推进乡村振兴重点工作的意见》指出"加快完善县乡村电子商务和快递物流配送体系，建设县域集采集配中心，推动农村客货邮融合发展，大力发展共同配送、即时零售等新模式，推动冷链物流服务网络向乡村下沉""深入实施'数商兴农'和'互联网+'农产品出村进城工程，鼓励发展农产品电商直采、定制生产等模式，建设农副产品直播电商基地""深入实施数字乡村发展行动，推动数字化应用场景研发推广""加快农业农村大数据应用，推进智慧农业发展"[4]。目前，我国已出台的不少政府政策均涉及生鲜农产品供应链渠道的内容。例如，2015年7月在《国务院关于积极推进"互联网+"行动的指导意见》的11项重点行动中，"互联网+"现代农业、"互联网+"电子商务、"互联网+"高效物流均有直接涉及生鲜农产品供应链渠道的内容，并且提出"提高农业生产经营的科技化、组织化和精细化水平，推进农业生产流通销售方式变革和农业发展方式转变，提升农业生产效率和增值空间""完善农村电子商务配送及综合服务网络，着力解决农副产品标

---

[1]《中共中央 国务院关于全面推进乡村振兴加快农业农村现代化的意见》，http://www.gov.cn/zhengce/2021-02/21/content_5588098.htm。

[2]《农业农村部办公厅 国家乡村振兴局综合司关于印发〈社会资本投资农业农村指引（2021年）〉的通知》，http://www.moa.gov.cn/govpublic/CWS/202105/t20210508_6367317.htm。

[3]《中共中央 国务院关于做好2022年全面推进乡村振兴重点工作的意见》，https://www.gov.cn/zhengce/2022-02/22/content_5675035.htm。

[4]《中共中央 国务院关于做好2023年全面推进乡村振兴重点工作的意见》，https://www.gov.cn/zhengce/2023-02/13/content_5741370.htm。

准化、物流标准化、冷链仓储建设等关键问题，发展农产品个性化定制服务"①。同年，国务院办公厅印发了《关于加快转变农业发展方式的意见》，强调"开展'互联网+'现代农业行动""鼓励互联网企业建立农业服务平台，加强产销衔接"②。为贯彻落实"互联网+"行动计划，商务部也制定了《"互联网+流通"行动计划》和《商务部等19部门关于加快发展农村电子商务的意见》，提出"支持农产品品牌建设和农村电子商务服务业发展，支持电子商务企业开展面向农村地区的电子商务综合服务平台、网络及渠道建设""加快推进农村产品电子商务""从大型生产基地和批发商等团体用户入手，发挥互联网和移动终端的优势，在农产品主产区和主销区之间探索形成线上线下高效衔接的农产品交易模式"③④。"互联网+"行动计划必将促进传统的生鲜农产品供应链渠道产生重大变革。

"互联网+"与生鲜农产品供应链渠道的融合发展势不可挡，生鲜农产品交易与流通的互联网化成为行业热点。实际上，近年来已经有一些先行者开始试水生鲜农产品电子商务，而且越来越多传统的生鲜农产品供应链成员企业（如生产基地、批发商、超市）也开始涉足生鲜电商领域。为解决供需矛盾，各大电商平台或直播平台开始"连麦带货"，或推出"爱心助农计划"，或开通"全国生鲜产品绿色通道"，或上线"吃货助农"直播会场，连接产销两端，共同解决农产品滞销问题⑤⑥。近年来，我国生鲜零售市场保持稳步增长，受新冠疫情影响，2020年我国生鲜电商市场快速发展，生鲜电商行业规模达4500亿元，线上零售占比达14.6%，较2019年增长了64%，而随着生鲜电商的发展及模式的成熟，预计未来一段时间生鲜电商仍旧保持增长。然而，由于生鲜农产品现有的供应链渠道不能很好地适应生鲜电商出现的爆发式增长，生鲜农产品的流通仍存在诸如冷链物流等很多问题没有解决，我国生鲜电商的发展仍面临很大挑战。数据统计显示，全国4000多家生鲜电商企业中仅有1%能够盈利、4%持平、88%略亏、7%巨额亏损，即亏损面达到95%；2016~2019年多家知名生鲜电商破产倒闭；2020年我国第一代生鲜电商易果生鲜破产重组。在生鲜电商迅速发展，订单激

---

① 《国务院关于积极推进"互联网+"行动的指导意见》，https://www.gov.cn/zhengce/content/2015-07-04/content_10002.htm。
② 《国务院办公厅关于加快转变农业发展方式的意见》，https://www.gov.cn/gongbao/content/2015/content_2912361.htm。
③ 《商务部制定发布〈"互联网+流通"行动计划〉》，https://www.gov.cn/guowuyuan/2015-05/16/content_2863204.htm。
④ 《商务部等19部门关于加快发展农村电子商务的意见》，https://www.gov.cn/zhengce/2015-08/21/content_5023758.htm。
⑤ 《生鲜电商助力贵州方竹笋抢"鲜"出山》，https://www.gznw.com/gznjw/kzx/xwrd/snxw/728494/index.html。
⑥ 《打通农产品运输梗阻 确保"绿色通道"便捷通畅》，http://www.xinhuanet.com/politics/2020-02/21/c_1125605642.htm。

增的同时，网购生鲜"不新鲜"等差评也随之频现。除此之外，生鲜电商还不断出现"不愉快"的消费体验、生鲜质量不高与消费者投诉高等诸多问题。目前国内的生鲜电商得到一定程度的发展，但是现有的生鲜农产品供应链渠道还不能完全满足日益增长的城镇居民对生鲜农产品的消费需求，更不能适应"互联网+"环境下生鲜农产品流通及电商发展的要求。如何在"互联网+"行动计划引领下实现我国生鲜农产品供应链渠道的变革与发展是一个亟须解决又具时代意义的重要问题。

1.3 "互联网+"生鲜农产品供应链商业模式的研究现状

生鲜农产品供应链及相关范畴一直是国内外研究的热点。根据生鲜农产品供应链中研究内容的不同，结合本书的研究主题——"互联网+"生鲜农产品供应链商业模式，下面将从生鲜农产品供应链管理、生鲜农产品电子商务发展及商业模式创新三个方面来分析研究现状，最后对"互联网+"生鲜供应链的研究现状进行概述。

1.3.1 生鲜农产品供应链管理的研究

由于消费者对新鲜度的偏好，生鲜农产品供应链是农产品供应链中相对复杂的一类，工业产品供应链管理的研究方法和实践经验难以被应用和借鉴，生鲜农产品的供应链管理需要进行新方法研究和新实践探索。为此，学者从生鲜农产品供应链模式与战略以及生鲜农产品供应链运营管理方面进行了有益探索。

1. 关于生鲜农产品供应链模式与战略的研究

对于生鲜农产品供应链模式，不同学者从不同的角度进行了研究和分析。例如，黄祖辉等（2005）提出了一个生鲜农产品供应链的基本理论框架（综合考虑产品特性、技术支持、营销与竞争、组织成熟度、公共政策诸因素）；胡定寰等（2006）提出采用"超市＋农产品加工企业＋农户"的新型农业产业化运作模式，之后又基于详细的实地调研提出了"农超对接"的实施方案（胡定寰，2010）；李季芳（2007）分析了我国生鲜农产品供应链管理的特点和障碍，提出以核心企业替代批发市场、基于核心企业和运用电子商务技术整合优化生鲜农产品供应链是解决问题的有效办法；侯玉梅等（2010）探讨了河北省构建农产品供应链的必要性，对河北省农产品供应现状和存在的问题进行了分析，提出了适合河北省发展的"龙头企业＋终端消费市场"的农业产业化模式；李宪宁和安玉发（2013）以中国生鲜农产品流通中具有代表性的三家大型企业作为案例研究对象，根据当前生鲜农产品供应链模式及发展趋势，基于协议流通归纳总结出三种典型供应链模式——连锁集团主导型、中间企业供应链组织型、批发市场服务拓展型；毕玉平（2011）分析了中国生鲜农产品供应链的发展现状，以山东省为例进行了生鲜农产品供应链模式的研究，分析了生鲜农产品供应链的形成机理、构建与优化、模式选择与绩效评价；丁静和张哲（2015）通过实证分析了都市居民农产品及服务的消费者需求状况，提出了满足都市居民农产品和服务需求的发展建议；张正和孟庆春（2017）分析了协同创新理论与农产品供应链的适应性，提出了信息共享、多主体合作、非线性协同效应的农产品供应链模式；余云龙和冯颖（2020）构建了承诺模式、提前要求模式与延后要求模式三种冷链服务模式，并分析了其对定价与冷链服务水平、企业绩效的影响，指出了冷链服务模式是否有利于消减数量与质量损耗依赖于产品易腐性、冷链服务成本及其分担比例。

不少学者以具体生鲜供应链模式为背景开展了进一步研究。例如，郑琪和范体军（2018）针对"农超对接"模式中的信息不对称问题，建立了生鲜农产品供应链激励契约模型，分析了新鲜度和风险偏好程度对供应链利润的影响，探讨了生鲜农产品质量安全科技投入前和投入后的供应链利润变动；郑琪等（2019）针对"农超对接"模式下的信息不对称问题，构建了生鲜农产品供应链收益共享契约的利润函数，分析了产品新鲜度和需求价格弹性系数对供应链各主体最优决策的影响，得出普通的收益共享契约使生鲜农产品供应链产生了"双边际效应"，不能实现生鲜农产品供应链的协调；熊峰等（2019）建立了"合作社＋核心企业"模式下的生鲜农产品供应链，针对合作社保鲜努力激励，探讨了供应链盟员偏好对保鲜努力水平与收益共享契约激励协调效果的影响，分析发现消费者生鲜偏好的提高能够促进收益共享契约的激励效果并提高合作社公平效用；冯颖等（2020）考虑生鲜农产品随机产出和价值损耗的特性，构建了离岸价格和到岸价格两种商务模式下的分散决策博弈模型，指出了在一定条件下到岸价格模式是离岸价格模式的帕累托改善，实施到岸价格模式有利于改善供应链系统的整体运作状况；叶俊等（2023）针对生鲜农产品跨境贸易模式选择及保鲜问题，在考虑冷链物流服务的基础上，基于不同的贸易模式分别构建了生鲜农产品供应链博弈模型，研究发现当冷链服务价格为内生变量时，贸易模式选择存在差异，相应的冷链物流努力也存在差异。

关于生鲜农产品供应链战略的研究，学者首先关注的是供应链的构建与合作伙伴之间的关系，对构建生鲜农产品供应链的基本条件、合作伙伴关系影响因素等问题进行了研究。例如，黄祖辉和刘东英（2006）从理论的角度构筑了生鲜农产品物流链形成的二维空间理论模型，对生鲜农产品物流链的类型和形成机理进行了分析；Zhang等（2010）通过对中国西部瓜类供应链的物流渠道、成员关系和消费者喜好等的调查和分析，提出了改善其物流效率和合作关系的建议；徐生菊等（2013）讨论了农产品供应链进行知识共享的需求和动因，分析了农产品供应链知识共享的特点，并以耐储果蔬供应链为例进行研究，发现有效的知识共享不仅可以解决农产品供应链的现存问题，而且有助于建立良好的成员合作关系。进一步基于战略视角研究了生鲜农产品供应链整合。例如，李崇光和胡华平（2009）构建了生鲜农产品垂直渠道关系整合模型，运用结构方程模型分析了整合的变量关系及过程；阎建明和周顺薇（2012）针对蔬菜价格上涨，借助渠道长度和渠道广度的优化设计，提出了产地向下垂直整合或者中间商上下双向垂直整合的思路；刘振滨和刘东英（2015）提出在共享资源基础上整合农产品供应链可具有依赖性动因、高收益性，能够依据动因、沟通、合作、资源整合的顺序安排，然后以链带环、以环带链、环链并行的整合模式逐渐实现在共享资源基础上的农产品供应链整合。

不少学者进一步就具体的生鲜农产品供应链战略进行了研究与分析。例如，杨亚等（2018）研究了新鲜度信息不对称下投资 RFID（radio frequency identification，射频识别）技术能否受益及如何协调技术投资后的生鲜供应链收益问题，发现生鲜农产品供应链是否投资 RFID 技术，与标签成本大小和可提高的农产品新鲜度有关，分散型生鲜农产品供应链技术投资的关键是生产商，新鲜度信息共享程度越高，生产商越倾向于投资；胡历芳等（2019）分析了不同农产品流通扶持政策对农产品购销商绩效的影响，指出了税收优惠政策能够显著地提高绩效，开拓市场和组织培训仅对大中型规模的购销商起到提高绩效的作用；周礼南等（2019）针对普通和有机农产品同时生产、销售情形，构建了考虑消费者有机产品偏好的生鲜农产品供应链网络均衡模型，研究指出随着消费者有机产品偏好的提升，生产和销售有机农产品有助于生产商和零售商实现增收，降低有机农产品生产成本能够有效促进有机农业的发展，树立有机农产品的良好品牌形象增强其价格竞争力对供应链各方均有利；周继祥等（2020）研究了部分信息下生鲜农产品采购外包问题，对比分析了部分需求信息下第三方物流采购和零售商采购对零售商和第三方物流的最优决策、利润，以及供应链系统利润的影响，发现在绝大部分情况下，第三方物流采购对供应链系统是不利的；周洁红等（2020）通过政府不合格信息公示对食品生产者认证决策的实证研究，分析发现政府不合格信息公示对食品生产者的认证行为有显著的激励作用，相比于蔬菜类产品的生产者，政府不合格信息公示对肉类产品生产者认证行为的激励效果更为明显；谭砚文等（2020）探究了新冠疫情对中国与东盟区域农产品供应链的影响及对策，指出了在协同疫情防控的背景下应该进一步加强双方贸易磋商，稳定区域农产品供应链，建立和完善区域农产品供给的协调机制和农业风险预警机制。

2. 关于生鲜农产品供应链运营管理的研究

生鲜农产品具有变质易腐特性，使供应链企业受到价值损失，因此从生鲜农产品的变质易腐特性出发，开展对生鲜农产品供应链运营管理方面的研究，成为学者关注的重点。例如，Taylor 和 Fearne（2009）基于英国食品行业的研究案例，分析了生鲜食品价值链需求管理中存在的问题，提出一个需求分析和改进需求管理的框架；Ahumada 和 Villalobos（2011）提出了一种对生鲜农产品行业做出短期规划决策的运营模式，通过在收获季节做出生产和配送的决策以帮助种植者实现最大化收入；Dye 和 Hsieh（2012）将变质率假设为随时间变化的变量，建立了关于时变新鲜度衰减率的鲜活农产品库存模型，并以单位时间利润最大化为目标，研究了零售商的补货计划和保鲜技术投入成本；曾维维（2013）以生鲜农产品为例，研究了农业与现代服务业融合发展的模式，阐述了该模式的运行机理、优势及运作管理，进一步指出消费者购买生鲜农产品时，更注重商家提供的肉类切分、去皮等的便利性服务，建议创新生鲜农产品相关服务模式，提升消费体验与重购率；Pattnaik 等（2015）以印度布巴内斯瓦尔市的生鲜超市连锁店为研究对象，综合价值链分析、比较分析和 SWOT（strength，weakness，opportunity，threat，优势、劣势、机会、威胁）分析构建了生鲜超市连锁店供应链的可持续运营模型，从卫生和质量视角详细研究了绿色果蔬从采购到分销的可持续性发展；姚源果和贺盛瑜（2019）基于实时路况信息分析了农产品冷链物流配送的成本构成，提出了在冷链配送中合理设置接驳点，建立了基于实时路况和接驳点的农产品冷链物流配送路径优化模型，进一步指出基于实时路况信息和接驳方式的农产品冷链物流配送能有效地降低冷链配送成本和提高客户满意度；李晗和陆迁（2020）基于对河北廊坊、山东寿光两地典型蔬菜种植区微观数据的分析，得出有机农产品认证与绿色食品认证对农户技术效率具有显著的提升作用，且作用依次来源于溢价激励的提升、成本压力的作用与组织支持的增强。

学者进一步从不同角度对生鲜农产品供应链优化与协调问题进行了研究。例如，Blackburn 和 Scudder（2009）以瓜类和玉米类农产品为例研究了这类生鲜农产品供应链的协调问题，其核心在于使用冷藏方式延缓生鲜农产品的变质速率，减少生鲜农产品的价值损失；林略等（2011）针对鲜活农产品在运输途中的数量损毁和新鲜度降低问题，建立了一个考虑变质和新鲜度影响需求特征的生产商—分销商—零售商三级鲜活农产品供应链的收益共享协调契约，有效地实现了三级鲜活农产品供应链的协调；孙玉玲等（2013）针对库存能力约束下损失规避型零售商的鲜活农产品订货决策问题，建立了基于库存能力约束的鲜活农产品订货决策模型，分析了库存约束、损失规避度、残值和价格等参数对鲜活农产品最优订货量的影响；吴忠和等（2014）针对由一个生产商和一个零售商构成的鲜活农产品供应链，在考虑了损耗和新鲜度的影响下，研究了数量折扣契约如何协调供应链应对突发事件，分析了集权供应链和分权供应链两种情况下的协调策略；曹裕等（2018）构建了单周期下生鲜农产品生鲜度激励模型，指出了生鲜供应商及政府应当联手引导消费者的消费观念，减少由信息不对称引致的道德风险，使消费者的意愿支付价格上升，提高自身讨价还价能力；唐振宇等（2019）针对生鲜农产品时鲜特性并考虑保鲜投入水平对需求的影响，分析了新鲜度信息不对称条件下生鲜农产品供应链效率下降的机理，指出了结合收益共享机制和期权契约能够实现新鲜度信息的共享以及供应链的协调。

由于物流是生鲜农产品供应链优化与协调的一个重要抓手，不少学者重点对其展开了研究。例如，张炎治等（2018）研究了供应商、第三方物流服务商和零售商组成的生鲜农产品产运销供应链的决策与协调问题，发现产出与运输时间的比较取决于系统在缩短产运时间造成的成本增加和需求增加两个方面的权衡，而引入价格出清合同能实现供应链协调；冯颖等（2018）考虑第三方物流对提高生鲜流通效率的重要性，建立了零售商为主导者、第三方物流服务商和供应商为跟随者的序贯非合作博弈模型，指出了线性转移支付可改善系统运作效率，而基于原有契约组合，引入物流服务价格出清合同，可实现供应链协调；冯颖等（2019）研究了 VMCI（vendor managed consignment inventory，供应商管理寄售库存）下基于剩余产品成本分摊的生鲜农产品供应链协调问题，分析指出了由收入共享、物流服务成本共担和剩余产品成本分摊构成的契约组合可有效协调供应链系统；范辰等（2022）考虑供应商与传统零售商之间的物流合作以及在此基础上的价格整合情形，建立了整合前后的定价和协调模型，分析了线性补偿契约与收益共享契约及相应协调策略。

1.3.2 生鲜农产品电子商务发展的研究

互联网技术的快速发展推动了农业与互联网的深度结合，进一步促进了生鲜农产品电子商务的发展。因此，近年来有关生鲜农产品电子商务发展的研究开始逐渐增多。相关研究主要集中于生鲜农产品电子商务的作用影响、渠道发展与运营模式等方面。

1. 关于生鲜农产品电子商务作用影响的研究

学者首先分析了发展生鲜农产品电子商务的原因。例如，Williams（2001）认为电子商务能够为农产品交易带来新的机会，可以扩大原有销售市场；胡天石和傅铁信（2005）认为发展农产品电子商务能够提升农产品品牌和服务，在此基础上分析了中国农产品电子商务发展前景；赵苹和骆毅（2011）对"菜管家"和"Freshdirect"两家农产品电商进行案例分析，指出与传统农产品销售相比，农产品电子商务在服务定位、品牌建设等方面更具优势，从服务定位、品牌建设等方面提出了发展农产品电子商务的启示；Carpio 等（2013）分析了电子商务平台对管理生鲜农产品（水果和蔬菜）供应链的作用；丁宁（2015）研究了流通创新对农产品安全质量水平的作用，并指出基于电子跟踪追溯系统为消费者提供便捷的信息查询服务，有助于推动农产品的价值实现和溢价销售；王正沛和李国鑫（2019）指出对农产品消费者来说，电子商务的存在确保了农产品的稳定低价和稳定供应，同时也能减少生鲜农产品流通过程中的损耗，确保产品质量安全。

除了分析发展电子商务对生鲜农产品流通的作用影响外，学者还探究了生鲜农产品电子商务对消费者购买意愿的作用影响。例如，何德华等（2014）通过实证研究分析了影响生鲜农产品电子商务消费者购买意愿的因素，发现电子商务环境下生鲜农产品食材安全和质量预期会对消费购买意愿产生显著的影响，指出提供与产品相关的信息服务，为消费者提供更加全面的产品信息，有助于提高其购买意愿；林家宝等（2015）以水果为例，探讨了电子商务环境下生鲜农产品消费者购买信任影响因素，并指出网上商家可以通过专门资质的营养师负责水果营养分析，对不同消费群体做出不同的购买意见参考，即通过满足消费者对健康的追求，获取消费者信任；张应语等（2015）基于感知收益—感知风险框架对生鲜农产品O2O（online to offline，线上线下商务）模式消费者购买意愿进行了实证研究，发现感知收益对购买意愿正向影响，感知风险对购买意愿负向影响，指出了O2O环境下由于消费者无法触及实物，提供丰富、全面的产品信息，以及优质、周到的服务更能吸引和留住消费者；冯坤等（2021）提出了基于在线评论和随机占优准则的生鲜电商顾客满意度测评方法，并通过案例分析验证了方法的可行性和有效性，进一步研究指出不同生鲜商品类别中消费者满意度影响因素的重要度排序是不同的；涂洪波等（2021）研究了O2O生鲜电商平台重复购买意愿影响因素与内在机理，指出了O2O生鲜电商企业应在满足消费者便利性需求与高价值感受的同时，增强消费者对O2O生鲜电商平台的交易依赖性，提高消费者黏性。

2. 关于生鲜农产品电子商务渠道发展的研究

随着零售领域多渠道、全渠道概念的发展，学者开始针对生鲜农产品重点关注生鲜农产品电子商务渠道发展。部分学者探究了电商渠道必要性问题以及电商渠道发展对农产品供应链的影响。例如，甘小冰等（2013）将新鲜度和保鲜期考虑在内，构建电商环境中包含线下和线上渠道的生鲜农产品供应链模型，发现收益与线上渠道规模正向相关；Kwon和Lennon（2009）以线下品牌形象和线上渠道绩效进行实验，得到了多渠道零售商线下和线上品牌形象间存在交互影响的结论；王珂等（2014）研究了电商平台"菜管家"线上渠道与线下渠道共存的供应链模式，使用网络均衡理论发现电子商务的加入对供应链各节点企业的影响；Parker等（2016）采用实证方法研究了生鲜农产品市场，认为基于信息通信技术的电子商务能够促进生鲜农产品市场的透明化，能够使生鲜供应链更透明且便于管理。还有学者围绕渠道变革动力机制问题展开了研究。例如，Canavari等（2010）研究了传统渠道和电子渠道 B2B（business to business，企业对企业电子商务）中信任因素的特征和维度，概述了信任因素对于农产品供应链电子商务发展的作用，提出促进农产品电子商务发展的策略，指出了供应商除提供产品信息外，还可实施更多面向产品的服务，以进一步推动销售；赵晓飞和李崇光（2012）对国内外农产品流通渠道革新特征、规律开展了研究，通过发现农产品流通渠道革新驱动力，提出了农产品流通渠道革新背后的影响因素和深层机制。

随着生鲜农产品电子商务渠道的发展，学者开始探讨生鲜农产品多渠道与全渠道发展问题。例如，围绕线上线下全渠道融合对企业绩效影响的问题，赵晓飞（2012）以信息化为基础、以渠道体系为核心、以组织体系为支撑、以服务体系和安全体系为保障，构建了电子商务环境下现代农产品供应链的高效运作体系；田刚等（2018）（提出渠道线上线下融合不论是在效率型还是新颖型生鲜电商模式的创新对绩效的影响中都存在正向作用）；葛继红等（2018a）使用实证数据调查生鲜零售商的经营效率水平，结果显示经营效率由高到低分别是双渠道零售商、线上零售商和线下零售商，线上零售的纯技术效率提升，提高了其经营效率；唐润等（2018）以"农超对接"和电商渠道并存的生鲜农产品双渠道销售模式为研究背景，比较了农业合作社和超市的最优折扣率及其市场出清策略，分析了传统渠道市场份额、渠道价格敏感度、渠道交叉价格弹性系数对合作社、超市的最优折扣率以及供应链利润的影响。有学者进一步研究了生鲜农产品渠道竞争与协调问题。例如，He等（2019）通过对比有无线上预售两种情形下实体生鲜零售商的利润，研究了拥有O2O渠道的生鲜电商进入市场对实体零售商的影响，并分析了实体零售商和生鲜电商在竞争环境下的定价策略；Yang和Tang（2019）在考虑消费者渠道偏好和零售商保鲜投入的情况下，研究了生鲜供应商和零售商对零售、双渠道以及O2O的偏好，分析了不同渠道下供应链的定价和保鲜策略，讨论了不同渠道选择对消费者剩余的影响；赵帅等（2021）研究了供应商自建网店且采用预售模式的生鲜农产品双渠道供应链协调问题，进一步设计了批发价+固定补偿费用契约并验证了其鲁棒性，研究指出契约协调后，各成员均为利润获益方，能够实现完美协调；曹晓宁等（2021）研究了新鲜度影响消费需求和供应商提供产品保鲜服务的生鲜农产品双渠道供应链协调问题，设计了两部定价契约、批发价协调契约和由成本分担与补偿策略构成的混合协调契约，三种契约均能在一定范围内有效实现供应链协调，提高各成员的利润。

3. 关于生鲜农产品电子商务运营模式的研究

随着生鲜农产品电子商务的发展逐渐加快，电子商务、互联网环境下生鲜农产品供应链的研究已引起学者的高度重视，与生鲜电子商务运营模式相关的问题也引起了学者的广泛关注，于是不少学者对生鲜农产品电商运营模式进行了分析。首先学者探讨了电子商务给生鲜农产品供应链运营管理及其资源整合带来的变化。例如，孙炜等（2004）指出电子商务通过非中介化、再中介化、信息中介和垂直门户等方式，使农产品供应链成员建立起动态合作关系，并最终通过价值系统整合形成动态的价值网结构；易法敏（2006）探讨了农产品供应链电子化、网络化集成模式以及网络化集成方向，指出农产品供应链必须依托以网络信息技术、纵向优化、横向集成为基础的电子商务平台，从而使整体资源得到优化；魏来和陈宏（2007）分析了农产品企业采取电子商务平台的制约因素，并基于绿色农产品供应链的特点，分析了电子商务平台的出现与发展给供应链垂直协作体系带来的影响；Bao等（2012）认为基于电子商务服务平台进行供应链管理，协调产品的生产和流通，可缩短流通时间，从而使供应链成员获得更多的收益；孙学文和包金龙（2013）指出电子商务可打破农产品供应链各环节割裂的状况，化解"产销不对称"的问题；汪旭晖和张其林（2016）通过"天猫生鲜"和"沱沱工社"双案例对比研究，分析了生鲜农产品垂直型和平台型电子商务模式，进一步剖析了电子商务模式破解生鲜农产品流通困局的内在机理；邵腾伟和吕秀梅（2018a）构建了社区化消费者与组织化生产者通过生鲜电商平台进行点对点的生鲜农产品供应链纵向一体化众筹预售与众包生产联合决策模型及机制。

其次，学者分析了生鲜农产品电子商务运营模式可能存在的问题并提出相应的对策建议。例如，易海燕和张峰（2014）介绍了生鲜电商行业的特征、当前三种发展模式、面临的问题，提出生鲜电商行业未来的四种发展模式，并指出政府在生鲜电商行业发展过程中的职责，探讨了生鲜电商企业在未来该自建冷链物流还是外包冷链物流的问题；樊洪远（2014）介绍了我国生鲜农产品冷链物流和B2C（business to consumer，企业对消费者）电子商务的发展现状以及存在的问题，指出B2C电子商务企业必须与上下游加强合作，建立"农民+农村合作社+B2C电子商务+第三方物流"的供应链模式，提出了发展B2C电子商务生鲜农产品冷链物流的建议；欧伟强和沈庆琼（2014）分析了当前我国生鲜电商发展中存在的问题及原因，认为当务之急在于完善电商政策支持，建立稳定的供应链，优化生鲜冷链物流技术与设备以及建设O2O社区平台；贾兆颖等（2016）分析了中国生鲜电商运营模式和存在的问题，借鉴美国、日本生鲜电商发展的经验并提出相关发展建议；张潇等（2021）针对生鲜电商面临的订单取消难题，结合消费者退单行为分析和制定了零售商的分级退款最优决策，研究指出分级退款最优决策不仅能够提升零售商收益，还可激发消费者的购买意愿并提高满意度。

最后，关于生鲜农产品电子商务运营模式的研究，学者还关注到了电子商务模式的特点和发展策略。例如，郭娜和刘东英（2009）将农产品电子商务分为 B2B、B2C、C2C（customer to customer，顾客对顾客电子商务）以及 C2B，对比分析了各模式的特点和作用；孙百鸣和王春平（2009）总结了农产品电子商务的几种模式，并提出加强农产品标准化体系建设、物流建设、建立第三方交易平台等农产品电子商务模式的发展建议；王艳玮等（2013）通过平衡计分卡建立生鲜农产品网上超市物流配送模式选择评价指标体系，构建定性与定量相结合的物流配送模式选择评价方式；仇莉和王旭（2014）构建了农产品云管理模式，对农产品云管理模式的构建目标、层次结构、模块功能等进行了研究；程艳红（2014）在分析美国生鲜电商的 O2O、平台运营、"C2B+自营物流"等三种模式的基础上，指出我国生鲜电商的发展方向并提出相关策略和建议；Lai 和 Zhan（2014）通过分析 B2C 农产品电子商务的发展现状，对促进农产品 B2C 电子商务的发展方面提出了建议；魏国辰（2015）将现有生鲜农产品电商物流模式总结为三类"自营物流"模式，并在此基础上提出"第三方物流 + 消费者自提"的物流创新模式；Lin 和 Chen（2015）分析了农产品 O2O 运营的特点，认为农产品 O2O 电子商务的发展需要依赖 LBS（location-based service，基于位置的服务）和社交媒体等。例如，基于生鲜农产品电子商务的运作机制研究视角，葛继红等（2018b）将生鲜电商的主流发展模式归纳为"平台 + 商家"生态圈模式、垂直一体化模式和 O2O 模式，并针对每类模式的适用条件进行了分析，而且对生鲜电商运营模式选择提出相关建议；鲁钊阳（2021）通过实证研究指出网络直播能够通过降低电商店铺供求双方之间的交易成本、提高电商店铺的转化率以及培育电商店铺自有品牌等方式驱动生鲜农产品电商的发展。此外，还有学者对主流生鲜农产品电子商务模式进行了深度分析。例如，田刚和冯缨（2018）通过实证研究测度了垂直型生鲜电商模式的经营效率，分析发现环境因素对垂直型生鲜电商效率存在明显影响，指出目前垂直型生鲜电商效率整体较低，建议垂直型生鲜电商通过精准化运营和品牌打造以提升经营效率，注重与线下渠道成员建立紧密联系，基于互利共生实现经营效率的提升；张浩等（2021）针对生鲜农产品电商 O2O 水平评估问题，设计了生鲜电商与传统流通体系融合发展的成熟度模型，并结合超市生鲜农产品 O2O 实例进行了运用，研究发现依托该模型能发现经营过程中的薄弱环节并改善，使生鲜电商向成熟度更高层级迈进。

1.3.3 商业模式创新的研究

目前，与生鲜农产品供应链密切相关的商业模式创新研究较少，为此作者选择从广义的角度进行商业模式创新研究的现状分析。通过分析发现，商业模式创新研究的文献主要围绕其驱动要素和实现路径两个方面展开。因此，结合本书的研究主题，接下来将主要从商业模式创新的驱动要素和实现路径两个方面进行研究现状概述。

1. 关于商业模式创新驱动要素的研究

关于商业模式创新驱动要素的研究，学者首先厘清了"商业模式创新是什么"。例如，Gordijn 等（2001）认为商业模式创新就是企业对自身价值链的解构和重构；Chesbrough 和 Rosenbloom（2002）在施乐公司商业模式创新实践基础上，认为改变商业模式构成要素的内容可推动商业模式创新，也认为将 ICT（information and communication technology，信息与通信技术）融合到企业经营方式或业务流程中可促进其商业模式创新，而商业模式就是拉动新技术商业价值实现的转换机制；Magretta（2002）认为商业模式创新源于现有商业活动中某些元素的改变，包括产品、流程等创新；金玉然等（2018）通过文献分析发现，"价值创造""电子商务""开放创新""创新中介""商业模式的构成要素""组织变革"等是商业模式创新研究的主要热点，进一步指出商业模式创新是一个不断演化和发展的过程。还有学者以企业自身价值链为基础，探讨了商业模式创新的内容问题。例如，王琴（2011）从价值生态系统的角度对企业价值交换逻辑和价值实现机理进行剖析，发现商业模式创新主要是企业价值、消费者价值以及价值创造逻辑的颠覆性变化；江积海和王若瑾（2020）探索了新零售业态的商业模式实现价值倍增的动因及其作用机理，并借助超级物种的典型案例分析进行了验证，发现新零售商业模式通过数据驱动重构人、货、场的关系，进而创造价值的倍增效应；邓文浩等（2021）探究远程医疗服务平台智能化服务商业模式价值适配的实现路径，发现其价值适配路径是由获取顾客需求、选择顾客核心需求、企业价值主张和渠道通路形成的闭环。

学者进一步从外部因素和内部因素两个方面分析了商业模式创新驱动要素。在外部因素研究中，Yip（2004）分析了市场竞争对商业模式创新的影响，认为竞争环境往往促使企业重新制定战略，进而推动企业商业模式创新；Teece（2010）研究表明技术创新是商业模式创新的驱动因素；王茜（2011）从 IT 驱动的视角剖析了技术作为商业模式创新动力的作用机理；Zheng（2014）通过案例研究得出技术创新是商业模式创新的主要推动力；Spieth 和 Schneider（2016）认为新的市场需求和消费群体驱使商业模式调整和创新。在内部因素研究中，Doz 和 Kosonen（2010）认为企业领导对于外部威胁做出的即时反应会促进商业模式的创新；罗珉和李亮宇（2015）分析得出企业价值创造的载体、方式、逻辑的改变驱动商业模式的创新，进一步提出社群、平台、跨界、资源聚合和产品设计是互联网时代商业模式的独特关键要素。在此基础上，吴晓波和赵子溢（2017）通过对文献系统分析得出外部因素对商业模式创新具有推式的驱动作用，而内部因素对商业模创新具有拉式的驱动作用，二者共同推动商业模式创新。这些研究从动态变化的角度探究了影响商业模式创新的因素和作用机理，揭示了商业模式动态调整的过程。

2. 关于商业模式创新实现路径的研究

除了识别出商业模式创新的驱动因素，学者也在逐步开展商业模式创新实现路径的研究。例如，Johnson 等（2008）通过大样本分析得出商业模式创新往往起源于价值主张创新，从需求拉动的视角对商业模式创新进行研究，指出消费者价值创新是商业模式创新的切入点；Velu（2015）研究表明通过新技术的使用推动业务流程再造实现商业模式创新。不少学者进一步研究提出了商业模式创新实现路径与模型。例如，赵晶（2010）等学者都从企业资源利用的角度研究了商业模式创新的理论路径；刁玉柱和白景坤（2012）在文献研究的基础上，构建了包含企业战略分析、创新要素利用以及收入模式设计的商业模式创新路径二维分析框架；王生金（2013）以增加消费者价值为出发点，提出了以产品、流程和网购安全为核心的 B2C 商业模式创新路径模型；赵黎明和孙健慧（2014）以苹果 iPad 为例提出基于产品的服务和功能整合的商业模式创新路径；刘建刚和钱玺娇（2016）则通过对小米公司的典型案例研究，探索了商业模式创新与技术创新的互动关系，并总结出两者协同发展的路径；李鸿磊和黄速建（2017）基于信息交互视角，提出了工业 4.0 时代制造业横向集成、纵向集成、智能平台等三种商业模式创新的实现路径。

另外，通过文献分析还发现，学者持续强调商业模式创新的重要性，并对商业模式创新实现路径进行了最新的相关探索。例如，史亚雅和杨德明（2021）进一步指出商业模式创新与盈余管理之间存在着一条影响路径，商业模式创新显著提高了企业盈余管理程度，主要与提高了企业的融资需求有关，不同商业模式创新类型对不同盈余管理的影响存在差异，定位创新、盈利模式创新和现金流结构创新会显著影响应计盈余管理，而业务系统创新则会显著影响真实盈余管理；王福等（2021）通过案例研究归纳了新零售商业模式场景化重构机理，指出了伴随新零售人、货和场匹配性的提出，新零售商业模式创新经历了由功能主导向服务主导再向场景主导的逻辑转变，也经历了从机械交互向体验交互再向情感交互的转变；陈一华等（2021）通过案例研究发现，数字赋能商业模式创新的作用机制可分为连接赋能、管控赋能和解释赋能，分别有助于构建互补导向、效率导向和新颖导向数字商业模式。

1.3.4 "互联网+"生鲜农产品供应链的研究

随着互联网技术的发展以及"互联网+"行动计划的提出，学者开始开展"互联网+"与各行业深度融合的研究。其中,"互联网+"与生鲜农产品供应链的连接融合引起了学者的关注,形成了"互联网+"生鲜农产品供应链的研究范畴。为此,结合本书主题,接下来将从互联网技术对生鲜农产品供应链的影响作用、"互联网+"在生鲜农产品供应链中的应用、"互联网+"环境下农产品供应链结构关系三个方面对"互联网+"生鲜农产品供应链这一研究范畴展开现状概述。

首先,关于互联网技术对生鲜农产品供应链影响作用的研究,阮荣平等(2017)、杨慧琴等(2018)都研究指出由于"互联网+"技术能够提高网络信息的安全性和可靠性,满足各个农业供应链主体的信息需求,给农业生产、农产品销售和农产品消费者及整个生鲜农产品供应链都带来了积极影响;邵腾伟和吕秀梅(2018b)提出了以消费者体验需求为中心的生鲜电商 C2B2B2C(consumer to business to business to consumer,消费者—食物社区—生产基地—消费者)模型,使得较为分散的消费者能够通过互联网以社群为单位,汇集成生鲜农产品社区,生产者以加入合作社的方式汇集成具有一定规模的种植基地,生鲜农产品社区与种植基地通过电商平台进行双向对接、C2B 预售、消费体验,为消费者提供了多样化的体验场景;于亢亢(2020)认为互联网思维还催生了新零售模式,在一定程度上也推动了农产品销售方式的变革;付豪等(2019)指出大数据环境下农业产业链治理的信息约束与认知约束被打破的内在逻辑表现为"区块链+农业产业链"的技术逻辑与制度逻辑的结合,从而诱致当前农业产业链制度变迁。

其次,关于"互联网+"在生鲜农产品供应链中应用的研究,学者认为"互联网+"技术对生鲜农产品供应链的发展有促进作用,指出了"互联网+"能够有效降低信息获取成本,已成为大部分新型农业主体获取信息的主要工具。例如,朱晓莉等(2016)认为农业生产者还可以通过互联网技术对生产过程进行科学化管理和智能化控制,提高生产过程的信息化、精准化和自动化水平;曾亿武和郭红东(2016)指出农产品淘宝村是"互联网+'三农'"的典型产物,在界定农产品淘宝村概念的基础上,借助多案例研究了农产品淘宝村形成机理,进一步给出了包含产业基础、淘宝平台、基础设施与物流、新农人与市场需求等要素的农产品淘宝村形成因素理论框架;葛继红等(2016)也认为互联网工具有利于整合农产品供应链信息,从而促进农业供应链一体化,使得农产品销售过程中可以快速应对市场变化;郭美荣等(2017)指出甚至可以基于互联网开发农业供应链风险预警系统,帮助供应链成员预测和分析供应链中存在的风险;Yang 和 Xie(2019)指出在农产品销售方面,互联网有利于减少农产品交易成本,还可以使得农产品销售者接触到大量消费者,利用互联网新媒体方式提高产品曝光度,从而提高农产品销量;Rogerson 和 Parry(2020)在可追溯性基础上,以生鲜供应链为例,提出区块链与物联网、电子射频等数字技术结合可提升供应链的可见性,进一步避免假冒伪劣食品的出现,保障食品安全。

最后，关于"互联网+"环境下农产品供应链结构关系的研究，刘助忠和龚荷英（2015）提出O2O供应链的快速发展受限于物流以及信息流太过四散、不连续及高成本，"互联网+"环境下农产品供应链过程优化的重点在于集成和优化各地区、各企业、各环节的供应链流程；李季芳和冷霄汉（2016）根据国内农产品供应链关系结构特点的不同，从经济关系、社会关系视角对供应链上下游节点企业间关系进行梳理，并在此基础上把我国农产品供应链分为四大类型，明确不同类型的供应链上下游节点企业间不同的合作关系形式及策略；庞燕（2016）基于共生理论，分析了农产品加工企业和农户的共生关系，提出共生关系稳定均衡点组成了农户和企业共生关系的形成过程，并发现影响目前加工企业和农户共生关系发展的最重要原因是上下游需求、供给的不匹配，而保证加工企业与农户共生关系正向发展的路径则是促使农户和加工企业实现共同进化；田刚等（2019）以易果生鲜构建的生态系统为对象，探讨了线上线下企业共生演化的形态、机理及生鲜电商发展困境的突破路径，指出了遵循生鲜电商生态系统演化规律，通过增强系统的开放性、改善物种间的关系以及完善系统运行规则等方式实现系统资源整合，是突破生鲜电商发展困境的路径选择；刘刚（2019）指出由于消费升级，消费者需求发生改变，相应的农产品电商供应链也由产品供应链向服务供应链转变，在此基础上发现服务主导逻辑下农产品电商供应链的核心要素包含了消费者参与和价值共创、服务导向、重视过程和体验三个部分；阮俊虎等（2020）提出了由数字农业流程重组、数字农业产业融合、数字农业知识管理等构成的数字农业运营管理理论方法，构建了数字农业创新商业模式与一体化技术解决方案。

第 2 章 基于消费者导向的"互联网+"生鲜农产品供应链商业模式

在"互联网+"行动计划下,利用互联网技术、方法和思维与生鲜农产品供应链深度融合,将给生鲜农产品供应链的生产、流通及销售等各个环节带来巨大变革,显著提升生鲜农产品供应链的创新力和生产力,给生鲜农产品供应链模式的发展带来了重要机遇,同时又带来了商业模式变革的挑战。在此背景下,本章以生鲜农产品供应链模式为研究对象,提出基于消费者导向的"互联网+"生鲜农产品供应链商业模式,并对商业模式创新的关键要素、实践案例等进行深入研究,进而构建该类商业模式创新的实现路径,以期为生鲜农产品消费者、销售商、供应商以及生产者创造更多价值。

2.1 基于社群经济的"互联网+"生鲜农产品供应链 C2B 商业模式

随着生鲜农产品消费者需求日趋个性化和多样化,生鲜农产品供应链中各主体面临的市场环境更加复杂,传统的生鲜农产品供应链已不能适应新形势的要求。为解决该问题以满足消费者需求并实现生鲜农产品的价值增值,迫切需要对生鲜农产品供应链模式进行变革和创新。社群经济作为"互联网+"创新驱动下一种新的经济形态,能够为生鲜农产品供应链成员提供媒体、营销及电商等一体化运营环境,有助于实现消费者与供应链中各主体的有效衔接,为生鲜农产品供应链模式的变革和创新带来重要机遇。在此背景下,提出和研究基于社群经济的"互联网+"生鲜农产品供应链 C2B 商业模式,对推动生鲜农产品供应链实现商业模式创新具有重要的理论和现实意义。

2.1.1 基于社群经济的"互联网+"生鲜农产品供应链 C2B 商业模式的内涵

基于"互联网+"环境下社群经济的发展,针对生鲜农产品供应链中供需不匹配的现实问题,提出基于社群经济的"互联网+"生鲜农产品供应链 C2B 商业模式,如图 2.1 所示。该商业模式中销售商通过社群的媒体属性与消费者实现连接,进而以消费者需求为导向,协同供应商和第三方物流企业提供生鲜农产品及服务。下面从价值主张、核心资源、关键流程及盈利模式等四个方面对该商业模式进行阐述。

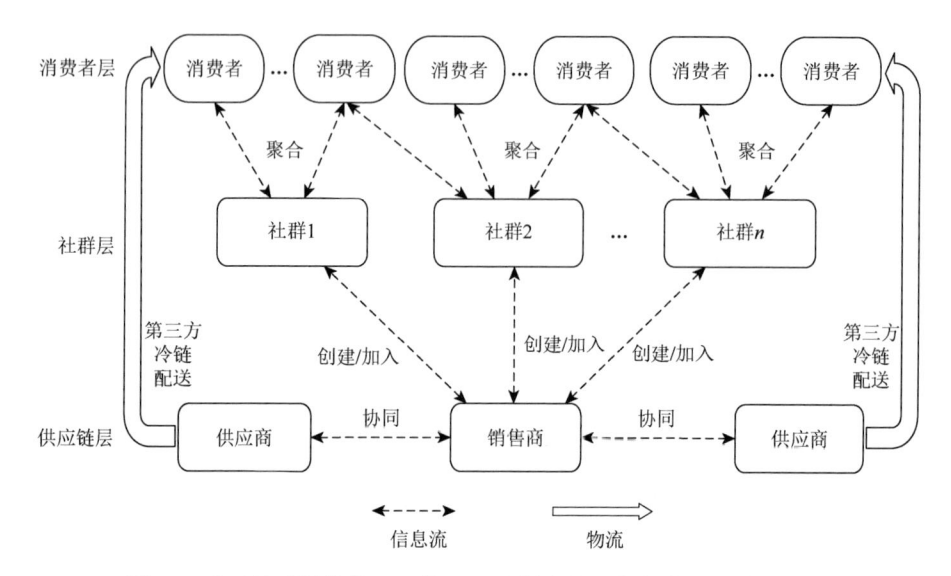

图 2.1　基于社群经济的"互联网+"生鲜农产品供应链 C2B 商业模式

1. 价值主张:基于互动社群满足生鲜农产品消费者个性化需求

价值主张是生鲜农产品供应链中核心企业(销售商)协同其他关键成员(供应商、第三方物流企业等)向目标消费群体提供的产品和服务的清晰表达,该商业模式旨在基于社群交互性满足消费者社交需求的同时激发其生鲜农产品个性化需求,进而快速、有效地提供满足消费者需求的生鲜农产品及服务。

1)基于社群交互性激发生鲜农产品消费者的个性化需求

生鲜农产品供应链中销售商通过互联网技术创建或加入生鲜农产品线上主题社区,同时使其与微博、微信及豆瓣等社交媒体连接,为消费者提供生鲜农产品媒体内容生产、分享及学习等基础性服务,实现由抢占渠道"空间资源"向抢占消费者"时间资源"转换,并基于不同社交功能形成兴趣型、工具型及知识型等生鲜农产品社群。在此过程中,生鲜农产品消费者为满足自身的社交需求成为社群中积极的内容生产者和信息传播者,使销售商与消费者的互动机制不再是自上而下的传递关系,而是横向的交互关系,从而各消费者在进行互动的过程中个性化需求被激发,最终成为社群内生鲜农产品的忠实购买者。

2)快速、有效地提供满足消费者需求的生鲜农产品及服务

伴随着生鲜农产品消费者个性化需求被激发,销售商可结合社群用户行为信

息（评论和分享）、地理位置信息及消费情况信息等进行多维度关联分析，准确判断消费者的生鲜农产品消费场景，打造垂直的电子商务服务体系，协同供应商、第三方物流企业等进行生鲜农产品及服务的订单式快速供应，满足消费者的个性化需求。在此过程中，生鲜农产品供应链成员协同工作，使消费者实现从生鲜农产品购买过程中的情景体验，到生产和加工环节的参与体验，再到享用过程的物质体验。通过社群的交互性优势改善消费者的消费体验，并促进生鲜农产品的价值增值。

2. 核心资源："互联网+"创新驱动下的生鲜农产品社群和平台

核心资源是生鲜农产品销售商协同供应链其他关键成员实现价值主张的必备要素，包括以相同兴趣图谱聚合的生鲜农产品社群和以互联网技术为支撑的供应链协同平台，使销售商及其他关键成员能够比竞争对手更好地满足消费者需求，并且构建强有力的战略竞争优势。

1）以相同兴趣图谱聚合的生鲜农产品社群

在企业边界愈加模糊且充满不确定的"互联网+"环境下，传统意义上生鲜农产品供应链成员可依靠的价格、渠道等竞争壁垒将被打破，如何近距离地接触到生鲜农产品消费者并了解其需求才是形成竞争力的关键。以相同兴趣图谱聚合的生鲜农产品社群能实现生鲜农产品销售商与目标消费群体的直接互动，同时激发消费者的个性化需求，从而给供应链带来新的利润机会，即销售商利用互联网技术创建或加入生鲜农产品线上主题社区，主动输出优质的媒体内容，包括生鲜美食故事、生鲜烹饪技巧及健康饮食知识等，吸引具有共同兴趣图谱的目标消费者聚合形成社群，培育和塑造其消费行为。

2）以互联网技术为支撑的供应链协同平台

生鲜农产品社群作为销售商的一种差异性资源，能聚合大量的生鲜农产品消费者，并快速、有效地获得其个性化需求。然而生鲜农产品具有易腐性、时效性等特征，销售商如何协同上游供应链成员快速、有效地提供生鲜农产品及服务就成为其实现商业价值的重点。该商业模式需要建立以互联网技术为支撑的供应链协同平台，支持生鲜农产品供应链实现产品资源和物流资源的快速配置，敏捷响应生鲜农产品消费者需求，即销售商根据消费者的生鲜农产品需求，通过平台迅速匹配最佳的生鲜农产品供应商和第三方物流企业，优化调度产品和物流资源，进而执行生鲜农产品生产、加工和配送等流程以满足消费者需求。

3. 关键流程：以生鲜农产品消费者需求为拉动的C2B过程

关键流程是生鲜农产品销售商协同供应链其他关键成员为实现其价值主张而

采取的系统性业务活动及其分工。该商业模式以消费者参与社群活动激发和表达个性化需求为起点，然后销售商基于社群运营获取订单，最后供应链成员协同、快捷地满足消费者需求。

1）消费者参与社群活动激发和表达个性化需求

生鲜农产品消费者的消费行为在该商业模式中产生重要变革，由被动接受变为主动参与。为满足自身的情感交流和社会认同需求，消费者积极参加销售商组织的线上线下社群活动。一方面，消费者可在线上主题社区发布生鲜资讯、美食方案等用户自生成内容，并基于此分享生鲜消费体验，探讨生鲜选择技巧及交流生鲜烹饪经验等；另一方面，消费者也可参与销售商在线下组织的本地化烹饪教学、产地采摘及美食交友等主题活动，进一步提升对线上主题社区的黏着度。消费者在参与线上线下社群活动的过程中将产生大量行为数据，而这些数据隐含着消费者的需求偏好，使其个性化需求得以激发和表达，将驱动整个生鲜农产品供应链运作。

2）销售商基于社群运营获取消费者订单

生鲜农产品销售商的运作方式将产生重要转变，从产品售卖转向用户运营。销售商基于线上社区和线下活动的相互驱动及循环形成有效的社群信任和互惠规范，为引导生鲜农产品消费者根据自身需求或社群推荐产生购买行为创造有利条件。销售商可通过互联网技术（大数据、云计算、LBS等）对消费者发布的UGC（user-generated content，用户生成内容）按照菜式、功效及场景等标签进行分类，并搭配对应的生鲜食材形成多层次的菜谱体系。然后，根据消费者对UGC进行分享和评论过程产生的购买需求提供相应菜谱，或根据消费者社群行为数据挖掘的个性化需求（美食搭配、营养定制等）推荐相应菜谱，从而获取消费者订单，实现生鲜农产品社群从媒体价值到商业价值的转变。

3）生鲜农产品供应链成员协同、快捷地满足消费者需求

生鲜农产品供应链中销售商与其他关键成员的协作过程发生重要革新，已不是固定结构的单向线性流程，而是由生鲜农产品消费者订单驱动的双向动态协同过程。首先，销售商根据消费者的生鲜农产品订单匹配最佳的供应商和第三方物流企业构建虚拟供应链，并基于协同平台快速共享消费者的需求信息；其次，供应商基于互联网技术进行生鲜农产品生产要素的智能配置和生产流程的动态优化，按照消费者需求对生鲜农产品进行加工、配料和包装等精细化作业，为消费者提供高品质的生鲜农产品；最后，由第三方物流企业进行透明化冷链配送，实现生鲜农产品从供应商向消费者的高效流通。

4. 盈利模式：通过连接社群销售生鲜农产品及服务

盈利模式是生鲜农产品供应链为消费者提供产品及服务和实现价值主张时所

产生的成本结构和收入来源。合理的利润获取方式是生鲜农产品供应链实现持续经营的保障。生鲜农产品销售商通过免费社群服务获取消费者连接红利，进而协同供应链其他关键成员提供增值性生鲜农产品及服务获取利润。

1）提供免费社群服务获取消费者连接红利

销售商通过免费的社群服务聚合具有共同生鲜兴趣图谱的消费者，同时基于品牌社群的媒体属性为消费者创造信息共享、生活娱乐及社会认同等价值，使消费者个体之间以及消费者与销售商之间实现连接与交流。在连接过程中，销售商将摒弃传统的"差价式"盈利模式，并承担线上社区运营、线下活动举办等社群管理费用。本阶段虽未获得任何收益，但将社群服务作为汇集生鲜农产品消费者的入口和接触生鲜农产品消费者的渠道，通过持续的信息交互确立和巩固社群信任，使销售商获得更多的虚拟社会资本，即"互联网+"创新驱动下的消费者连接红利，为跨界进行生鲜农产品销售奠定坚实的基础。

2）提供增值性生鲜农产品及服务获取利润

销售商致力于成为消费者的"社群服务提供商"，但并不以社群服务为盈利点，而是基于连接红利积累大量生鲜农产品潜在消费者资源，通过为消费者提供增值性生鲜农产品及服务获取利润。本阶段，销售商协同供应商和第三方物流企业，根据消费者需求提供美食搭配、营养定制及套餐菜谱等增值性生鲜农产品及服务，实现生鲜农产品价值溢价，改善生鲜农产品消费客单价过低的问题。这种方式在大幅提升消费者感知价值的同时，也有助于实现供应链成员自身利润的增长。

2.1.2 基于社群经济的生鲜农产品供应链 C2B 商业模式案例分析

鉴于该商业模式能有效满足生鲜农产品消费者需求并实现供应链成员自身利润的增长，生鲜农产品销售商协同供应链其他关键成员正积极参与实践。目前基于社群经济的生鲜农产品供应链 C2B 商业模式已有雏形。下面根据社群社交功能的不同，分别对基于知识型社群、工具型社群及兴趣型社群为消费者提供生鲜农产品及服务的典型供应链进行分析，并应用实际案例进行说明，如表 2.1 所示。

表 2.1 基于社群经济的生鲜农产品供应链 C2B 商业模式实践的案例

项目	知识型社群：下厨房	工具型社群：邻居录	兴趣型社群：青山老农
价值主张	提供个性化菜谱做法与饮食知识 根据社群推荐和消费者需求提供生鲜农产品	提供邻居间相互沟通交流的平台 根据"食物社区"需求提供生鲜农产品	提供满足田园健康生活追求的社群服务 根据消费者需求提供原生态生鲜食材

续表

项目	知识型社群：下厨房	工具型社群：邻居录	兴趣型社群：青山老农
关键成员	知识型社群运营商 社群"市集买手" 生鲜农产品商家 第三方物流企业	工具型社群运营商 本地化新农人生产者 第三方物流企业	兴趣型社群运营商 原生态食材供应商 第三方物流企业
核心资源	连接美食爱好者的内容和社区	邻居间互动交流的线上平台	线上线下社群活动运营能力
盈利模式	通过定制化生鲜农产品销售以及社群媒体属性的广告收入营利	向本地化生鲜农产品生产商新农人提供服务，收取相关费用进而营利	通过社群产品及服务的会员收费、生鲜产品销售以及社群媒体属性的广告收入营利
不足之处	生鲜农产品媒体内容输出的持续性得不到保证	本地化新农人生产商资源匮乏	非相关性第三方广告投入有损用户社群体验

1. 基于知识型社群的生鲜农产品供应链 C2B 商业模式案例

生鲜农产品知识型社群是指个体以学习为出发点，为获取和分享生鲜农产品相关知识进而聚合的消费者群体，下厨房就是其中的代表。下厨房是一个提供菜谱查询、分享与生鲜食材导购的移动应用，致力于成为生鲜农产品消费者的家庭美食入口。下厨房作为菜谱应用实现了消费者间的连接，每位社群用户既是菜谱知识生产者，也是菜谱知识学习者，通过相互交流和学习的交叉联系机制形成三种不同的产品形态，包括菜谱知识、参照菜谱制作的菜品以及知识型生鲜农产品社群，菜谱知识是内容，后两者是菜谱知识的演化。在此基础上，下厨房作为知识型社群实现了生鲜农产品消费者与商家的连接，一方面社群核心用户可以向下厨房推荐商家，并由社群内其他核心用户浏览、购买和品尝，反馈良好的生鲜农产品才能在平台进行售卖；另一方面，社群用户基于社群表达其个性化的生鲜农产品需求，下厨房的"市集买手"则通过自身在甄别食材质量方面的经验为其向商家选购相应的生鲜农产品，然后由第三方物流企业进行配送。

下厨房值得借鉴的地方包括：一是菜谱知识、参照菜谱制作的菜品以及知识型生鲜农产品社群三者循环互动，有效提升了社群用户的凝聚力；二是通过知识型生鲜农产品社群服务积淀的品牌形象为生鲜农产品商家提供产品质量保证，以品牌效应增加产品价值；三是通过"市集买手"的形式与生鲜农产品商家对接，更多地扮演协助消费者购买生鲜农产品的角色，而不是直接向消费者销售生鲜农产品。

2. 基于工具型社群的生鲜农产品供应链 C2B 商业模式案例

工具型生鲜农产品社群是指个体以沟通为出发点，将生鲜农产品社群作为交流的基础性工具进而聚合的消费者群体,邻居录就是其中的代表。邻居录是一个以邻居间相互沟通交流为基础提供生鲜农产品信息及导购的平台,致力于成为社区消费者的"菜篮子"。邻居录作为邻居间沟通交流的工具,为社区带头人自主发起小区活动(聚会、运动及公益等)提供了平台,基于多样化的健康活动构建邻居间的信任关系,进而有效互动形成邻居圈。在此基础上,邻居录创新性地打造"食物社区"概念,即邻居圈的生鲜农产品消费者组成食物社区采购单元,然后与生鲜农产品生产者形成连接。食物社区由社区带头人发起并向邻居录申请建立,邻居录则通过销售回报和折扣的方式激励社区带头人,由其组织协调食物社区内的生鲜农产品需求形成规模化采购订单,再由本地化生鲜农产品生产者新农人根据订单进行生产和加工,最后依托物流服务商对各食物社区进行定时定点的订单配送。

邻居录值得借鉴的地方包括:一是食物社区的带头人作为组织者起到产品质量担保的作用,有效解决了生鲜农产品生产者和消费者之间的信任问题;二是定位于本地化服务,保证产品新鲜和安全的同时,降低了消费者的采购成本和生产者的物流成本;三是通过食物社区汇集分散的生鲜农产品需求,定点自取的方式解决了生鲜电商"最后一公里"配送难题。

3. 基于兴趣型社群的生鲜农产品供应链 C2B 商业模式案例

兴趣型生鲜农产品社群是指个体以兴趣为出发点,为满足自身对生鲜农产品的某类消费偏好进而聚合的消费者群体,青山老农就是其中的代表。青山老农是一个以满足都市女性田园健康生活追求为基础的生鲜农产品电商,致力于使生鲜农产品消费更加安全和可靠。青山老农以其品牌旗下"我的花草生活""青山老农""青素窝"等自媒体持续输出内容,同时结合线上线下社群活动及免费福利,倡导"植物素生活"的健康生活方式,与都市知识女性群体的生鲜农产品消费偏好产生共鸣,从而聚拢不同层次消费者形成兴趣型生鲜农产品社群。在此基础上,青山老农通过抓住都市知识女性"如何吃更健康"的心理,衍生出生鲜电商和广告销售业务。一方面,青山老农搭建了一个集合"好品质"和"有故事"的生鲜农产品垂直电商平台,协同生鲜农产品供应商和第三方物流企业面向消费者需求提供原生态生鲜食材;另一方面,通过条目广告、品牌专题及线下体验等多样的营销组合满足第三方广告客户的营销需求。

青山老农值得借鉴的地方包括:一是免费加收费的方式,在线上线下社群服务上赔钱,但在溢价的生鲜电商和广告销售上赚钱,同时把社群服务当作一种廉价却高效的营销手段;二是基于社群服务拥有了精准的消费者群体,引入垂直电商平台,实现了平台的高转化率;三是消费者通过社群购买生鲜食材,再基于消费体验与社群用户进行分享形成闭环模式,实现了平台的高黏性。

2.1.3 基于社群经济的生鲜农产品供应链 C2B 商业模式发展建议

通过表 2.1 中对该商业模式实际案例的分析发现，目前该商业模式的外部环境仍不够好，供应链内部运营也不尽合理。最终要确保满足消费者需求并实现生鲜农产品的价值增值，生鲜农产品供应链中销售商、供应商、物流企业及相关政府部门仍需进行如下改进。

1. 生鲜农产品销售商需要优化消费者社群体验

由品牌社群构建所形成的消费者认同感只能提高社群起初的参与度，现阶段部分生鲜农产品销售商在社群运营过程中的急功近利行为（强行广告植入、非相关性推荐等）导致消费者流失严重，因此销售商需要与社群内消费者加强沟通，通过创新线上线下社群服务形式优化消费者社群体验，才能有效增强消费者的忠诚度和购买动力。

2. 生鲜农产品供应商需要提高生产和加工能力

向消费者供应高品质的生鲜农产品是该模式实现价值闭环的核心环节，而现阶段我国具有较高的组织化程度、能实现生鲜农产品专业化生产和加工的主体数量还有待提升，因此生鲜农产品供应商（含生产者）需要基于互联网技术提高自身的生产和加工能力，严格执行产品质量安全可追溯制度，成为具有现代经营管理理念的生鲜产品供应商。

3. 生鲜农产品供应链成员需要加强自身冷链基础设施建设

该模式中生鲜农产品的消费往往具有频率高、产品品类多、时效性强及购买主体分散等特点，而现阶段冷链物流体系建设还相对滞后，并不能满足供应链中其他成员以及消费者的要求，因此生鲜农产品供应商和物流企业需要加强自身冷链基础设施建设，创建全程冷链集约化流通形式，提高和保证生鲜农产品的新鲜度，降低产品流通腐损率。

4. 需要相关政府部门加大对生鲜农产品供应链成员的扶持力度

随着 2015 年十八届五中全会通过的《中共中央关于制定国民经济和社会发展第十三个五年规划的建议》进一步指出"实施'互联网+'行动计划，发展物联网技术和应用，发展分享经济，促进互联网和经济社会融合发展""推进产业组织、商业模式、供应链、物流链创新，支持基于互联网的各类创新"，这为该模式的发展与改善提供了契机①。因此各级政府部门需要加紧贯彻落实国家战略部署，从财政税收、人才培养及基础性服务等方面加大对该模式中供应链成员的扶持力度。

2.2 "互联网+"生鲜农产品供应链 C2B 商业模式实现路径

生鲜农产品供应链模式创新的相关研究中，在提出商业模式的基础上，针对其实现路径的研究有利于进一步分析商业模式创新的系统过程，为企业实践提供指导。在"互联网+"创新驱动下，为满足消费者日趋个性化和多样化的需求，传统生鲜农产品供应链以供给为导向的商业模式正逐渐向以需求为导向的 C2B 商业模式转换。然而由于 C2B 商业模式创新将引发企业价值链重构，生鲜农产品供应链成员企业间分工与协作流程也将随之变革，为商业模式创新的实现带来众多的复杂性和不确定性。与此同时，传统生鲜农产品供应链模式中众多关键要素的消亡和变化也让以往商业模式在 C2B 商业模式创新中缺乏可参考性，这些均使生鲜农产品供应链 C2B 商业模式在实施中因缺少借鉴而变得更为困难。在此背景下，探索生鲜农产品供应链 C2B 商业模式创新的实现路径成为相关供应链成员企业面临的重要任务。

鉴于此，将通过对典型企业进行案例研究的方式，分析生鲜农产品供应链 C2B 商业模式创新的要素及其逻辑关系，进而尝试构建该商业模式创新的实现路径，最后提出该商业模式创新实现路径的对策和建议，以期为各生鲜农产品供应链成员企业的 C2B 商业模式创新实践提供经验借鉴。

2.2.1 研究方法与案例选择

1. 研究方法选择

基于现有文献研究结论得出，商业模式的创新就是商业模式中各构成要素的整体或依次变化给商业模式的发展方向和程度带来的系统性变革。因此，对生鲜农产品供应链 C2B 商业模式创新实现路径的探索，其核心就是分析该类商业模式创新的构成要素，同时总结这些要素之间的逻辑或因果关系，进而构建一个该类商业模式创新实现的系统性框架。

---

① 《中共中央关于制定国民经济和社会发展第十三个五年规划的建议》，https://www.gov.cn/xinwen/2015-11/03/content_5004093.htm。

扎根理论是由 Glaser 和 Strauss（2009）提出并发展的一种质性研究方法，该理论认为只要有新的数据产生就可能得出新的理论。近年来，扎根理论研究方法引起了国内外众多学者的重视，作为一种具有重要影响的归纳式研究方法，扎根理论已被主流学者运用到各领域的研究中。扎根理论研究的核心思想是依次对原始资料进行开放式、主轴式及选择式编码，直到相关理论的确立。同时，纵向案例研究有助于分析案例企业在不同时期或发展阶段的战略选择和创新举措，更好地分析研究的问题。因此，采取扎根理论和纵向案例研究的方法探索生鲜农产品供应链 C2B 商业模式创新的实现路径极为合适。

2. 典型案例选择

"互联网+"生鲜农产品供应链 C2B 商业模式即生鲜农产品经营主体基于"互联网+"工具实现与消费者连接，进而获取其生鲜农产品需求，然后联合供应链中其他经营主体为消费者提供适需的生鲜农产品。拼好货作为一家生鲜农产品 C2B 闪购平台，其运作机制就是典型的"互联网+"生鲜农产品供应链 C2B 商业模式。

拼好货的商业模式使消费者购买行为能够直接影响在售生鲜农产品的品类和价格，即消费者购买行为从发起生鲜农产品"拼团"开始，进而邀请家人、朋友或者其他具有相同购买偏好的消费者"参团"。购买订单成团后，拼好货则根据规模化订单直接向生产者采购生鲜农产品，并向消费者快速配送。最后，开团人和参团人都能以更优惠的价格获得优质的原产地生鲜农产品。因此，在典型案例选择上，拼好货对于"互联网+"生鲜农产品供应链 C2B 商业模式具有代表性。所需的数据主要通过对拼好货的长期跟踪获得，主要资料来源包括媒体报道、企业领导访谈、用户访谈、企业网站、网络资料、相关书籍、相关期刊、论文等。

2.2.2 基于扎根理论的拼好货 C2B 商业模式创新实现路径分析

1. 拼好货商业模式创新案例的开放式编码

在开放式编码的过程中，需要以开放的态度对案例企业商业模式创新的数据进行标签化。即将从各个渠道收集到的资料抽象为概念，然后进行编码，进而提炼概念之间的关系形成范畴。围绕"商业模式创新实现路径"这一核心议题对数据进行开放式编码，通过不断地拆分、对比及校验进行概念化和范畴化，最终引入超过 130 个概念，如表 2.2 所示。

表 2.2 开放式编码带入的概念

项目	内容
概念	社交电商、围绕消费者、电商巨头压力、市场竞争环境、自主搜索式购物、C2B 闪购、微信等社交媒体、物流配送、定制、供应链体系构建、组织结构的灵活性、管理创新能力、消费者主权、消费者支付意愿、融资、并购交易、"互联网+"、后端数据打通、管理团队深度融合、产品和技术研发、供应链运营、品质电商、发起拼团、参与拼团、社交媒体、微信朋友圈、订单峰值、自营、平台化运营、消费者主导商家、全球化、技术团队、创业经历、提供代运营电商服务、社会环境、运营游戏、影响力、社交流量、社交平台商业资源匮乏、发货瓶颈、微商乱象频发、价格实惠、平台定位、品质电商、付费
	用户、仓储体系、仓储运营团队、快速流通、强调品质和体验、前端产品迭代和更新、供应商选择、仓储配送、发现和推荐功能、线上流量瓶颈、类聚电商、资源互补性、流量分布形式、消费者分布现状、大电商平台、使用频率高、逆向订购、坏果包赔、流程简单、消费者购买流程、客户关系、消费者调查小组、了解客户反馈、开团和参团、人数达标、连续创业者、明星营销、先下订单后采购、倒逼供应商、组织学习能力、口碑传播、消费者黏性、物流环节压缩、重视产品品质、用户自传播、社交属性、重构水果交易流程、产地直供、采购团队、实现双赢、营销渠道变革、品质生活、移动互联网、销售环节前置、互联网技术、信息传播主导权、自建 APP 端、构建沟通场景、复购率、社交红利、执行力强、诚信本分、多对多地匹配、低成本获客、提供适需产品、价值创造点、线上线下体验融合、数据打通、支付流程和体验、降低库存量、控制 SKU、第三方合作、包装设计与测试、订单不定价、移动社交电商平台、整合供应链、数据化预测机制、爆款策略、聚焦核心产品、以消费决定采购、盈亏平衡、补贴方式不持久、优化供应链、低价聚合订单、供需匹配、价格和损耗降低、流通速度加快、快捷冷链配送、信任链条、免费推广、共享式购物体验、降低决策成本、搜索关键词字入口变窄、大品牌瓜分流量、收入成本确认、销售品类扩张、回归用户需求、拉新成本上升、追随者模仿、盈利模式、交易结构设计、关键流程重构、社交分享

注：SKU 全称为 stock keeping unit, 存货单位

范畴是对各类概念的概括。通过对原始资源的进一步分析，归纳出与核心议题紧密相关的概念并提炼出范畴，最后一共得出 85 个概念（d1～d85）和 17 个范畴（D1～D17），如表 2.3 所示。

表 2.3 开放式编码结果

原始资料	概念	范畴
现在大家富足起来了，品质生活的供给相对不足，尤其是大量二三线城市消费者知道什么是好产品，智能手机的普及也改变了其时间分配和浏览方式，进一步激发了用户的购买欲望	d1 价格实惠	D1 消费者需求
	d2 购物方式	
	d3 品质生活	
	d4 社交属性	
	d5 消费者分布现状	
对于拼多多、拼好货，黄峥有着清醒的认识，淘宝做的是搜索，是物以类聚电商，而他们做的是人以群分的社交电商，是以水果切入市场，基于社交平台主打 C2B 闪购的品质电商	d6 社交电商	D2 产品与服务创新
	d7 类聚电商	
	d8 共享式购物体验	
	d9 重构生鲜交易流程	
	d10 品质电商	

续表

原始资料	概念	范畴
目前电商行业的购买客户群被大平台高度垄断，拼多多、拼好货的最大挑战在于如何突破大电商平台的流量瓶颈，同时各类自营电商平台快速发展也对拼好货的发展构成了挑战	d11 线上流量瓶颈 d12 追随者模仿 d13 拉新成本上升 d14 创业项目暴增 d15 大电商平台	D3 市场竞争
从商业角度来看，黄峥注意到微博、陌陌、快手等社交平台流量很大，但对应的商业没有发展起来，长此以往，部分微商就可能难以实现盈利及持续发展	d16 社交平台商业匮乏 d17 微商乱象频发 d18 社交平台发展迅猛	D4 社交平台流量
通过拼好货相关平台，促成用户的自传播，进而以拼团捕捉人群的购物偏好，并据此完成用户的细分，实现消费者、品牌及生产商之间的精准匹配，用户基于拼单购买价格实惠的生鲜水果	d19 营销渠道变革 d20 使用频率高 d21 强调品质和体验 d22 明星营销 d23 社交分享和口碑传递 d24 用户自传播 d25 构建沟通场景	D5 市场营销策略
拼好货的采购特点：透明，产地直采的水果，由专业采购团队根据消费者需求去产地实采实拍，真实记录信息，同时选择标准供应商进行合作，有效管控生鲜农产品质量	d26 以消费决定采购 d27 产地直采 d28 先下订单后采果 d29 专业采购团队 d30 供应商选择标准	D6 采购管理能力
拼好货的仓储体系可以实现生鲜农产品的快速流通，货卸下来稍微分解马上进入流水线，分装好后可以迅速进入流通通道，这样也有效降低了库存量。平均一个果子在我们仓库里停留的时间可能就几个小时，最多半天时间	d31 仓储运营团队 d32 快速流通 d33 仓储运输体系构建 d34 第三方合作 d35 拆分后端仓配业务	D7 物流管理能力
从根本的价值创造来看，线上线下体验融合及数据打通就是下一波的增值点。如果不是由我们来做，就会有其他人来达成，互联网技术的预测、营销等功能逐渐显现	d36 微信等社交平台 d37 线上线下体验融合 d38 自建APP端 d39 移动互联网 d40 数据化预测	D8 互联网技术

第 2 章 基于消费者导向的"互联网+"生鲜农产品供应链商业模式

续表

原始资料	概念	范畴
拼好货的团队是电商运营出身，就会很自然而然地往供应链角度去考虑，怎么样去优化供应链，怎么样把水果的流通做得更快，物流环节能够压缩得更少，选品怎么样能够做得更好	d41 整合供应链 d42 供应链运营 d43 控制 SKU d44 倒逼供应商 d45 物流环节压缩	D9 供应链管理策略
用户的选择行为能够真正影响商城的选品品类和产品价格，用户通过发起和朋友、家人、邻居等的拼团，即消费者主导商家，以更低的价格，拼团买到适需优质商品	d46 围绕消费者 d47 消费者主权 d48 消费者主导商家 d49 信息传播主导权 d50 提供适需产品	D10 消费者导向策略
APP 的流程简单，两步开团，一步参团，便于用户完成购买，即选择心意商品，支付开团或者参团；等待好友参团，达到人数团购成功，等待收货并品尝	d51 降低决策成本 d52 开团和参团 d53 人数达标 d54 支付流程和体验 d55 等待收货并品尝	D11 消费者购买流程
黄峥有大格局，执行力又强。其三次创业经历形成的专业团队对拼好货的线上运营和线下配送发展都形成了有效支撑。无论拼好货，还是之前的公司班底，他们最终都脱胎于黄峥最初组建的技术团队	d56 领导能力 d57 组织结构的灵活性 d58 管理创新能力 d59 连续创业者 d60 执行力强	D12 组织与人力资源管理能力
拼好货 APP 是一种全新的 C2B 购物体验，即客户主导商家，消费者的行为和决定能影响商品的类目和售价，并以需求驱动采购和配送，有效降低生产库存成本，为用户提供低价优质产品	d61 C2B 闪购 d62 自主选购 d63 销售环节前置 d64 先下订单后采果 d65 快捷冷链配送	D13 C2B 运作流程
社交电商拼好货宣布，同拼多多合并事宜达成一致，合并形式是前者收购后者，合并完成后管理团队也将深度融合，产品技术将以拼多多为主导，运营供应链将以拼好货为主导	d66 融资和并购交易 d67 技术研发 d68 资源互补性 d69 同城物流公司合作 d70 管理团队融合	D14 资源获取

续表

原始资料	概念	范畴
拼好货抓住了移动社交的红利，成立一年多来，月 GMV（gross merchandise volume，成交金额）就超 10 亿元，用户数过亿。主要在于该模式实现了果农和消费者的双赢，消费者复购率为 25%到 30%，2016 年 1 月，拼好货已经做到了盈亏平衡	d71 盈亏平衡 d72 资本投资 d73 消费者与企业双赢 d74 复购率 d75 社交红利	D15 盈利模式
设立消费者调查小组，了解客户对产品的反馈并做调整，确保自己和消费者对于产品质量的认知保持同步。坏果包赔，客服确认即可退款。同时一定要有人负责物流，再不做好物流运输，拼好货可能会出更大的问题	d76 消费者调查小组 d77 水果质量认知同步 d78 了解客户反馈 d79 坏果包偿 d80 调整相关策略	D16 消费者关系管理
由于拼多多团队做过电商和游戏，相比拼好货的纯电商团队，他们对前端和消费者深层次需求的理解更好，两个平台一个重供应链，一个重前端，有比较强的互补性，可提升整体品质和服务水平	d81 改善产品品质和体验 d82 前端产品迭代和更新 d83 销售品类扩张 d84 电商运营能力提升 d85 优化供应链管理能力	D17 持续优化核心能力

2. 拼好货商业模式创新案例的主轴式编码

由开放式编码得出的各个范畴间往往是相互独立的，为了研究得出各个范畴间的关系，需要基于开放式编码的结果进行主轴式编码，即通过因果条件、现象、行动脉络、中介条件、行动策略及结果这一典范模型对拼好货 C2B 商业模式创新的现象进行深入剖析，为开放式编码中得出的各个概念或者范畴间建立因果关系，最终分析形成了产品与服务、市场营销策略、供应链管理策略、关键流程、核心能力优化等 5 个主范畴，如表 2.4～表 2.8 所示。

表 2.4　产品与服务的典范模型

主要构成	涉及的概念和范畴以及因果关系
因果条件	D1 消费者需求、D3 市场竞争
现象	D2 产品与服务创新
行动脉络	生鲜农产品消费者需求的改变促使电商企业进行产品和服务创新，即生鲜电商企业需要以产品和服务创新为导向，致力于相关能力的构建才能获得超额利润
中介条件	d85 优化供应链管理能力、D8 互联网技术
行动策略	重构生鲜交易流程
结果	形成区别于传统自主搜索式购物的模式，基于消费者的聚集打造社交电商模式，为消费者提供共享式生鲜农产品购物体验

表 2.5　市场营销策略的典范模型

主要构成	涉及的概念和范畴以及因果关系
因果条件	d11 线上流量瓶颈、d19 营销渠道变革、d13 拉新成本上升
现象	D5 市场营销策略
行动脉络	线上营销以获取流量为主要目的,而以 BAT 为代表的大电商平台垄断了大部分流量,创造或取得新的流量入口就成为生鲜电商企业营销策略创新的核心
中介条件	D4 社交平台流量、d16 社交平台商业匮乏
行动策略	构建消费者沟通场景
结果	通过线上社交平台流量获取生鲜农产品消费者需求,同时基于"拼团"的购买机制实现消费者的自传播,为平台创造新的流量入口

（Baidu、Alibaba、Tencent,即百度、阿里巴巴、腾讯）

表 2.6　供应链管理策略的典范模型

主要构成	涉及的概念和范畴以及因果关系
因果条件	D2 产品与服务创新、D1 消费者需求
现象	D9 供应链管理策略
行动脉络	考虑到该商业模式中创新的产品和服务形式以及消费者对生鲜农产品时效性的要求,以电商企业为核心的生鲜农产品供应链成员需将快速响应消费者需求作为首要运营目标
中介条件	D6 采购管理能力、D7 物流管理能力、d40 数据化预测
行动策略	组建采购团队并与第三方物流合作
结果	严格控制 SKU,以规模化订单向生产者直接采购,在压缩供应链流通环节的同时控制生鲜农产品品质和成本,实现供应链的拉式运作

表 2.7　关键流程的典范模型

主要构成	涉及的概念和范畴以及因果关系
因果条件	D10 消费者导向策略、D11 消费者购买流程
现象	D13 C2B 运作流程
行动脉络	以产品与服务创新和供应链管理策略创新为指引,为了在实现生鲜农产品价值的同时获取利润,生鲜电商企业需建立相应的运作流程
中介条件	D12 组织与人力资源管理能力、D8 互联网技术、d85 优化供应链管理能力
行动策略	以消费者需求为导向重构关键流程
结果	打破传统"先采购后营销"的销售模式,将销售环节前置,进而采购和配送环节对其进行支撑,使生鲜农产品从产地向消费者快捷交付

表 2.8　核心能力优化的典范模型

主要构成	涉及的概念和范畴以及因果关系
因果条件	D3 市场竞争、d12 追随者模仿
现象	D17 持续优化核心能力
行动脉络	生鲜电商环境竞争日益激烈，为满足消费者需求各类商业模式层出不穷，生鲜电商企业基于内外部资源不断提高自身能力显得尤为重要
中介条件	D14 资源获取、D15 盈利模式、D16 消费者关系管理
行动策略	不断迭代和更新资源及能力
结果	基于投融资、兼并购等方式不断获取和整合内外部资源，建立供应链管理、电商运营等核心竞争力，不断提升消费者体验，实现供应链成员的持续性盈利

表 2.4 中将产品与服务这个主范畴作为创新现象，在消费者需求和市场竞争这两个因果条件中，选择消费者需求作为主要因果条件。因此其行动脉络为生鲜农产品消费者需求的改变促使拼好货进行产品和服务创新，即拼好货需要以产品和服务创新为导向，致力于相关能力的构建才能获得超额利润。在优化供应链管理能力、互联网技术等中介条件中选择优化供应链管理能力作为主要中介条件。在此基础上，拼好货采取重构生鲜交易流程的行动策略，最后的结果是形成了区别于传统自主搜索式购物的模式，基于消费者的聚集打造社交电商模式，为消费者提供共享式生鲜农产品购物体验，实现了产品与服务的创新。

表 2.5 中将市场营销策略这个主范畴作为创新现象，在线上流量瓶颈、营销渠道变革及拉新成本上升这几个因果条件中，选择线上流量瓶颈作为主要因果条件。因此其行动脉络为线上营销以获取流量为主要目的，而以 BAT 为代表的大电商平台垄断了大部分流量，创造或取得新的流量入口就成为拼好货营销策略创新的核心。在社交平台流量、社交平台商业匮乏等中介条件中选择社交平台流量作为主要中介条件。在此基础上，拼好货采取为消费者构建沟通场景的行动策略，最后的结果是通过线上社交平台流量获取生鲜农产品消费者需求，同时基于"拼团"的购买机制实现消费者的自传播，为平台创造新的流量入口，实现了营销策略的创新。

表 2.6 将供应链管理策略这个主范畴作为创新现象，在产品与服务创新和消费者需求这两个因果条件中，选择产品与服务创新作为主要因果条件。因此其行动脉络为考虑到该商业模式中创新的产品和服务形式以及消费者对生鲜农产品时效性的要求，以拼好货为核心的生鲜农产品供应链成员需将快速响应消费者需求作为首要运营目标。在采购管理能力、物流管理能力及数据化预测等中介条件中选择采购管理能力作为主要中介条件。在此基础上，拼好货采取组建采购团队并与第三方物流合作的行动策略，最后的结果是严格控制 SKU，以规模化订单向生

产者直接采购,在压缩供应链流通环节的同时控制生鲜农产品品质和成本,实现供应链的拉式运作,有效促进了供应链管理策略的创新。

表 2.7 中将关键流程这个主范畴作为创新现象,在消费者导向策略、消费者购买流程这两个因果条件中,选择消费者导向策略作为主要因果条件。因此其行动脉络为以产品与服务创新和供应链管理策略创新为指引,为了在实现生鲜农产品价值的同时获取利润,拼好货需建立相应的 C2B 运作流程。在组织与人力资源管理能力、互联网技术及优化供应链管理能力等中介条件中选择组织与人力资源管理能力作为主要中介条件。在此基础上,拼好货采取以消费者需求为导向重构关键流程的行动策略,最后的结果是打破传统"先采购后营销"的销售模式,将销售环节前置,进而采购和配送环节对其进行支撑,使生鲜农产品从产地向消费者快捷交付,实现了商业模式的 C2B 运作。

表 2.8 中将核心能力优化这个主范畴作为创新现象,在市场竞争和追随者模仿这两个因果条件中,选择市场竞争作为主要因果条件。因此其行动脉络为生鲜电商环境竞争日益激烈,为满足消费者需求各类商业模式层出不穷,生鲜电商企业基于内外部资源不断提高自身能力显得尤为重要。在资源获取、盈利模式及消费者关系管理等中介条件中选择资源获取作为主要中介条件。在此基础上,拼好货采取不断迭代和更新资源及能力的行动策略,最后的结果是基于投融资、兼并购等方式不断获取和整合内外部资源,建立供应链管理、电商运营等核心竞争力,不断提升消费者体验,实现供应链成员的持续性盈利。

3. 拼好货商业模式创新案例的选择式编码

经过主轴式编码得出的 5 个主范畴具有领导性和归纳性的作用,并且 5 个主范畴及 12 个副范畴之间往往相互联系和影响。在此基础上,选择式编码阶段将通过系统分析使 17 个范畴关联起来,同时验证和提炼出各个范畴间的因果关系(图 2.2),进而尝试整合、精练与构建扎根理论模型,即拼好货 C2B 商业模式创新的实现路径。

1)产品与服务创新驱动市场营销策略变革

产品和服务作为满足生鲜农产品消费者需求的重要载体,拼好货将其当作商业模式创新的切入点,对商业模式创新的实现起到了重要的引导作用。一方面由于消费者对生鲜农产品及其服务的品质、价格与体验等都提出了更高的要求,另一方面随着电商对生鲜农产品行业的不断渗透,传统自主搜索式购物将面临愈加激烈的竞争。基于此,拼好货创造性地提出了移动社交生鲜电商模式,为消费者提供 C2B 共享式购物体验和高品质生鲜农产品,即消费者通过 APP 端、微信商城等渠道进行"拼团",直接影响生鲜农产品及其服务的品类、价格等属性,使得在拼好货买东西不仅是一种购物行为,而且还具有了社交属性。

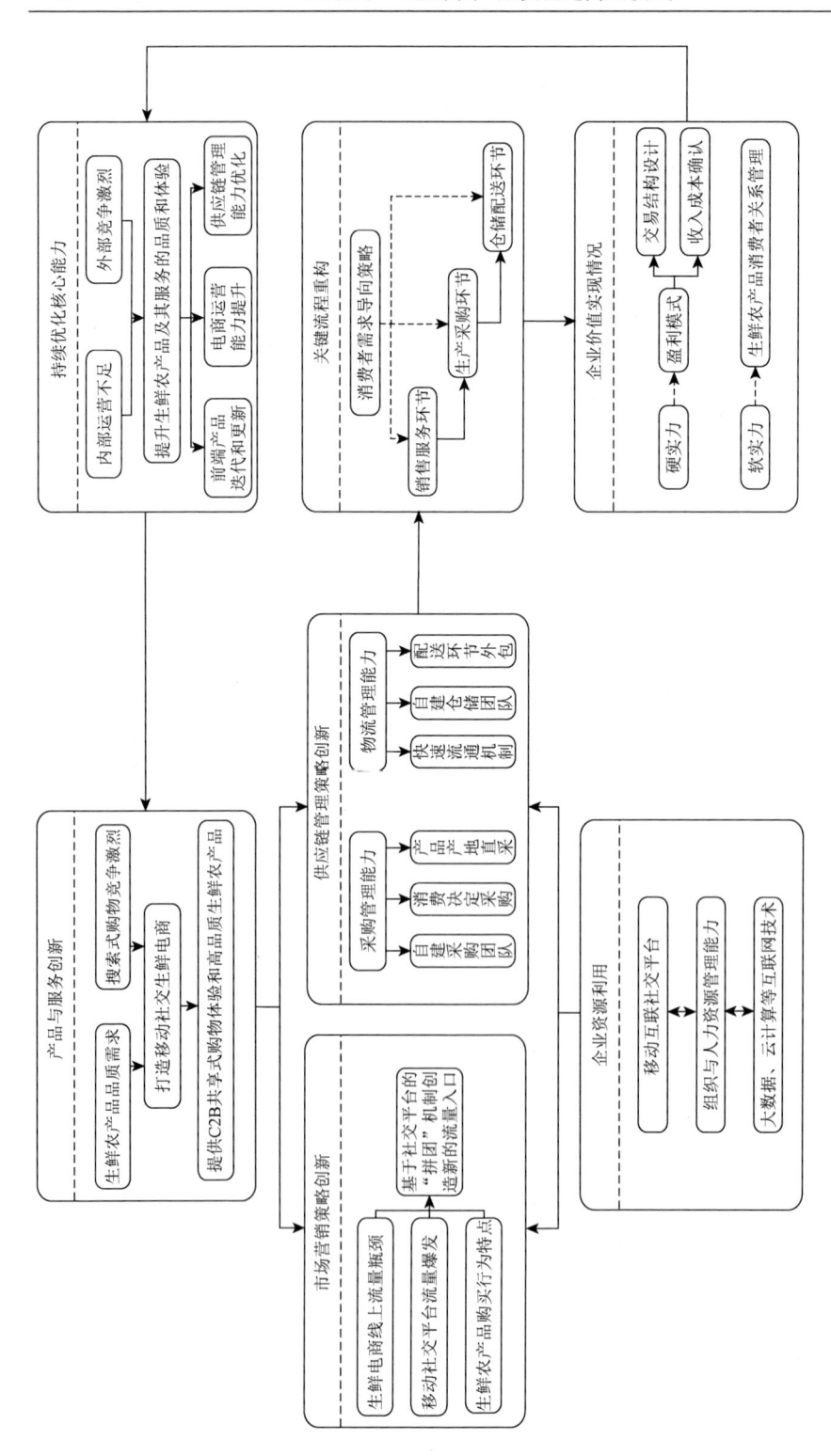

图 2.2　拼好货 C2B 商业模式创新实现的因果回路图

箭头表示因果关系链及影响方面

拼好货认识到消费者购买行为产生的前提是其对产品和服务信息的获取，因此生鲜农产品及其服务信息的传递需依靠有效的市场营销策略。考虑到电商行业流量主要集中在以淘宝、天猫及京东等为代表的大平台，拼好货作为新创电商，其市场营销策略面临的首要挑战就是如何突破流量瓶颈。同时，以微信、微博及快手等为代表的社交平台流量却发展迅猛，给拼好货市场营销策略的创新带来了机遇。拼好货通过以社交平台为核心的市场营销策略创造生鲜农产品购物场景，有效解决了产品和服务信息不对称的问题，将消费者较弱的购买欲望转化为明确的购买需求，即通过"拼团"机制使生鲜农产品信息与服务信息在社交平台实现广泛传播，并据此完成了对消费者的细分和聚集，使消费者群体与生产者之间精准匹配。

2）供应链管理策略革新支撑关键流程重构

拼好货市场营销策略创新为其低成本获取消费者奠定了基础，但如何为生鲜农产品消费者创造价值才是商业模式的核心，因此关键流程构建就成为其商业模式创新的落脚点。拼好货以满足消费者需求为导向对关键流程进行重构，依次通过销售服务、生产采购及仓储配送等环节的密切协作为消费者提供适需的生鲜农产品及服务，即拼好货首先基于"拼团"机制使社交行为与购买行为绑定，为消费者创造共享式购物体验的同时获取规模化订单；其次，由分散在各地区的采购员与生鲜农产品生产者进行议价和采购，有效降低了生产者的采摘风险，使其更愿意以低价出售；最后，将生鲜农产品从产地运输至拼好货在销地自建的中转仓库，进而快速完成分拣和包装并直接配送至消费者。在此过程中，拼好货的组织管理能力建设为关键流程的构建提供了人力资源支持，尤其是其核心管理团队的三次创业经历所形成的技术实力、运营经验及企业文化等。

供应链管理策略作为生鲜农产品高质、高效流通的重要保证，其以产品和服务创新为导向的变革对拼好货商业模式关键流程的重构起到了有效的支撑作用。拼好货供应链管理策略的创新主要包括采购管理能力建设和物流管理能力建设。对于前者，拼好货主要采取自建采购团队的运作方式，利用"拼团"机制的周期性和订单预测系统相对准确地预估生鲜农产品采购品类和数量，进而提前在全国乃至全球的优质生鲜农产品产地直接采购。对于后者，拼好货则采取自建仓储团队和与第三方物流企业合作的运作方式，围绕生鲜农产品特性和消费者购物方式在全国七大地区建立25个"轻仓库"，主要负责产品的分拣和包装，而后由本地同城物流公司向消费者快捷配送。基于供应链管理策略的创新，拼好货有效控制了生鲜农产品损耗和成本，同时也加快了生鲜农产品流通速度，为其商业模式的创新带来了结构性优势。

3）基于企业价值实现情况持续优化核心能力

企业价值实现情况是其商业模式创新的阶段性成果，拼好货基于对收入和成本的确认考量商业模式发展现状，为其关键流程构建提供改善依据。在企业初创阶段，拼好货通过大量的成本投入为消费者创造价值，并因此获得了消费者市场的认可，从 2015 年 4 月上线开始，经过 1 个月的运营就基本实现了日均 1 万订单，而在其后 8 个月的时间内，日订单峰值曾接近 100 万单。在此基础上，资本市场也认识到了该 C2B 商业模式的盈利潜力，拼好货曾分别在 2015 年 5 月和 12 月获得了 IDG 资本（又称 IDG Capital，一家风险投资公司）数百万美元的 A 轮投资和高榕资本 5000 万美元的 B 轮投资，进而在消费者和资本市场的共同支持下，拼好货于 2016 年 1 月就做到了盈亏平衡。同时，拼好货商业模式的可行性虽得到了验证，但其商业模式的可持续发展也受到了挑战。

在此过程中，拼好货为了不断提升生鲜农产品及其服务的品质和体验，进而构建商业模式竞争壁垒，其主要从以下三个方面持续优化自身核心能力，有效支持产品和服务创新，形成商业模式创新闭环。一是作为电商企业，APP、微信商城等购物终端使用的方便程度直接影响了消费者购买意愿，拼好货根据消费者使用反馈对前端进行迭代和更新，将整个"拼团"过程缩减到三步，有效提升了前端使用的便捷性；二是拼好货市场营销策略创新在社交平台形成了"即时自传播"效应，对生鲜农产品供应链管理能力提出了更高要求，拼好货通过成立消费者调研小组、拆分后端仓配业务等方式优化供应链；三是拼好货对拼多多实施并购，借助其游戏运营团队提升电商运营能力，有效解决了长期留存和复购率较低的问题。

2.2.3 "互联网+"生鲜农产品供应链 C2B 商业模式实现路径构建

通过扎根理论的编码过程得出拼好货基本形成了一条以产品与服务创新为起点，历经市场营销策略变革、供应链管理策略创新以及关键流程重构，到基于供应链成员企业价值实现情况持续优化企业自身核心能力的 C2B 商业模式创新实现路径。在此基础上，从价值链角度构建"互联网+"生鲜农产品供应链 C2B 商业模式创新的实现路径，即价值发现、价值创造及价值实现的三阶段二维框架，如图 2.3 所示。

1. 价值发现：基于内外部环境挖掘消费者价值和供应链成员价值

生鲜农产品供应链成员企业内外部环境的变化主要受人口结构、消费需求、技术发展、市场竞争及政府政策等驱动因素的影响，尤其是生鲜农产品消费需求的变化往往可为企业创造新的市场机会，而技术发展常常为企业提供了满足消费者需求的资源和能力。因此，生鲜农产品供应链成员企业在构建 C2B 商业模式前须重点洞察消费者需求、技术发展及市场竞争等因素变化。

在价值发现阶段，生鲜农产品供应链核心企业一方面从战略层面对市场机会

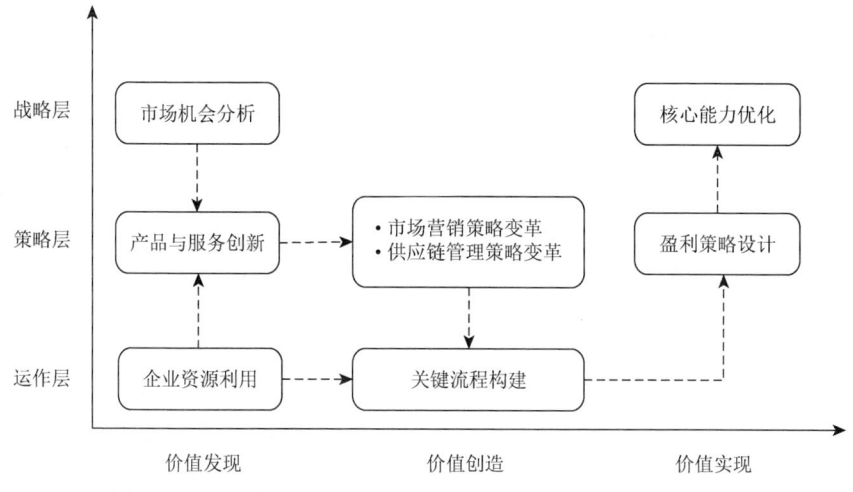

图 2.3 "互联网+"生鲜农产品供应链 C2B 商业模式实现路径

进行深入分析,包括消费者对生鲜农产品品质和价格,以及购买前导购服务和购买后物流配送服务的需求;另一方面,从运作层面发掘企业是否拥有可满足消费者需求的资源,包括电商运营管理、企业营运资金等内部运作资源,以及高标准的生鲜农产品供应商、第三方物流企业等外部渠道资源。

在此基础上,核心企业应从策略层面考虑以满足生鲜农产品消费者需求为导向,对企业提供的产品与服务进行重新设计,进而为消费者提供价值。同样重要的是,虽然为消费者提供价值是生鲜农产品 C2B 商业模式创新实现的基础,但供应链成员企业在提供产品和服务的过程中如不能挖掘到自身的价值,企业也将失去长期生存的保障,即生鲜农产品供应链成员企业在为消费者提供价值的过程中须预期能实现自身利润的获取。

2. 价值创造:以市场营销策略和供应链管理策略为核心构建关键流程

生鲜农产品消费者价值和供应链成员价值的实现主要源于企业对商业模式中各关键要素的有效配置,同时每个企业的消费者定位差异、产品与服务选择差异及资源拥有情况差异,就直接决定了生鲜农产品供应链成员企业须根据自身情况选择合适的资源配置方式。而在资源配置过程中,有效的市场营销策略和供应链管理策略对其合理性将起到至关重要的作用。

在价值创造阶段,生鲜农产品供应链成员企业首先从策略层面进行设计和变革。一方面市场营销策略作为生鲜农产品供应链 C2B 商业模式与消费者的连接点,选择何种方式集合消费者订单成为市场营销策略设计的核心,包括社交媒体、电商平台(PC[①]或移动互联网)等。另一方面,供应链管理策略作为企业提供产品

---

① 全称为 personal computer,个人电脑。

和服务的支撑点，敏捷的拉式供应链管理策略有助于企业根据消费者需求提供适需的生鲜农产品。

在此基础上，核心企业应从运作层面考虑关键流程的构建，即以市场营销策略和供应链管理策略为核心进行企业资源的配置，包括考虑销售服务、生产采购及运输配送等环节的建立。在此过程中，核心企业关键流程的构建并不是单个主体的孤立活动，而是应该与外部环境及其他企业保持互动，积极利用外部企业资源（生鲜农产品供应商、第三方物流企业等），更高效、快捷地为消费者提供高品质的生鲜农产品及服务。

3. 价值实现：基于核心能力优化实现供应链成员的持续性盈利

生鲜农产品供应链 C2B 商业模式关键流程的构建往往以消费者流量形成为起点，而以为消费者提供价值并获取财务回报为终点。同时，生鲜农产品供应链成员企业面临的商业环境将不断变化，尤其是技术变革会带来现有产品和服务价值的变化，从而颠覆企业现阶段所提供的消费者价值，导致企业丧失获取财务回报的基础。因此，企业应重视自身核心能力的优化，并持续关注该类商业模式中生鲜农产品及其服务的价值变化，这是保障可持续盈利的关键。

在价值实现阶段，生鲜农产品供应链成员企业着重从策略层面设计盈利模式。盈利策略是供应链成员企业将生鲜农产品及其服务的价值以合适的成本交给消费者，进而获取超额收益的根本经济逻辑。短期内，核心企业应识别和发掘自身资源及能力与潜在交易主体（生鲜农产品供应商、第三方物流企业及消费者等）之间的交易价值，构建补贴为主的交易方式实现有效连接。中长期，核心企业应一方面着重为消费者提供增值性的生鲜农产品和服务，进而获取超额收益；另一方面，与利益相关方建立强激励的价值分配模式，实现供应链成员企业的共同发展。

在此基础上，核心企业应在战略层面树立核心能力优化战略。在商业环境中竞争日益加剧的背景下，基于核心能力的商业模式创新尤为重要。生鲜农产品供应链 C2B 商业模式的关键资源往往具有排他性、垄断性等特点，对这些资源配置方式的优化有利于核心能力的形成，包括生鲜农产品供应链管理能力、电商运营能力等，即核心企业应挖掘和利用存量资源，以核心能力建立和优化为导向配置内外部资源，保持市场竞争的优势地位，形成行业竞争壁垒。

2.3 基于消费众筹的"互联网+"生鲜农产品供应链预售模式

农产品生产周期长、供需信息不对称，往往导致流通过程存在滞销或缺货的风险，并已成为农产品供应链中各经营主体亟待解决的现实性难题。订单农业作为农产品供需衔接的重要形式,有效减少了玉米、小麦等粮食类大宗农产品的供求失衡现象的出现(罗必良和胡新艳,2016)。然而,对于产出与需求更具随机性的易腐生鲜农产品(果蔬、水产及肉类等),订单农业对其供求失衡问题的改善效果还不够明显。一个重要原因就是现行订单农业主要以"公司+农户(生产者)"的形式展开运作,消费者的参与度不高,导致消费者需求不能与生鲜农产品经营主体供给形成有效对接。互联网技术(特别是移动互联网)的高速发展为生鲜农产品消费者需求的获取提供了工具,并使消费众筹成为可能,这将推动订单农业的深入变革,为解决生鲜农产品供求不平衡问题提供新途径。

鉴于此,本节提出基于消费众筹的"互联网+"生鲜农产品供应链预售模式;在此基础上,结合三类典型的应用案例分析该商业模式的可行性及其应用前景;最后根据典型案例的经营现状,从该商业模式运作的关键环节提出生鲜农产品供应链的发展策略,以期为生鲜农产品供应链模式的创新实践提供参考和借鉴。

2.3.1 基于消费众筹的生鲜农产品供应链预售模式的内涵

伴随互联网技术的高速发展,针对生鲜农产品供应链中供求失衡问题,本节提出基于消费众筹的"互联网+"生鲜农产品供应链预售模式,如图 2.4 所示。该模式中生鲜农产品销售商联合其他经营主体基于"互联网+"众筹平台实现与消费者的供需互动,在生鲜农产品成熟(或收获)前将产品内在价值展现给消费者,吸引其提前预订,然后汇集订单、统一采摘、冷链配送。

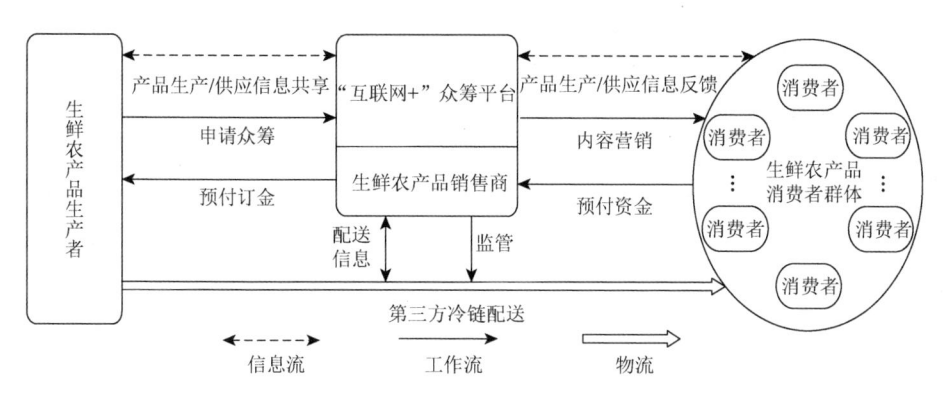

图 2.4 基于消费众筹的"互联网+"生鲜农产品供应链预售模式

基于商业模式的主流理论架构(Osterwalder et al.,2005),结合生鲜农产品供应链本身的特点,下面聚焦于价值主张、核心资源、关键流程、盈利模式等战略单元对该模式进行系统阐释。

1. 价值主张：基于众筹平台实现生鲜农产品以销定产

本商业模式的价值主张是生鲜农产品销售商协同生产者、第三方物流企业等供应链中其他成员，基于众筹平台汇集分散的生鲜农产品需求，进而以规模订单实现生鲜农产品以销定产，为消费者创造价值的同时促进生鲜农产品供应链成员自身价值的提升。

1）基于众筹平台汇集分散的生鲜农产品需求

生鲜农产品销售商基于众筹标准（生产能力强、品质有保证等）对生鲜农产品生产者及其众筹项目进行筛选。合格的生产者将在销售商的协助下，基于对规模化经营成本和利润的预估，发布生鲜农产品预售价格，并结合生鲜农产品内在价值在微博、微信等线上渠道进行内容营销。同时，销售商作为供应链的核心成员，将有效控制该模式中可能存在的风险，建立监督机制保障生鲜农产品消费者参与众筹的权益，进而促进消费者产生预购行为。在此过程中，位于不同地点的生鲜农产品消费者可通过众筹平台了解预售项目，并在约定时间内根据自身消费偏好参与项目众筹，最终形成集团式采购订单。销售商基于众筹平台有效地将生鲜农产品生产过程中小批量和不确定性转化为大批量和确定性，大幅降低生鲜农产品的生产成本和流通成本。消费者通过该集约化的运作方式可获得高性价比的优质生鲜农产品，生鲜农产品供应链中销售商和生产者也能取得规模化和品牌化效益。

2）以规模订单实现生鲜农产品以销定产

生鲜农产品销售商通过内容营销使消费者的购买资金支付环节前移和生产者的规模订单提前锁定，进而在生鲜农产品生产过程中基于众筹平台实现消费者与生产者双向互动，增强消费者的体验及生产者对消费需求的准确理解。同时在生鲜农产品供应过程中，供应链中各经营主体也将摒弃传统模式的烦琐环节，以扁平化的流通渠道由生产者"地头"向消费者"餐桌"直接运输和配送，使得生鲜农产品供应链成员间的关系更加稳健。在此过程中，消费者可深度参与到生鲜农产品的种植/养殖、收获及配送等关键环节，进而基于对供应链中各经营主体的信任基础形成良性的产销关系，重构生鲜农产品供应链产销流程，以销量驱动产量，真正实现生鲜农产品以销定产。该方式能有效避免因供需割裂引起的生鲜农产品区域性、季节性及结构性滞销，生产者对供应过程滞后性和不确定性的抵抗力将明显增强。消费者也能获得满足自身偏好的生鲜农产品及服务，有效提升供应链中生产和供应过程的运作效率及消费者对供应链的黏性。

2. 核心资源："互联网+"创新驱动的生鲜农产品内容营销和运营能力

本商业模式的核心资源包括以生鲜农产品价值为核心的内容营销能力和以

互联网技术驱动的生鲜农产品供应链可视化运营能力,这些资源是生鲜农产品销售商协同供应链中其他成员基于"互联网+"众筹平台为消费者创造价值的必备要素。

1) 以生鲜农产品价值为核心的内容营销能力

由于生鲜农产品本身具有异质性、易腐性及标准化程度低等特征,消费者在购买生鲜农产品的过程中,往往希望通过感官对生鲜农产品的新鲜度、成熟度及产品等级进行综合判断,进而做出购买决策。因此,销售商是否能够在生鲜农产品收获之前为消费者提供优良的感官体验,进而促进其产生购买行为,成为该商业模式实现的前提条件。"互联网+"创新驱动下以生鲜农产品价值为核心的内容营销能力,借助众筹平台、移动社交媒体等"互联网+"营销工具实现生鲜农产品的价值塑造,可有效促进消费者参与生鲜农产品众筹,以品牌化方式扩大生产者的市场空间,即销售商协同生产者基于生鲜农产品的功能特性、独特优势及产地特点等内在价值,通过文字、图片、视频及线下体验活动等内容呈现形式与潜在消费者群体进行有效互动,使消费者提前对生鲜农产品价值形成良性感知,可有效推动消费者资源的前期聚合。

2) 以互联网技术驱动的生鲜农产品供应链可视化运营能力

随着生鲜农产品购买资金的预付,消费者将对最终获得生鲜农产品的实物、外观、时间和质量等方面形成心理预期,进而对生鲜农产品的种植/养殖、收获及配送等供应信息产生需求。因此,如何在生产者与消费者之间建立起有效的信息连接,让消费者及时掌握生鲜农产品的全方位信息就成为该商业模式有效运作的关键条件。以互联网技术驱动生鲜农产品供应链可视化运营的能力,使消费者对生鲜农产品生产与供应过程实现实时追踪,进而增强其对生产与供应过程的参与感和信任感,即生鲜农产品销售商协同生产者基于物联网、移动互联网等现代信息技术对生鲜农产品种植/养殖、收获和加工等全过程进行实时监控,形成可视化供应信息,并通过"互联网+"众筹平台及时向消费者反馈或由消费者自主查询。同时,消费者还可依据自身需求主动参与生鲜农产品生产和供应过程的各环节,进而在众筹平台分享自身实地体验,还能对生鲜农产品供应链的可视化运营起到侧面监督作用。

3. 关键流程:以消费者规模订单驱动的生鲜农产品预售过程

本商业模式的关键流程以生鲜农产品销售商引导消费者参与众筹为起点,然后基于生鲜农产品众筹形成规模订单,最后供应链成员协同按订单生产和供应生鲜农产品,满足消费者的产品及服务需求。

1) 销售商基于内容营销引导消费者参与众筹

消费者参与众筹的前提是能对预售生鲜农产品进行全面、深入的了解。这需要销售商更加注重营销环节的互动性，致力于提供与线下实体店效果相当甚至更好的导购服务。销售商将构建以"互联网+"众筹平台为核心，以微博、微信及贴吧等移动社交媒体为支撑的营销渠道，在此基础上协同生产者进行生鲜农产品的内容营销，即销售商通过各类移动社交媒体制作和传播包含预售生鲜农产品内在价值的媒体内容，借助生鲜农产品产地标识、文化故事及生产者形象等元素建立生鲜农产品品牌，形成强大的传播效应，吸引潜在生鲜农产品消费者群体的关注和支持，并及时向众筹平台引流；与此同时，销售商在众筹平台建立相应生鲜农产品内在价值的展示空间（文字、图片及视频等）和问题解答区域，提升消费者对预售生鲜农产品的感知价值，进一步促进其参与众筹，为生鲜农产品规模订单的形成提供保障。

2）消费者参与生鲜农产品众筹形成规模订单

在众筹过程中，销售商将联合生产者设置生鲜农产品的预售时间、预售价格及预售数量。为实现生鲜农产品项目的成功众筹，销售商需要使参与众筹的消费者订单数量在规定时间段、以相应价格达到约定区间。生鲜农产品销售商将通过众筹平台实时更新项目众筹进度，基于从众效应刺激消费者需求并引导其预付购买资金，并进一步推动潜在消费者群体对众筹项目的支持。当订单数量在规定时间达到约定区间，消费者的预付资金将由生鲜农产品销售商代为监管，在项目开始初期向生鲜农产品生产者支付固定比例资金，待生鲜农产品成功交付后再支付剩余款项，旨在激励生鲜农产品生产者兑现交付承诺。反之，由于规模订单的形成才能实现生鲜农产品预售成本与效益的均衡，当参与众筹的消费者订单数量在规定时间未达到约定区间，销售商将退还生鲜农产品消费者的预付资金。同时，项目众筹的失败将导致生鲜农产品生产者在无收入的情况下分摊部分营销费用。为了降低该费用给生鲜农产品生产者造成的损失，销售商将更好地体现产业指导功能，结合消费者在各营销渠道的互动信息为生产者后续经营提供反馈，作为其下一步改进生产或服务的依据。

3）供应链成员协同按订单生产和供应生鲜农产品

预售订单有助于生鲜农产品供应链精准匹配消费者需求，而最终要实现生鲜农产品保质保量交付，需生鲜农产品销售商、生产者及第三方物流企业等供应链成员的有效协同。生鲜农产品销售商基于众筹平台成为消费者和生产者之间的对接主体，有责任监控项目的运营情况，保障生鲜农产品消费者的权益。另外当出现由于地理、天气等灾害引起生鲜农产品减产减收等不可控情况时，销售商需通过适当的人力、物力等资源支持协助生鲜农产品生产者兑现交付承诺。生产者则根据消费者订单合理安排生鲜农产品的种植/养殖和收获计划，基于物联网、移动互联网等现代信息技术对生鲜农产品供应过程进行精益管理，为每一份生鲜食材订单都建立生长档案，并向销售商实时反馈生鲜农产品生产现状，保证所有生鲜食材质量都有源头可溯。消费者可通过销售商的众筹平台实时查询生鲜农产品种植/养殖现状,获取生鲜农产品生产信息;还可直接参与生鲜农产品种植/养殖和收获过程,获得田园观光、休闲旅游等消费体验。最后,待生鲜农产品成熟后由第三方物流从产地向消费者直接配送,降低运输和配送过程的时滞性,保证生鲜农产品新鲜度。

4. 盈利模式:面向消费者需求预售生鲜农产品及体验服务的利润获取方式

本商业模式中各经营主体基于预售及规模订单降低生鲜农产品供应链的运营成本与风险,进而提供面向消费者需求偏好的生鲜农产品及体验服务来获取利润,以合理的成本结构和收入来源实现生鲜农产品供应链成员的持续经营。

1)基于预售及规模订单降低生鲜农产品供应链的运营成本与风险

在生鲜农产品众筹开始前,生鲜农产品经营主体协同对众筹项目进行规划(受众分析、时间设置等)、营销(价格预估、渠道推广等)及运营(生产准备、物流外包等)等筹备工作,力图通过众筹平台提前获取消费者规模订单,实现生鲜农产品预售。在此过程中,生鲜农产品供应链以销售商为核心,主要承担相应众筹项目的平台运营成本、人力资源成本及市场营销成本等,不仅为生鲜农产品的流通创造时间、地点及所有权效用,而且成为生产者与生鲜农产品消费者联系的重要接口,根据消费者需求塑造并提升预售生鲜农产品价值。因此,生鲜农产品供应链中各经营主体可实现生产供给与市场需求的有效对接,降低因供求不平衡引起的生鲜农产品滞销或缺货风险,为后续共享高品质生鲜农产品及服务销售带来的收益奠定基础。

2)提供高品质的生鲜农产品及体验服务获取利润

在生鲜农产品众筹成功后,消费者预付生鲜农产品及服务的购买资金。生鲜农产品经营主体在产品生产或供应开始前就获得了消费者资金支持,从而有能力生产和供应满足消费者需求的优质生鲜农产品。同时,生鲜农产品销售商通过众筹平台使消费者成为生鲜农产品供应链价值创造的重要影响力量,消费者可依据自身的需求偏好参与到生鲜农产品生产或供应环节,获得以生鲜农产品为核心的田园休闲、乡村观光及直采到家等极具互动体验的增值服务。因此,生鲜农产品供应链中各经营主体不仅能有效降低供需矛盾及成本,而且能扩大自身参与价值创造和收益获取的范围,通过提供高品质的生鲜农产品及多样化的增值服务获得丰厚的收益和利润。

2.3.2 基于消费众筹的生鲜农产品供应链预售模式案例分析

目前,部分生鲜农产品经营主体认识到该商业模式有助于生鲜农产品供求不平衡问题的解决,并能实现自身价值的提升,正积极进行该商业模式实践。根据销售商将核心众筹业务延伸到生鲜农产品供应链上游生产或供应环节的不同,实践中已形成按众筹订单配送、按众筹订单收获和按众筹订单生产等三种类型的生鲜农产品预售模式,如图2.5所示。

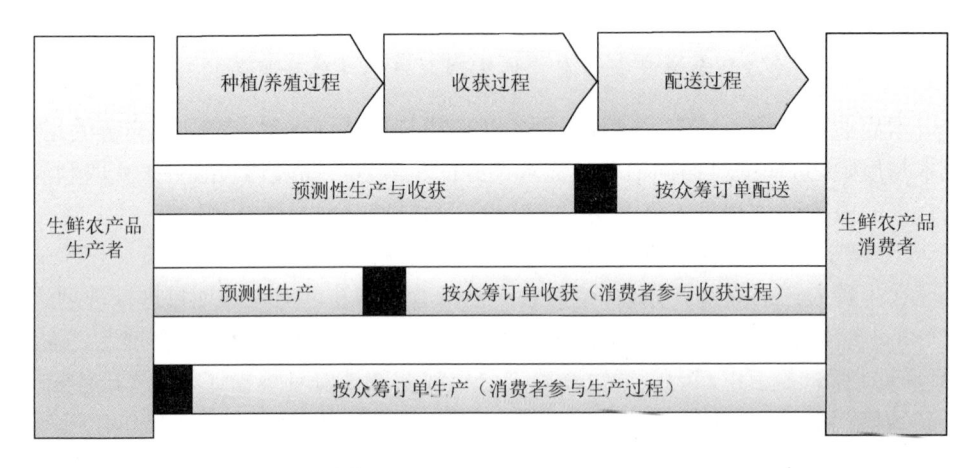

图 2.5 基于消费众筹的"互联网+"生鲜农产品供应链预售模式的基本类型

消费者众筹时点及介入点是供应链中生鲜农产品生产和供应基于预测转向响应消费者需求的转折点,也是生鲜农产品在价值增值过程中产品与服务差异化的分界点。众筹时点及介入点前的活动主要由预测需求驱动,产品呈现标准化,生鲜农产品经营主体具有较高的自主性;而众筹时点及介入点后的活动由消费者众筹订单驱动,产品与服务需求具有个性化的特点,生鲜农产品经营主体的生产或供应方式受到消费者需求的影响。下面以此为依据,选取实际应用中的典型供应链进行分析,并对三类典型供应链进行比较(表 2.9),以期为相关生鲜农产品供应链成员实践该模式提供参考和借鉴。

表 2.9 基于消费众筹的"互联网+"生鲜农产品供应链预售模式的典型案例比较

类型	按众筹订单配送	按众筹订单收获	按众筹订单生产
典型案例	尝鲜众筹	大家种	有机有利
众筹时点及介入点	位于收获与配送过程之间	位于生产与收获过程之间	位于生产过程开始之前
消费者的权益主张	获得高性价比的特色生鲜农产品	获得绿色、安全的生鲜农产品及采摘和加工体验	获得原生态的生鲜农产品及其田园休闲体验

续表

类型	按众筹订单配送	按众筹订单收获	按众筹订单生产
关键成员	尝鲜众筹（众筹平台运营商） 生鲜农产品新农人 第三方物流企业	大家种（众筹平台运营商） 生鲜农产品生产者 第三方物流企业	有机有利（众筹平台运营商） 生产者（众筹项目发起者） 第三方物流企业
核心资源	营销、运营及投资等一站式专业众筹服务能力	基于绿色无公害品质和特点的品牌塑造能力	产品预售、农消对接等生鲜农产品预售运营能力

1. 按众筹订单配送的生鲜农产品供应链预售模式案例

该类型预售模式的消费者众筹时点及介入点位于生鲜农产品采摘收获与消费者订单配送两个过程之间。生鲜农产品的种植/养殖和收获都是固定的，不受消费者订单的影响，只有配送活动是由消费者订单驱动的。供应链成员通过订单的汇集降低供应成本，实现消费者以适当优惠的价格提前认购品质生鲜农产品。尝鲜众筹就是其中的代表。

尝鲜众筹是一家面向农业领域的专业众筹平台，旨在为消费者提供高性价比的特色生鲜农产品，同时促进现代新农人发展农业生产实现致富。在生鲜农产品项目众筹前期，尝鲜众筹会对生产者（生鲜农产品新农人）进行调查和筛选，合格的新农人将会得到其营销、运营及投资等一站式专业众筹服务，进而推动生鲜农产品预售项目形成地区、文化及功效等特色，并以规模订单价格吸引消费者产生预购行为。

在此基础上，尝鲜众筹基于众筹平台使位于不同地点但具一致性需求的生鲜农产品消费者聚集形成规模采购订单，可有效减少生鲜农产品滞销和消费者面临高价的现象。对新农人来说，在提前掌握生鲜农产品销售情况后，将以更加合理的方式规模化提供生鲜农产品，再通过第三方物流将成熟的生鲜农产品向消费者直接配送，进而降低因滞销库存难消化、多级流转高损耗等带来的运营成本，更多让利于生鲜农产品消费者。而对消费者来说，不仅可以通过视频、图片等媒体工具了解预售生鲜农产品详细信息，实现对生鲜农产品质量的可追溯，而且以前因规模不经济而无法被满足的需求将不再受限制，可以便捷地获得特色生鲜农产品。

2. 按众筹订单收获的生鲜农产品供应链预售模式案例

该类型预售模式的消费者众筹时点及介入点位于生产与收获两个过程之间。生鲜农产品的种植/养殖过程是固定的，不受消费者订单的影响，只有收获过程及其之后的活动由消费者订单驱动。供应链成员通过营销手段培养消费者对生鲜农产品生产者的品牌意识，进而实现生鲜农产品及其采摘和加工服务的预售。大家种就是其中的代表。

大家种将自身定位为连接家庭和农场的互联网平台，旨在为都市人群提供走出城市、回归自然的品质生活方式。在与生鲜农产品生产者合作之前，大家种会对其资质、规模及产品品类等进行审核，进而引导合格的生产者发展特色生鲜农产品，并基于绿色无公害的品质和特点进行品牌塑造，使消费者感受到预售生鲜农产品的优质和安全。同时，大家种也在互联网平台为预售生鲜农产品项目设立相应的评论专区，以实现侧面监督和口碑传播的作用。

在此基础上，大家种向消费者提供生鲜农产品预购服务，待消费者预付购买资金并实现成功众筹，大家种和生产者还将协同引导消费者参与到生鲜农产品的采摘和加工过程中。一方面，大家种将在互联网平台定时发布生鲜农产品生产过程的照片、视频等，同时设置了24小时实时监控摄像头，以便消费者实时查看；另一方面，参与众筹的消费者也可加入生鲜农产品销售商组建和运营的 F2F（family to farmer，家庭到农场）组织，亲自采摘成熟的生鲜农产品。最后，远距离的生鲜农产品配送将由第三方物流企业负责，而本地化的短途配送主要由生鲜农产品生产者自行完成。

3. 按众筹订单生产的生鲜农产品供应链预售模式案例

该类型预售模式的消费者众筹时点及介入点位于生鲜农产品生产开始之前。生鲜农产品经营主体的生产和供应活动受消费者订单影响较大，种植/养殖及其下游的活动基本由消费者的订单驱动。供应链成员以本地化原生态的生鲜农产品田园体验为运营核心，实现生鲜农产品及相关体验服务的提前销售。有机有利就是其中的代表。

有机有利是一个专注于生态农业众筹的服务平台，引导消费者参与到生鲜农产品生产过程，以社区支持型农业满足消费者体验需求。在生鲜农产品众筹开始前，有机有利面向生产者（项目发起方）提供一站式生鲜农产品运营解决方案，包括产品市场定位、项目发布、网络推广、产品预售、农消对接等五项功能，以此帮助生产者开展家庭农场定制服务，以众筹机制实现生鲜农产品预售。

在此基础上，消费者通过有机有利服务平台选择性地对本地化的家庭农场定制服务进行关注和支持，按照季节或者月份支付生鲜农产品预购资金，而生产者承诺以绿色、安全的当季生鲜农产品作为回报，消费者在享受优质生鲜农产品的同时也要部分承担生鲜农产品因不可抗力种植失败的风险。有机有利彻底改变了原有消费者与生产者之间的对立关系，形成了"风险共担，利益共享"的权益合作形式，众筹参与者从单纯的消费者转变为生鲜农产品经营者，即生产者承诺以自然、安全的方式以及质量优于产量的原则开展生鲜农产品生产，同时消费者根据自身需求参与到生鲜农产品的生产管理过程中,获得田间地头种植/养殖的实地休闲体验。最终,在生鲜农产品收获时由消费者自行采摘或由第三方物流企业完成产地直送。

2.3.3 基于消费众筹的生鲜农产品供应链预售模式发展建议

通过对该商业模式的实施现状及实际案例的分析,发现企业实践正处于初步探索阶段,仍存在一些问题。究其原因主要包括在项目内容的设置、操作流程的管理及项目后期的运营等方面存在不足。因此,为实现生鲜农产品供应链中各经营主体的快速、良性发展,围绕该商业模式运行机理中的关键环节为各经营主体提出如下发展策略。

1. 合理评估自身生鲜农产品供给能力,保证产品品质

在众筹开始前,生鲜农产品销售商联合生产者投入大量的人力、物力和财力对众筹项目进行规划和筹备,进而希望通过扩大销售规模的方式降低固定运营成本,使供应链整体利润最大化,这导致现阶段大多数销售商(众筹平台)只规定了生鲜农产品预售数量的最低标准,并没有对其上限进行有效控制。当参与众筹的消费者订单数量超过生鲜农产品供应链的供给能力所能承受范围,将发生货源不足的情况。销售商将不得不协助生产者(项目发起人)向其他供应商组织货源,但新供应商并不能有效保证生鲜农产品质量,同时由于供应过程的临时性也增加了生鲜农产品供应成本。因此,在众筹项目的规划过程中,生鲜农产品供应链中各经营主体必须对自身供给能力进行合理评估,有效确定生鲜农产品预售数量区间,将有限的资源投入到约定数量的生鲜农产品生产和供应过程中,才能掌控产品种植/养殖、配送等环节可能存在的风险,保证生鲜农产品品质,为生鲜农产品品牌的塑造提供支撑。

2. 以互联网技术加快内容营销建设,塑造产品品牌

在众筹过程中,生鲜农产品销售商协同生产者通过营销渠道接触到目标消费群体,并以生鲜农产品及其增值服务的价值预期吸引消费者产生预购行为,所以在该过程中采取合理的营销策略就显得至关重要。由于该商业模式下的目标消费群体主要是中高端消费者,而这部分消费者对品牌具有较高的认可度,只有成功实现预售生鲜农产品的品牌塑造,才能有效获取消费者信任并影响其购买行为。而现阶段该模式中大多数生鲜农产品销售商只通过文字和图片对生鲜农产品价值进行展示,导致预售生鲜农产品品牌缺位严重,产品知名度和市场影响力也明显不足。因此,生鲜农产品供应链中各经营主体应基于互联网技术加快生鲜农产品

内容营销建设，塑造产品品牌，提高生鲜农产品附加价值，即始终坚持以市场需求为导向，找准预售生鲜农产品的市场定位，进而以多样化的媒体形式宣传和推广生鲜农产品内在价值（功能、文化等）。同时，各经营主体应结合社会化营销手段增强与消费者的互动体验，实现产品价值的口碑传播，最终快速确立预售生鲜农产品名、优、特品牌。

3. 加强生鲜农产品生产过程的协同，保障消费者权益

在众筹成功后，消费者不仅可以通过销售商的线上平台实时查看生鲜农产品生长信息，而且可以参与生产者组织的生鲜农产品线下体验活动（饮食文化交流、农场观光采摘等），这也为消费者提供了参与和监督生鲜农产品生产过程的机会。而现阶段部分生鲜农产品生产者仍存在契约精神缺乏、风险控制能力不足等问题，同时生鲜农产品消费者作为该模式中相对弱势的群体，往往缺乏足够的信息获取、风险预估等能力，这些制约因素有可能导致产品不能按期交付、损害消费者权益。因此，生鲜农产品销售商作为供应链中连接上下游的核心经营主体，应加强与生鲜农产品生产者的协同。一方面，监管生产者按照预售标准对生鲜农产品进行生产，加大对其食品安全意识和契约精神的执行力度；另一方面，当生产者在生产过程中出现自身无法解决的问题时，销售商应及时协助生产者进行管控，进而避免由主客观性因素导致的生鲜农产品交付失败，有效保障消费者的合法权益。

4. 注重数字消费者关系管理，增强消费者黏性

在众筹结束后，消费者仅仅完成了一次购买和体验，重复购买率就成为生鲜农产品供应链实现持续营收的关键运营指标。如何提升消费者重复购买率，在保留现有生鲜农产品消费者的同时基于消费者口碑吸引更多潜在消费者，将是推动该商业模式发展壮大的重要环节，而消费者关系管理水平就是该环节的核心要素。在生鲜农产品从产地向消费者供应期间，现阶段生鲜农产品经营主体对消费者关系管理过程的粗放化，可能导致消费者遇到的问题得不到及时解决，这不仅会严重挫伤消费者的预购积极性，而且会引起对生鲜农产品经营主体的信任危机。因此，销售商应协同其他经营主体以数字化形式进行生鲜农产品消费者的关系管理，建立消费者电子档案，主动地及时追踪和处理消费者在接收预售生鲜农产品过程中所遇到的问题；同时基于销售数据的积累和分析，识别消费者的习惯和偏好，提供面向其需求的定制加工、美食烹饪等增值性服务，有效增加消费者黏性，进而促进该模式稳定发展。

第3章 基于价值重构的"互联网+"生鲜农产品供应链渠道模式

随着人们生活水平的提高，消费者对生鲜农产品的需求逐渐由单纯的产品向产品+服务的方向发展。要基于便利性服务实现从产品提供到产品和服务增值，必然会引发商业模式构成要素的变更。"互联网+"环境下，生鲜供应链与消费者的连接方式已由传统的单向传递转换为双向沟通，生鲜供应链可通过线上渠道（生鲜社群）与消费者直接互动，为与消费者进行价值共创奠定基础。为此，基于对"互联网+"生鲜供应链渠道发展实践的研究分析，本章提出基于价值重构的"互联网+"生鲜农产品供应链渠道模式。

3.1 考虑消费者便利性的"互联网+"生鲜农产品供应链O2O渠道模式

生鲜农产品作为生活必需品，其日常选购需要耗费较长的时间，且随着生活节奏的加快及工作压力的增大，消费者的可支配时间受到很大挤压，使其对生鲜农产品的购买便利性提出了更高的要求。为减少时间的投入，部分生鲜农产品消费者开始尝试线上购买，然而由于电商的虚拟性，消费者线上购买不能像线下购买那样直接观察并立即获得生鲜农产品，这带来了新的不便。为更好地满足消费者的便利性需求，生鲜电商迫切需要对生鲜农产品供应链线上渠道和线下渠道进行融合，以形成渠道间的优势互补。

鉴于此，本节在分析"互联网+"环境下生鲜农产品消费者便利性需求的基础上，提出考虑消费者便利性的"互联网+"生鲜农产品供应链O2O商业模式。并结合有关案例分析，提出该模式的实施策略，以期为该模式的实践和发展提供参考。

3.1.1 "互联网+"环境下生鲜农产品消费者的便利性需求分析

纵观生鲜农产品的整个消费过程，"互联网+"环境下生鲜农产品消费者的便利性需求主要体现为信息便利、交易便利、获取便利及处理便利。

1. 信息便利

"互联网+"环境下，部分生鲜农产品销售商开始通过线上渠道销售生鲜农产品，为消费者的购买提供了新的途径。消费者在决定线上购买之前，希望能通过有效的途径，便捷地获取生鲜农产品的培育方式、采摘时间、处理工艺、运输过程、营养价值、食用体验等信息，从而降低线上购买风险，辅助自己准确、快速地做出决策。此外，消费者下单后，希望知晓产品的配货、包装、出库、运输和配送等物流信息。因此，如何使消费者便捷地获取相关信息，从而吸引其在线上购买，是线上销售中首先需要解决的问题。信息技术的发展为生鲜电商提供相关的信息服务奠定了基础，使得生鲜农产品消费者便捷地获取信息成为可能。

2. 交易便利

生鲜电商的出现，改变了生鲜农产品的交易方式，使得生鲜农产品消费者可直接通过线上渠道与商家进行交易。当消费者完成产品选购后，需要预付货款才能完成线上交易，并且部分消费者对线上支付需要付出一些学习成本，使得消费者对其安全性及便利性存在较高的诉求。因此，如何使消费者放心并便捷完成支付，是生鲜电商必须解决的问题。随着移动互联网的发展，移动支付已逐渐融入人们的日常生活，给消费者带来了多种支付工具（如微信钱包、支付宝等），且这些工具具有支付快捷、安全等特点，使得生鲜农产品消费者交易便利性的提高成为可能。

3. 获取便利

生鲜农产品消费渠道的变化，给生鲜农产品的配送带来了新的挑战。当消费者完成线上交易后，能否及时和便捷地获取生鲜农产品以满足生活所需，是消费者考虑是否通过线上渠道进行购买的主要因素之一。在消费者获取产品过程中，其便利程度的高低并不是单纯地由配送用时来决定的，而是由消费者的获取时间、获取地点及获取方式等因素共同作用。因此，如何通过线上渠道和线下渠道进行有效的协同，以提高消费者的获取便利，是配送过程中需要解决的问题之一。"互联网+"环境下，O2O 模式通过对线上和线下资源的整合，使得生鲜农产品获取便利的提高成为可能。

4. 处理便利

随着消费者生活质量的提高及时间成本的上升，越来越多的消费者不愿把时间用在处理生鲜农产品上。这类消费者更倾向通过购买净菜、半成品甚至是经过烹饪处理的生鲜农产品，以减少餐前处理过程中的时间投入，进而提高其他事项的可支配时间。因此,如何通过有效的方式提高生鲜农产品的处理便利性,从而促进生鲜农产品的销售,成为生鲜电商值得考虑的问题。对此,生鲜电商可考虑在生鲜农产品的备货过程中融入多种增值性服务,简化生鲜农产品繁杂的处理过程,进而使生鲜农产品处理便利性的提高成为可能。

3.1.2 考虑消费者便利性的"互联网+"FSC-O2O商业模式

为满足消费者的上述便利性需求,同时实现生鲜农产品的高效流通,考虑消费者便利性的"互联网+"生鲜农产品供应链 O2O 商业模式(简称"互联网+"FSC-O2O 商业模式)被提出,如图 3.1 所示。

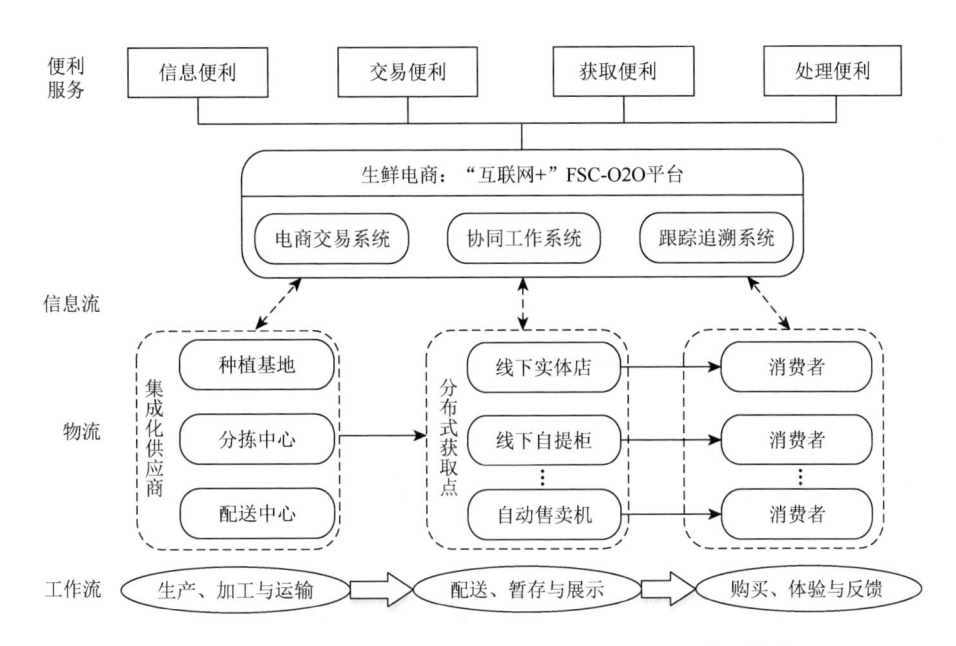

图 3.1 考虑消费者便利性的"互联网+"FSC-O2O 商业模式

该模式中的各主体分别为生鲜电商、集成化供应商、分布式获取点及消费者。其中,生鲜电商是供应链的主导企业,掌握着线上、线下的服务资源及前端的客户资源;集成化供应商为供应链的上游企业,集成了生产、加工和运输等多项业务功能;分布式获取点为生鲜电商在线下的配送资源,执行着生鲜农产品的配送、暂存、展示等作业。他们通过"互联网+"FSC-O2O 平台进行交互,其中生鲜电商的"互联网+"FSC-O2O 平台包括电商交易、协同工作和跟踪追溯等系统,消费者通过电商交易系统与生鲜电商建立连接,其需求信息通过协同工作系统共享给供应商和分布式获取点,最终通过供应链成员间的业务协同完成生鲜农产品的备货、分拣加工和配送，准确、快捷地满足消费者需求。下面基于商业模式四要素（价值主张、核心资源、关键流程及盈利模式），对该模式进行详细阐述。

1. 价值主张：基于O2O模式满足消费者的便利性需求

考虑消费者便利性的"互联网+"FSC-O2O商业模式旨在通过线上线下的融合，为生鲜农产品消费者提供便捷的购买渠道，使其不受时间和地点的限制，方便、快捷地选购生鲜农产品；进而基于线上线下协同，及时完成产品的备货和交付，实现生鲜农产品的高效流通，满足消费者需求。

1）基于线上线下融合为消费者提供便捷购买渠道

为提高生鲜农产品消费者的购买便利性，生鲜电商通过建立"互联网+"FSC-O2O平台，支撑线上和线下渠道的融合，进而向消费者提供生鲜农产品的相关信息，减少消费者在生鲜农产品选购中的时间投入。此过程中，生鲜电商利用信息技术，整合供应链下游，使供应端的产品信息在供应链成员中共享，进而为消费者提供产品售前信息查询，使其能够有效了解生鲜农产品生产、加工和配送过程中的全方位信息。同时生鲜电商基于移动互联网，为消费者提供扫码下单和微信、支付宝等快捷、安全的第三方支付方式，使其便捷地完成交易。生鲜电商通过以上两种便利，提高消费者碎片化时间的利用率，使消费者能够不受时间和地点的限制，方便和放心地选购生鲜农产品。

2）基于线上线下协同实现生鲜农产品的高效流通

生鲜电商获得消费者订单后，将订单根据时间和地域进行组合形成批量订单，然后交由集成化供应商进行备货与加工。集成化供应商根据组合订单完成备货、分拣、加工和包装等处理，并根据消费者提供的获取时间和获取地点，将生鲜农产品配送至相应的实体店，实体店再根据消费者的获取方式安排配送，或根据订单要求配送到自提柜等获取点，使消费者能在预定的时间内通过自提柜等获取点方便地提取生鲜农产品。生鲜电商通过以上方式优化生鲜农产品的供应和配送，实现以消费者即时需求拉动生鲜农产品的批量供应，进而推动生鲜农产品的高效流通。此外，还可以根据需求预测，在实体店和自动售货机准备一些生鲜农产品，以方便有临时性需求的消费者购买，从而满足消费者所需和提高其满意度。

2. 核心资源：基于"互联网+"的生鲜农产品供应链O2O协同系统

该模式的核心资源包括"互联网+"FSC-O2O平台、集成化生鲜农产品供应商及分布式的生鲜农产品获取点，它们是构成"互联网+"生鲜农产品供应链O2O协同系统不可或缺的部分。

1）"互联网+"FSC-O2O平台

"互联网+"FSC-O2O平台是一个集成电商交易、协同工作和跟踪追溯等的多功能平台,生鲜电商通过该平台能及时获取和处理消费者订单,并与生鲜农产品供应链合作伙伴协同工作,从而满足消费者需求。首先,该平台能支持生鲜农产品供应链成员进行协同产品备货、配送与送达(或消费者自提),及时、有效地满足消费者需求;其次,该平台能支持生鲜农产品供应链成员间工作信息的实时共享,并根据消费者需求的变化和波动及时调整自身工作情况和有效安排业务对接,实现对消费者需求的快速响应;再次,该平台能支持生鲜电商处理消费者遇到的产品问题,完善生鲜农产品供应链的责任管理机制;最后,基于该平台长期运营的数据,生鲜电商还可有效预测市场需求动向,指导供应商进行产品研发、生产和供应。

2)集成化生鲜农产品供应商

集成化生鲜农产品供应商是供应链中一个具有生产、分拣加工和运输等综合能力的节点企业,可使生鲜农产品供应链的产品资源和物流资源得以整合,从而缩短生鲜农产品的流通环节,提高配货效率。首先,能使生鲜农产品供应商基于生鲜电商安排的生产计划,及时完成生鲜农产品的采摘、分拣加工,有助于提高生鲜农产品的附加价值和处理便利性;其次,集成化生鲜农产品供应商通过将分拣中心整合至供应链前端,能够实现生鲜农产品供应与加工的规模效应;最后,将配送中心前置到供应商处,并根据消费者的获取需求,将生鲜农产品运送至离其较近的实体店,能避免产品在流通中因需要中转、分流等作业而反复装卸造成的损耗。

3)分布式的生鲜农产品获取点

生鲜电商可通过自建线下实体店,或与其他线下生鲜零售店合作完成生鲜农产品分布式获取点的布局,构建起终端配送渠道,将生鲜农产品供应链成员的配送资源与消费者的参与性结合起来,从而满足生鲜农产品消费者的自提和配送到家等不同获取需求。对于消费者自提的需求,分布式获取点提供生鲜农产品暂存服务,使消费者在方便的时候,通过扫码自提等方式便捷地获取生鲜农产品。对于消费者配送到家的需求,分布式获取点能结合消费者的获取时间和获取地点,优化得出合理的上门配送方案。此外,分布式获取点还能满足线下消费者的临时性需求,使消费者通过现场体验之后,产生购买行为。

3. 关键流程:基于O2O协同实现生鲜农产品供应链的价值创造过程

该模式的关键流程是供应链成员基于线上和线下协同的价值创造过程,其以"互联网+"FSC-O2O平台获取消费者订单为开端,进而基于消费者订单与需求预测组合完成生鲜农产品的备货和加工,最终通过分布式获取点将产品配送至消费者手中,实现以消费者需求驱动的价值创造。

1)基于"互联网+"FSC-O2O平台获取消费者订单

鉴于线上渠道无法使消费者通过直接接触来判断生鲜农产品的品质,因此,生鲜电商通过"互联网+"FSC-O2O 平台为消费者提供生鲜农产品的产地、生产过程、分拣处理流程、运输情况及线下服务等的信息展示，使其对生鲜农产品的售前及线下的服务种类进行了解。在此基础上，生鲜电商通过微信、APP 及 PC 界面等销售途径，实现"一个后端、多个前端的销售模式"，并以多样化的食材和半成品等丰富消费者的选择。生鲜电商通过上述方式使消费者认同生鲜农产品供应链的产品价值、服务理念，进而获得订单。当消费者下单后，生鲜电商还可基于跟踪追溯系统，为消费者提供一系列的物流信息服务，如备货、加工、包装、出库、配送等信息，进一步提升消费体验，同时提高消费者购后信息获取的便利性以及二次下单的概率。

2）基于订单与需求预测指导生鲜农产品的备货与加工

在备货过程中，生鲜农产品供应商以订单为主，同时结合需求预测组织生产，确保生鲜农产品的供应能同时满足消费者订单和部分临时性需求。对于消费者的订单需求，供应商基于消费者提供的获取时间和处理要求，通过种植/养殖基地、分拣中心，及时地完成生鲜农产品的批量采摘及挑选，以及在此基础上进一步进行清洗、切分、搭配、配料等不同层次的加工处理；对于消费者的临时性需求，供应商则基于销售数据进行需求预测，提前完成产品的采摘和挑选。之后再统一由配送中心根据消费者的获取需求，将产品运输至离其最近的实体店，完成生产、分拣加工、运输一体化生鲜农产品供应，实现由消费者需求转向实物产品与服务的价值创造。

3）基于分布式获取点实现生鲜农产品的便捷配送与获取

线下实体店在收到生鲜农产品供应商提供的产品后，根据订单要求的配送时间及配送方式，对同一配送区域内的订单进行优化组合，并及时安排配送或暂存生鲜农产品，使消费者在方便的时候完成生鲜农产品的获取。此过程中，实体店先基于配送管理工具规划配送路线，并结合消费者的获取地点，合理利用自身的配送资源将生鲜农产品配送上门；或存放至消费者指定的自提柜和自动售卖机，之后向消费者发送提取码，使消费者通过扫描二维码或输入提货码，便捷地完成自提。此外，实体店及自动售卖机通过与消费者进行线下交易，使消费者即时地获取生鲜农产品。分布式获取点有效提高了线下渠道的配送能力和消费者的获取便利性，实现了由产品价值到消费者需求满足的价值创造。

4. 盈利模式：基于便捷的消费体验有效满足消费者需求及提供增值性服务获取利润

考虑消费者便利性的"互联网+"FSC-O2O 商业模式通过为消费者提供便捷的购买体验，提高购买意愿，以达到扩大销售的目的；进而以订单和需求预测相结合，及时、有效地满足消费者需求，实现利润获取；此外，还可通过提供增值性服务来提高消费价值与获取利润。

1）基于便捷的消费体验提高消费者购买意愿

为减少消费者在生鲜农产品选购中的时间投入，生鲜电商基于O2O模式融合线上渠道和线下渠道，并通过为消费者提供信息便利和交易便利，提高生鲜农产品的挑选效率；同时通过线下渠道为消费者的获取及处理提供便利，使消费者可便捷地获取生鲜农产品，并减少餐前处理的烦恼。生鲜农产品供应链各经营主体通过为消费者提供便捷的消费体验，降低其时间压力，从而达到提高消费者购买意愿及扩大销售的目的。随着消费者从尝试性购买到工作压力不断增大下的刚需性购买，消费者会逐渐对供应链产品形成依赖，从而产生重复购买，形成稳定的利润源。

2）基于订单与需求预测组合提高消费者订单满足率

生鲜电商通过结合当天的销售情况及历史数据，对消费者的临时性需求做出预测，进而基于消费者订单与需求预测信息组合，协同供应商备货，实现供需匹配。消费者订单的快速处理和实时传递，使生鲜农产品供应链成员具备了较强的需求响应能力；而在此基础上进一步按需求预测辅助备货，有利于提高生鲜农产品供应链成员在市场需求波动情况下的应对能力，使其通过有效的信息流引导商流和物流协同运转，推动生鲜农产品供应商及分布式获取点实现批量生产、批量配送，最终通过及时、有效地满足消费者需求获取利润。

3）基于增值性服务提高生鲜农产品的消费价值

生鲜农产品供应链还可通过增值性服务来提高生鲜农产品的消费价值和改善消费者体验获取利润。生鲜电商可通过协同生鲜农产品供应商为消费者提供营养搭配、美食套餐（如生日宴、家宴、烧烤等主题套餐）等增值性服务，进一步提升生鲜农产品的价值；同时，生鲜电商也可举办农场观光和采摘体验等线下活动，以丰富消费者的业余生活。基于增值性服务的产品和活动，可在提高生鲜农产品消费价值的同时，改善消费者的体验，从而为生鲜农产品供应链成员创造出新的盈利空间。

3.1.3 以15分绿色生活和我厨为例

生鲜电商通过上述商业模式可有效满足消费者的便利性需求并提高消费者购买体验，进而推动生鲜农产品的销售。目前，部分生鲜电商正积极地进行有关实践，下面以15分绿色生活和我厨为例，论证便利性服务的应用前景，以期为该模式的实施提供借鉴。

1. 为消费者提供信息便利的15分绿色生活

15分绿色生活创立于2012年2月，立志于以绿色、安全、放心的生鲜农产品为基础，通过线上和线下的协同，实现生鲜农产品的高效流通。在 O2O 的布局上，15 分绿色生活基于移动互联网为消费者提供了线上购买渠道，并在线下设立实体店，同时通过管理系统实现了供应链上下游的整合。在如何获取消费者订单上，15 分绿色生活基于实时监控为消费者展示了产品的售前信息，使消费者对生鲜农产品的种植、加工等情况进行了解，并通过展示 SGS（Societe Generale de Surveillance，瑞士通用公证行）的检测报告获取消费者的信任。在生鲜农产品的备货上，15 分绿色生活基于订单生产，同时以销售数据对消费者的临时性需求进行预测，通过管理系统协同农场基于订单与预测信息组合进行采摘备货，之后通过全程冷链运输，将生鲜农产品运输至冷库加工中心进行自动包装，再运往线下实体店。消费者下单后，15 分绿色生活为其提供了一小时达和门店自提两种获取方式，并基于 LBS 定位消费者位置，为消费者匹配获取点，在消费者确定获取时间后，再通过管理系统将订单下派至对应的实体店。

在消费者便利性需求的满足方面，15 分绿色生活特别重视满足消费者的信息便利需求。15 分绿色生活基于农场、分拣中心、实体店等的实时视频，使消费者了解生鲜农产品的种植、加工等情况，并通过 SGS 检测报告，为消费者判断产品品质提供便利，同时还为消费者提供产品的食用功效、维生素含量等营养信息和物流配送信息。除信息便利外，15 分绿色生活在交易便利上提供了用户充值支付、微信钱包和货到付款等多种支付方式，在获取便利上提供了指定时间上门配送、指定获取点自提等便利性服务。

2. 为消费者提供处理便利的我厨

我厨创办于 2014 年 12 月，是一家以半成品净菜销售为中心的生鲜电商，主张以多种食材和菜品的选择吸引消费者线上下单，进而通过供应链协同备货，及时、有效地满足消费者需求。在 O2O 的布局上，我厨基于互联网及移动互联网为消费者提供了线上购买渠道，并通过配送人员和设备在线下组成"移动前置微仓"，同时通过以生鲜农产品产地、农贸市场及农业合作社相结合的多种采购途径，实现供应链上游的整合。在如何获取消费者订单上，我厨基于多种食材、半成品净菜、主题套餐及团购，匹配消费者的需求，吸引其购买。目前，其提供的半成品净菜类型有餐厅名菜、无肉不欢、海味水产、玲珑小炒、精美凉菜、田园时蔬、营养汤羹、宝宝餐及熟制半成品等 9 个大类，在售的净菜超过 200 道。在生鲜农产品的备货上，我厨获取消费者订单后，由分拣中心进行统一采购，并完成生鲜农产品的标准化及分拣加工，实现以订单为驱动的生鲜农产品备货与加工。消费者下单后，我厨通过"分拣中心＋移动前置微仓"的方式为消费者实现配送，等到当天销售结束后，由管理系统根据消费者的获取点生成订单热力图，之后通过分拣中心的冷藏车将产品配送至其线下流动交接点，再由交接点人员完成最后的配送。

在消费者便利性需求的满足方面，我厨特别重视满足消费者的处理便利需求。我厨基于多种增值性服务来提高产品价值及消费者的处理便利性，如生鲜农产品的挑选、清洗、切分、搭配、配料和熟制等，使用户在获取产品后可直接进行烹饪或加热食用，我厨还非常重视净菜的研发，一至两天就能研发出一个新的菜品，其在售的 1000 多种生鲜农产品中，半成品净菜占据了将近 1/5 的比例。除处理便利外，我厨在信息便利上为消费者提供了产地、产品维生素含量、烹饪技巧和物流配送等信息，在交易便利上提供了支付宝、微信钱包、一网通银行及货到付款等多种支付方式，在获取便利上提供了指定时间上门配送等便利性服务。

3.1.4 考虑消费者便利性的生鲜农产品 O2O 商业模式特点

1. 生鲜农产品供应链信息对称性

在考虑消费者便利性的生鲜农产品 O2O 商业模式中，"互联网+" FSC-O2O 平台集成了跟踪追溯系统，汇集了生鲜农产品从培育、采摘、运输、加工、配送等过程中的信息。消费者可通过线上渠道便捷地对生鲜农产品售前信息进行跟踪追溯，从而使得供给侧的产品信息完全展示在消费者面前。此外，该模式采用订单与需求预测相结合的方式指导供给侧的备货生产，使得需求侧的产品和服务需求信息直接显现在供给侧面前，推动生鲜农产品供应链实现供需匹配。因此，跟踪追溯系统、订单与需求预测结合的销售方式，使得生鲜农产品供应链信息对称性成为该商业模式的特点。

2. 快速、敏捷的市场需求响应能力

在考虑消费者便利性的生鲜农产品 O2O 商业模式中，生鲜电商基于协同工作系统使供应链成员能了解到彼此的业务开展情况，以及时安排对接，即该模式提高了生鲜农产品供应链的整体运作效率。在此基础上，生鲜电商以消费者需求拉动生鲜农产品供应链成员"以需定产"，使供应链成员能通过及时、准确地根据市场需求的变化快速做出反应，从而使得快速、敏捷的市场需求响应能力成为该商业模式的特点。

3. 灵活、快捷的获取需求匹配能力

在考虑消费者便利性的生鲜农产品 O2O 商业模式中，生鲜电商以自建和合作的方式布局线下获取点，每个获取点都具备一定范围上的覆盖能力。因此，生鲜电商的分布式获取点能在较大的范围内形成配送网，提高了生鲜电商与消费者获取地点离散性的匹配能力，从而使得生鲜电商可基于消费者的位置移动，为其匹配最近获取点。此外，获取点的暂存和上门配送服务，进一步提高了生鲜电商与消费者获取方式多样性的匹配能力。因此，分布式获取点使得灵活、快捷的获取需求匹配能力成为该商业模式的特点。

4. 实现生鲜农产品价值链的扩展

在考虑消费者便利性的生鲜农产品O2O商业模式中，集成化供应商不仅具备生产和运输能力，还具备加工处理能力。集成化供应商在完成生鲜农产品采摘后，基于分拣中心根据生鲜农产品外观形状、色泽、大小等进行挑选，将不影响销售的产品进行包装和加工；同时还可将形状、色泽和大小有违和感，但无品质问题的生鲜农产品进一步通过清洗、切分、搭配等加工处理，降低不必要的损耗，并提升生鲜农产品的消费价值。集成化供应商在降低生鲜电商经营成本的基础上，实现了服务跨界，使得生鲜农产品价值链扩展成为该商业模式的特点。

3.1.5 考虑消费者便利性的"互联网+"FSC-O2O商业模式实施策略

15分绿色生活、我厨通过O2O模式和提供便利性服务为消费者的生活带来了便利，给生鲜电商实施考虑消费者便利性的"互联网+"FSC-O2O商业模式提供了参考。为引导生鲜农产品供应链各经营主体更好地给消费者提供便利、提高核心竞争力，在总结15分绿色生活、我厨成功经验和需改善问题的基础上，特提出以下考虑消费者便利性的"互联网+"FSC-O2O商业模式实施策略。

1. 加强购中和配货过程的信息交互，提升消费者体验

消费决策过程中，若消费者疑虑无法得到及时解答，可能导致消费者转向别处购买；而在生鲜农产品的备货及配送过程中，消费者作为生鲜农产品的配送对象，往往由于缺乏有效的信息交互而处于被动等待的窘境，且由于同一配送时段的配送对象较多，消费者存在延时获取的风险。因此，为提高消费者在购中和配货过程中的信息便利性，生鲜电商在为消费者提供售前信息的基础上，还需加强与消费者在购中和配货过程中的信息交互，通过及时、准确的信息交互，引导消费者完成消费，从而提高交易促成率和消费体验。

2. 基于目标客户的分布情况，合理布局线下获取点

考虑消费者便利性的"互联网+"FSC-O2O商业模式通过线上、线下的协同，为消费者获取提供便利，而随着业务的发展，生鲜电商需要在线下布局更多的获取点。若生鲜电商无雄厚的资本支撑和合理的发展理念，则可能因深陷资本困局而无法对线下渠道进行有效扩张。因此，生鲜电商可以目标客户的分布为基准，合理选择线下合作商。对于无法提供上门配送的区域，可通过与目标顾客通勤路

线中的店商合作,并鼓励消费者选择自提,从而降低线下扩张中所导致的人力、财力及物力成本。

3. 基于产品及服务差异化,提高供应链整体盈利能力

鉴于生鲜农产品同质化程度高,生鲜农产品行业又往往以低价为主要经营策略,这加剧了市场竞争,生鲜电商很难在仅提供生鲜农产品基础上取得较高收益。因此,为提高消费者愿意支付的价格,提升生鲜农产品供应链的盈利能力,生鲜农产品供应链各经营主体可基于差异化的产品和服务,提高消费者的感知价值。生鲜电商可基于目标顾客的痛点,协同供应商将生鲜农产品与增值性服务结合,推出针对性较强的产品和服务,从而提高消费者对供应链产品的认可度。

3.2 "互联网+"生鲜农产品供应链O2O渠道模式实现路径

随着市场竞争加剧和消费需求不断升级,生鲜电商提供的价值正逐渐由单纯的产品价值转向产品服务增值,提高生鲜农产品消费价值已成为生鲜电商商业模式创建中需要考虑的重要因素。然而商业模式涉及企业的业务形态、组织模式和经营方式等方面,要从单一的产品价值到产品服务增值,意味着生鲜电商需扩展服务链,这将引发商业模式构成要素的变化并打破企业原有的商业形态,致使生鲜电商在商业模式创建中面临着诸多的困难与挑战。因此,研究生鲜电商在面临消费者对产品和服务的双重需求时,如何创建新的商业模式以实现产品服务增值,是亟待解决的关键问题。

生鲜农产品及相关服务增值,一方面可使生鲜电商更好地满足消费者需求,助推农业供给侧结构性改革,另一方面能为生鲜电商的发展注入新的活力,使其在生鲜农产品同质化竞争中实现产品和服务差异化,进而影响消费者购买意愿和企业绩效。鉴于此,本节将基于生鲜电商的案例研究,分析面向产品服务增值的生鲜电商O2O商业模式创建路径,找出该路径的构成要素及其逻辑关系。在此基础上,研究和构建面向产品服务增值的生鲜电商O2O商业模式实现路径,以期为生鲜电商O2O商业模式的进一步发展和实践提供参考。

3.2.1 面向产品服务增值的生鲜电商O2O商业模式典型案例分析

1. 案例研究方法与资料来源

1)研究方法

本节采用基于扎根理论的案例研究法研究面向产品服务增值的生鲜电商

O2O 商业模式实现路径。扎根理论作为典型的质性研究方法，适用于探究复杂的管理过程，其立足于数据并通过数据间的不断对比、分析、提炼等步骤将数据提炼为概念和范畴，进而通过分析范畴间的联结关系，得出事件发展和形成的内在机理。而面向产品服务增值的生鲜电商 O2O 商业模式作为企业层面的管理创新，其过程和结果具有诸多的复杂性和不确定性，涉及企业创新运营的诸多方面，是一种复杂的企业管理创新，扎根理论能使研究者通过对案例现象进行深入、翔实的研究，摸清事物发展的规律。此外，由于生鲜电商起步晚，对生鲜电商商业模式的研究仍处于起步阶段，尤其是对生鲜电商 O2O 商业模式的研究较为缺乏，因而没有太多成熟的研究可借鉴。因此，研究情境属于对经验性问题的研究和提炼，宜通过扎根研究来对案例进行深入剖析，以探索和构建新的理论。

2）案例选取和资料来源

选取我厨为资料获取对象，主要原因有以下三点：①我厨通过 O2O 商业模式为消费者提供加工处理、个性化服务和烹饪指导等服务，以产品增值服务提高生鲜农产品消费价值，与研究主题契合；②我厨经历近年来的摸索和发展后，在企业管理和运营上积累了较多的实战经验，拥有足够丰富的相关资料，以我厨为案例研究对象，符合理论抽样原则；③我厨的发展前景和趋势良好，且已具备一定的经营规模，目前其客户累计已达百万，日均销售量超 12 000 单，在业内具有一定的代表性。

资料来源主要以文档资料为主，因为自我厨成立以来，针对其各方面的报道较多和较为全面，资料获取相对容易。主要通过对案例的长期跟踪，进行数据的甄选、汇总等相关工作来获得资料，数据来源有：网络资料、36 氪、艾瑞网、亿邦动力、中国知网数据库、企业高管分享、企业网站（APP、微信公众号）。此外，在文档资料的基础上，还通过我厨客户端的客服访谈、微信社群的用户访谈以及作者选购体验等方式对资料进行交叉验证，以确保案例数据的可靠性。

2. 开放性编码分析

根据扎根理论的研究步骤，首先对研究资料进行开放性编码分析。在开放性编码阶段，需要将收集到的原始资料进行标签化，把案例中的现象抽象为概念；进而通过概念间的逻辑关系不断地归纳、总结和聚敛研究问题，将具有相同类属的概念提炼为范畴。此环节中，以问题为导向，分阶段不断深入剖析研究问题，分析过程如下文所述。

1）面向产品服务增值的 O2O 商业模式的战略定位

我厨是近年来实现生鲜农产品及相关服务增值的代表之一，其特别注重满足消费者的增值性服务需求，并基于产品加工处理服务、个性化服务和烹饪指导等实现产品和服务的差异化。这使得我厨在生鲜农产品同质化竞争激烈的环境下,占据了市场先机。随着行业竞争的加剧,增值性服务成为生鲜电商取得进一步发展的重要途径。那么,为取得进一步发展,我厨在其商业模式创建中如何进行战略定位?

为研究以上问题,通过编码分析,将有关数据资料初步概念化为价格竞争、同质销售、市场覆盖面、家庭消费者、无厨技者、过程烦琐等。接着在初级概念的基础上进行概念化分析,发现我厨为在竞争激烈的环境下寻求出路,对生鲜农产品消费者特点及其增值性服务需求展开了分析,找准了目标市场,进而结合目标市场的特点,满足不同地域口味和特殊人群的需求;在此基础上,我厨以客户满意为导向,设立替代农贸市场、生鲜超市的发展目标,进而基于 O2O 商业模式和增值性服务使生鲜农产品购买、烹饪等环节便捷化。基于以上发现,进一步提炼出竞争环境、市场洞察、需求导向、经营理念四个范畴,此过程的开放性编码示例如表 3.1 所示。

表 3.1 第一阶段开放性编码示例

原始资料	开放性编码		
	初级概念	概念化	范畴化
生鲜电商面临着同行竞价,卷入价格战的问题 C_{111};因同质化竞争被迫参与价格战且盈利模式尚不明朗的生鲜电商 C_{112};我厨的目标消费群体涵盖了 25 岁到 85 岁的消费者 C_{211};我厨向用户提供年轻化家庭场景下所需的各个价位的食材 C_{212};厨房小白也能轻松做菜 C_{213};消费者在菜场买菜后,还需进行蔬菜清洗、切分和搭配,整个流程大概要耗费 2 小时,买、洗、切、配等过程都需消费者支付较大的时间和精力成本 C_{221};我厨经历了长达半年的人群对独居的时间和精力成本 C_{221};我厨经历了长达半年的人群对独居老人容易感到孤独,社交自然成为需求之一 C_{222};家庭孕育了孩子后,在家吃饭、吃健康菜和温情菜的需求无法得到有效满足 C_{223};白领群体、单身人群及学生等消费群体一般没有做饭的时间或条件,也不经常下厨,他们主要消费水果,是弱需求,而白领群体和学生虽对网购熟悉,但其追求新、奇、特和低价产品,对平台的忠诚度不高 C_{231}	C_{111} 价格竞争 C_{112} 同质销售 C_{211} 市场覆盖面 C_{212} 家庭消费者 C_{213} 无厨技者 C_{221} 过程烦琐 C_{222} 社交需求 C_{223} 家庭需求 C_{231} 消费特点	B_{11} 竞争激烈 B_{21} 目标市场 B_{22} 需求分析 B_{23} 消费者特点	A_1 竞争环境 A_2 市场洞察

战略定位为商业模式的创建注入了动力。那么,在战略定位的指引下,我厨如何获取支撑企业创建商业模式的资源能力?又如何对其优化?这些疑问的存在,为下一阶段的研究提供了方向指引。

2)面向产品服务增值的 O2O 商业模式的资源能力

资源能力是支撑企业创建商业模式的基石,资源整合及优化是企业获取资源能力中会涉及的关键问题。带着这些问题,笔者再次回顾资料记录,发现我厨在确定战略定位后,为满足消费者的增值性服务需求,聘请专业人员对企业进行管理，并与农场、基地等展开合作，整合利益相关者。同时，我厨自建冷链体系、配送团队、中央厨房和"我厨吃货"等社群，重构生鲜农产品价值链。在此基础上，我厨通过资本投资获取资源优化的资金成本，建立 ERP（enterprise resource planning，企业资源计划）、MES（manufacturing execution system，制造执行系统）及跟踪追溯系统，推动供应链实现透明化、一体化管理，从而为生鲜农产品的加工、配送、个性化和烹饪指导等增值性服务奠定资源基础。

基于以上发现，将有关数据初步概念化为连续创业者、创业精神、认识清晰、整合供应商、构建冷链等。接着在初级概念的基础上结合原始资料进行概念化分析，提炼出组织活力、资源整合、社交化电商平台等概念。之后通过反复对比和分析发展范畴，进一步提炼出企业软实力和供应链重构两个范畴，编码过程示例如表 3.2 所示。

表 3.2 第二阶段开放性编码示例

原始资料	开放性编码		
	初级概念	概念化	范畴化
夏荷毕业于复旦大学，同时也是一名连续创业者，在加入我厨前，一直从事与生鲜农产品有关的工作 C_{511}；夏荷认为创业没有苦只有乐，如果不能够享受创业乐趣，就没必要逼自己创业 C_{512}；尽管在"寒冬"中依旧获得了巨额融资，但夏荷表示这远不能代表胜利，只能说模式上有值得被认可的地方 C_{513}；整合供应链上游的供应渠道，通过与大型优质生鲜基地合作，实行全球采购和源头直供，在供应商管理上，我厨对生产商的品牌和公司信誉进行多维度考核，从而整合供应链前端 C_{611}；由于我国的冷链配送体系不完善，需要我们进行自建 C_{612}；我厨基于 O2O 自建物流，为消费者提供配送服务 C_{613}；我厨通过自建中央厨房实行集中品控，从而确保生鲜农产品的品质安全 C_{614}；我厨是一家致力于提供都市餐桌一站式解决方案的移动生鲜电商平台 C_{621}；对于家庭用户的获取和留存，我厨基于社群运营为消费者提供一键购买，使用户在他人分享菜谱感兴趣的情况下，能快捷完成购买 C_{622}	C_{511} 连续创业者 C_{512} 创业精神 C_{513} 认识清晰 C_{611} 整合供应商 C_{612} 构建冷链 C_{613} 自建物流 C_{614} 自建中央厨房 C_{621} 电商平台 C_{622} 社交电商	B_{51} 组织活力 B_{61} 资源整合 B_{62} 社交化电商平台	A_5 企业软实力 A_6 供应链重构

资源能力的获取，为我厨创建 O2O 商业模式提供了资源基础。以上两阶段的编码分析，尽管解释了本书对生鲜电商商业模式创建中存在的一些疑问，但随着研究的深入，不断涌现出一些新的问题。比如，在获取资源能力后，生鲜电商如何管理供应链运作流程，以实现价值创新？新问题的出现，促使开启下一阶段的研究。

3）面向产品服务增值的 O2O 商业模式的运作流程

运作流程的构建是企业实现创新性价值创造的重要步骤。资料显示，我厨在获取资源能力后，在满足消费者增值性服务需求、品质化需求和多元化需求的同时，实现了生鲜农产品供应链的高效运作，并协同成员企业展开销售流程，实现订单与需求预测的有效结合。具体形式为：我厨基于消费者数字化和社群运营，在销售端进行精准推送和烹饪指导，汇聚消费者需求，以形成批量订单；进而将消费者的需求信息和我厨的需求预测信息共享给供应商，供应商获取信息后，及时安排采摘并配送至中央厨房；再由中央厨房进行分拣、加工等处理，之后我厨基于信息管理系统生成订单热力图，协同线上线下渠道以干线运输+点对点配送的方式完成配送。

基于以上发现，将有关数据初步概念化为针对性营销、大数据销售、记录消费习惯、建立用户—商品模型、建立消费者画像等。接着进行概念化分析，发现我厨基于大数据技术使消费者数字化，以实施数字化营销；接着通过线下活动吸引客流量，并基于社群营销反向传递消费者需求，同时结合需求预测备货销售，构成C2B+B2C+O2O的销售方式；在获取消费者需求后基于采购策略、品质管理策略、产品和服务策略、物流协同策略及客户回报策略完成价值的创造和传递。基于以上发现，进一步提炼出营销策略和线上线下协同策略两个范畴，编码过程示例如表3.3所示。

表 3.3 第三阶段开放性编码示例

原始资料	开放性编码		
	初级概念	概念化	范畴化
"一人食套餐""二人食套餐"等，都是针对公司白领所设计的C_{911}；我厨通过在导购环节中基于大数据进行营销推送，使消费者的购买标签与推荐商品直接关联C_{912}；接下来的营销要把内容融合到产品中，并对客群进行细分，记录消费者的购买习惯C_{921}；我厨正在通过大数据建立消费者和商品模型C_{922}；夏荷告诉36氪，可以很容易确定的是，用户是出于需求来购买的，数据的波动受促销的影响非常小，意味着可以从订单数据和线上行为数据进行用户画像C_{923}；我厨在社群里不定期地举办各种活动C_{931}；夏荷介绍，接下来将进一步以UGC+PGC（professional generated content，专业生产内容）相结合的方式在前端打造内容C_{932}；我厨在配送产品的前一天22点截单，凌晨基于订单进行备货C_{941}；我厨也进行备货销售，因此有损耗的主要是当日达的订单C_{942}；22点截单之后，系统将产生基于地理位置的线性最优规划值，得到订单分布热力图C_{1011}；我厨基于集约化、两段式的配送模式实现物流递送C_{1012}	C_{911}针对性营销 C_{912}大数据销售 C_{921}记录消费习惯 C_{922}建立用户—商品模型 C_{923}建立消费者画像 C_{931}社群活动 C_{932}内容营销 C_{941}订单销售 C_{942}现货销售 C_{1011}系统规划配送 C_{1012}两段式配送	B_{91}数字化营销 B_{92}消费者数字化 B_{93}社群营销 B_{94}销售方式 B_{101}物流协同策略	A_9营销策略 A_{10}线上线下协同策略

运作流程的设定，使我厨在实际运作中获取供应链协同优势和线上线下协同优势。研究到此阶段又引发对以下问题的考虑，即考虑生鲜电商在获取这些优势的同时，如何降低供应链运营成本，又怎样实现盈利。带着这些问题，进行下一阶段的研究。

4）面向产品服务增值的O2O商业模式的收支管理

收支管理是商业模式构建中的重要环节，在针对我厨的资料分析中发现其包括营销成本管理、供应链运营成本管理、产品收入管理和服务收入管理。在支出管理上，我厨通过多种方法降低经营成本，如采用口碑传播的方式降低营销成本；同时通过协同节点企业和线上线下渠道获取供应链成本优势，通过改良产品包装降低产品损耗等。在产品收入管理上，我厨在毛菜销售获得收益的基础上，基于全品类运营提高客单价，增强获利能力；在服务收入管理上，我厨基于中央厨房将大部分毛菜进行分拣、洗净、切割、搭配等一系列的增值处理，以产品服务增值提高溢价能力；此外，我厨为消费者提供满99元包邮的服务，能在一定程度上提高消费购买量和赚取配送服务收入。

基于以上发现，将有关数据资料初步概念化为销售成本管理、推广成本管理、运营成本管理、采购成本管理等。接着对初级概念进行更高层次的概念化，发现我厨基于营销成本管理和运营成本管理降低供应链整体运营成本；并基于产品销售和增值性服务构成收入来源。基于以上分析，本书进一步提炼出成本管理和收入管理两个范畴，编码过程示例如表3.4所示。

表 3.4　第四阶段开放性编码示例

原始资料	开放性编码		
	初级概念	概念化	范畴化
我厨的营销方式主要靠口碑传播，没有把过多的精力放在广告上，从而降低销售成本C_{1311}；我厨通过口碑营销，推广成本只有传统生鲜电商的1/3，甚至更低C_{1312}；我厨的综合运营成本比传统生鲜电商低16%，而运营效率至少比传统生鲜电商高10倍C_{1321}；我厨依托集中采购的规模优势，降低了产品的价格C_{1322}；随着顾客订单的上升，物流成本将得到进一步降低C_{1323}；我厨通过物流体系自建，降低了产品的包装成本C_{1324}；一些卖相不好的生鲜可通过净菜加工来调节和控制损耗C_{1325}；通过流水线改装，管理调配、优化机器和人力的衔接，控制生产中的成本C_{1326}；我厨在扩充产品品类后，能通过满足消费者的多样需求而提升客单价C_{1411}；我厨依托自建的2万平方米的中央厨房、自建冷链物流和集中采购优势，为用户提供肉类、蔬菜等全品类的毛菜C_{1412}；我厨通过中央厨房对菜品进行加工，提供菜品增值服务，进而获取更高利润C_{1413}；在我厨商城购买满99元包邮C_{1414}	C_{1311} 销售成本管理 C_{1312} 推广成本管理 C_{1321} 运营成本管理 C_{1322} 采购成本管理 C_{1323} 物流成本管理 C_{1324} 包装成本管理 C_{1325} 损耗成本管理 C_{1326} 生产成本管理 C_{1411} 客单价 C_{1412} 毛菜收入 C_{1413} 加工增值 C_{1414} 配送收入	B_{131} 营销成本管理 B_{132} 运营成本管理 B_{141} 收入来源	A_{13} 成本管理 A_{14} 收入管理

收入、支出管理是进一步推进企业完成商业模式创建的关键，在研究我厨如何降低运营成本并初步实现盈利的问题后，对生鲜电商商业模式创建过程的编码分析也告一段落。但结合生鲜电商的竞争环境（同行模仿严重）考虑，发现仅以盈利为目的的商业模式，难以支撑生鲜电商取得可持续发展。因此，又引发本书考虑我厨在商业模式创建中，如何避免被同行模仿。

5）面向产品服务增值的 O2O 商业模式的运营壁垒

运营壁垒是保障企业商业模式优势的关键所在。带着上述问题，再一次回顾研究资料，发现我厨在其提供的产品加工处理服务、个性化服务和烹饪指导等服务中，特别注重产品加工处理服务。一方面我厨将产品与分拣、切分、搭配等增值服务融合，以产品和服务差异化构建商业模式运营优势；另一方面引入研发团队提升菜谱研发能力和菜品加工过程的科学性，即将净菜生产加工过程标准化、流程化，优化服务的生产过程，并不断研发出新的净菜种类、缩短研发周期，使其产品和服务与市场需求形成动态匹配。我厨基于以上措施构建商业模式的运营壁垒，使得商业模式难以模仿。

基于以上发现，将有关数据资料初步概念化为生产优势、标准化加工、生产能力、研发团队、产品差异化等。接着在初级概念的基础上结合原始资料进行概念化分析，发现我厨以中央厨房的加工能力和研发能力为基础，提升企业的市场反应能力；并基于中央厨房构建产品优势和服务优势。基于以上研究发现，进一步提炼出核心能力和运营优势两个范畴，编码过程示例如表 3.5 所示。

表 3.5　第五阶段开放性编码示例

原始资料	开放性编码		
	初级概念	概念化	范畴化
拥有完整的工业体系和运营系统，并通过开发管理信息系统、自动流水线，以机械运用提高生产运作的效率 C_{1511}；基于管理信息系统规范化生鲜农产品的加工 C_{1512}；根茎类蔬菜的切配通过安装不同部件，在一条流水线上完成，另外几条线则生产绿叶菜、鱼类和肉类 C_{1513}；通过组建生鲜技术团队和菜品研发团队，完善标准作业程序和菜品研发 C_{1521}；主打的是产品差异化，在同样的价格下我厨产品的质量更高，在同样的质量下我厨产品的价格更便宜 C_{1611}；净菜是我厨的壁垒产品 C_{1612}；我厨针对客户的差异提供了净菜套餐，包括两份菜、三份菜等的差异化套餐服务 C_{1621}；为保证配送的规范性，对配送人员进行定期培训，以保证配送服务质量，使我厨具备了较高的配送水平 C_{1622}；我厨同时拥有 100 多个净菜半成品部件，在售的净菜超过 200 个，通过不同食材间的排列组合生成菜品，每两天就能研发一个新净菜 C_{1623}	C_{1511} 生产优势 C_{1512} 标准化加工 C_{1513} 生产能力 C_{1521} 研发团队 C_{1611} 产品差异化 C_{1612} 产品壁垒 C_{1621} 差异化服务 C_{1622} 服务标准化 C_{1623} 服务生产力	B_{151} 加工能力 B_{152} 研发能力 B_{161} 产品优势 B_{162} 服务优势	A_{15} 核心能力 A_{16} 运营优势

历经上述五阶段连续和不断推进的编码分析，从庞杂的原始数据中提炼与研究主题相关的概念，最终引入市场洞察、需求导向、竞争环境、经营理念、企业软实力、供应链重构、供应链透明化、供应链一体化、营销策略、供应链协同策略、线上线下协同策略、客户管理策略、成本管理、收入管理、核心能力、运营优势，共 16 个范畴。

3. 主轴性编码及选择性编码分析

1) 主轴性编码分析

开放性编码阶段对案例资料进行了抽象和提炼，但尚未分析各范畴间的关系。为研究各范畴间的关系，需要通过主轴性编码挖掘其间的逻辑联系，以发展和形成主范畴。通过我厨的案例分析，研究生鲜电商如何创建商业模式以实现产品服务增值，同时基于问题导向识别不同范畴间的逻辑关系，最后得到战略定位、资源能力、运作流程、收支管理及运营壁垒五个主范畴，主范畴及其对应的副范畴关系结构内涵如表3.6所示，副范畴间的逻辑关系及主范畴的提炼过程如下。

表3.6　主轴性编码及关系结构内涵

主范畴	副范畴	关系结构内涵
战略定位	竞争环境、市场洞察、需求导向、经营理念	从企业确定战略定位的过程看，我厨为在激烈的竞争环境中寻求出路，基于市场洞察挖掘消费者的增值性服务需求，进而以满足消费者服务需求为目标，确立企业经营理念
资源能力	企业软实力、供应链重构、供应链透明化、供应链一体化	为获取提供增值性服务的资源能力，我厨以企业软实力为基础，通过自建中央厨房，完善供应链资源结构，从而支撑企业创建商业模式。在此基础上，通过IT能力扩展，对供应链进行信息化管控，优化资源组合
运作流程	营销策略、供应链协同策略、线上线下协同策略、客户管理策略	为实现消费者需求的精准对接，推动生鲜农产品高效流通，我厨基于数字化营销和C2B+B2C+O2O的销售方式与消费者建立连接；进而基于供应链协同策略、线上线下协同策略完成价值创造和传递；最后，通过客户回报加强客户关系管理
收支管理	成本管理、收入管理	商业模式的实现离不开收支管理，我厨进行收支管理的目的之一是降低供应链的运作成本，其中的关键是对生鲜农产品损耗成本的管控；另一目的是基于增值性服务实现溢价能力的提升，以进一步推进商业模式的创建
运营壁垒	核心能力、运营优势	为避免同行模仿，导致商业模式的优势丧失，我厨以加工处理为核心服务，不断提高核心服务的标准化水平，并引入研发团队以获取动态需求匹配能力；同时基于产品优势和服务优势构建运营优势，最终形成商业模式运营壁垒

（1）战略定位。为在激烈的竞争环境中寻求出路，我厨试图基于市场洞察挖掘消费者需求，发现消费者具有生鲜农产品的加工处理需求、个性化服务需求和烹制指导等服务需求，能为自身的发展提供契机。在此基础上，我厨进一步分析市场价值、确定目标市场，精准抓取消费者痛点。紧接着基于消费者痛点，我厨设立以满足消费者增值性需求为导向、提高消费者价值的经营理念，从而推动企业创建商业模式。

（2）资源能力。为实现战略定位，我厨通过聘请专业人员、构筑组织软实力，弱化商业模式创建中的思维定式。进而通过整合供应链利益相关者，重构价值链，以获取提供增值性服务的资源需求。此过程中，我厨为确保自身在生鲜农产品供应链中的主导地位，通过自建供应链核心资源和其他辅助资源，完善价值链和资源结构。在此基础上，我厨通过开发 ERP、跟踪追溯等系统，促使生鲜农产品供应链中的各个流通环节实现信息化、透明化、一体化管控，提高供应链资源利用率。基于以上一系列举措，企业的资源能力逐渐形成。

（3）运作流程。获取增值性服务所需的资源后，为实现创新性价值创造，我厨首先考虑营销渠道、沟通方式等方面，即营销策略；其次是基于营销方式考虑生鲜农产品的采购策略、品质管理措施，并考虑如何基于资源能力进行产品和服务创新，以满足消费者的产品和服务需求，即供应链协同策略；再次是考虑价值传递方式，基于物流协同设定生鲜农产品配送策略，即线上线下协同策略；最后是考虑客户关系管理策略，以业务需要和消费者满意度为导向，不断调整和优化运作流程。

（4）收支管理。在收入管理上，我厨将生鲜农产品与多种增值性服务相结合，实现产品增值，进而提高企业的获利能力；此外，消费者的一站式购买需求，促使供应链经营全品类，全品类经营可使企业更好地满足消费者的多样性需求，从而有助于提升客单价。在成本管理上，我厨结合生鲜农产品的易腐性和供应链运作流程，对营销成本、采购成本、包装成本、损耗成本、生产成本等进行控制，降低生鲜农产品供应链的综合运营成本，并基于供应链协同获取成本优势。基于以上措施，我厨最终形成了"产品＋服务"的收入结构及更优的成本结构。

（5）运营壁垒。为获取商业模式竞争优势，我厨基于增值性服务构建产品优势和服务优势，并引入研发团队不断完善核心资源，进而基于菜品研发能力不断研发出新菜品，以不断匹配消费者的新需求。在此基础上，我厨基于加工能力、研发能力不断改善产品生产过程，优化服务生产的过程，最终形成商业模式的运营壁垒。

2）选择性编码分析

选择性编码是在主轴性编码的基础上进一步展开分析的，识别出核心范畴，使其对整个范畴的故事线形成统领。通过对范畴和概念间的对比分析，同时分析战略定位、资源能力、运作流程、收支管理和运营壁垒五个主范畴间的逻辑关系，得出核心范畴。我厨面向产品服务增值的生鲜电商 O2O 商业模式创建路径，如图 3.2 所示。

在面向产品服务增值的生鲜电商 O2O 商业模式创建路径中，首先，我厨在激烈的市场竞争下，基于市场洞察挖掘消费者的增值性服务需求，发现消费者的产品加工处理需求、个性化服务需求和烹饪指导需求等尚未得到满足；进而以满足消费者需求为导向，树立基于增值性服务提高消费者价值的经营理念，推动企业进一步从战略层面设计战略定位。其次，在战略定位的指引下，我厨

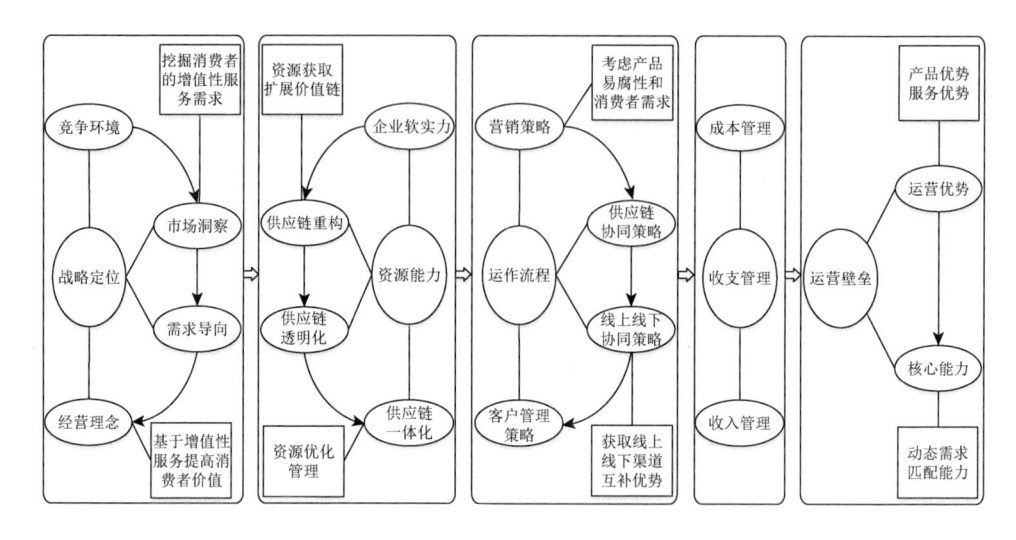

图 3.2　我厨面向产品服务增值的生鲜电商 O2O 商业模式创建路径

为获取增值性服务所需的资源，基于企业软实力推动供应链重构，并引入信息化管理系统推动供应链透明化、一体化，以优化资源配置并提高企业资源能力。再次，我厨通过考虑生鲜农产品的易腐性和消费者的增值性服务需求，并以推动生鲜农产品供应链高效运作、获取线上线下渠道互补优势为目标，基于营销策略、供应链协同策略、线上线下协同策略及客户管理策略等构建运作流程。更进一步，我厨通过支出管理降低供应链运作成本，同时以增值性服务提高企业获利能力。最后，我厨通过提高加工处理能力，不断深化产品优势和服务优势，以构建商业模式运营优势；进而通过净菜研发不断匹配消费者的动态需求，发展和形成企业核心能力。

3.2.2　面向产品服务增值的生鲜电商 O2O 商业模式实现路径构建

通过我厨的案例分析，得出我厨创建商业模式的过程构成要素及其逻辑关系。在此基础上，结合价值链理论，从价值发现、价值创造和价值实现三个维度，研究和构建面向产品服务增值的生鲜电商 O2O 商业模式实现路径（图 3.3）。

1. **价值发现：基于市场分析和市场定位确定生鲜电商发展战略**

在价值发现中，生鲜电商首先需通过市场分析，获取消费者的增值性服务需求；其次，从消费结构、市场规模和竞争层面进一步衡量增值性服务的市场前景，以辅助其找到价值较大、规模较大的目标市场并确定企业市场定位，进而设立既

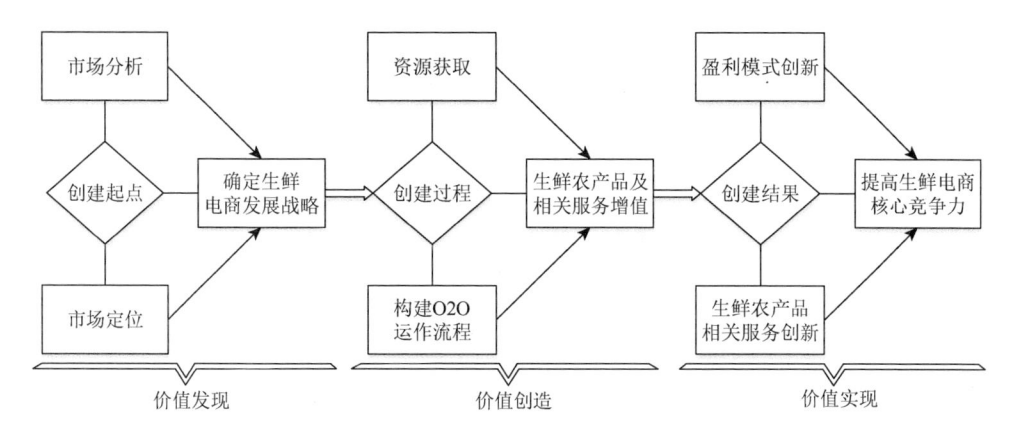

图 3.3 面向产品服务增值的生鲜电商 O2O 商业模式实现路径

充分考虑消费者增值性服务需求，又充分考虑自身运营成本、收入及潜在竞争对手的发展战略。

1）基于市场分析挖掘消费者增值性服务需求

市场需求导向下，消费者需求直接影响着生鲜电商的产品和服务类型，而消费者在不同消费场景和消费过程中的需求均有所差异，且需求的差异往往会为生鲜农产品相关企业的发展提供契机。因此，在分析消费者增值服务需求过程中，生鲜电商可以消费场景和消费过程为切入点，结合场景特点、产品特性、消费阶段特点及社会环境等因素，系统地挖掘生鲜农产品消费者增值性服务需求。如在线上消费场景下对消费者的增值性服务需求分析：由于生鲜电商的虚拟性，消费者不能对线上产品进行直接触摸和挑拣，增大了消费者的购买风险。此外，生鲜农产品有别于其他一般商品，其品质受生产、运输、加工、存储等环节的影响，并在采摘后随着时间的流逝而降低，且生鲜农产品品质无法简单地通过外观来判断。因此，在线上渠道购买生鲜农产品时，消费者缺乏有效的信息获取渠道来辅助品质判断，生鲜农产品购前存在着较大的信息不对称；加上近年来食品安全问题频出，消费者在购前越来越注重售前信息的可查询性，逐渐形成了购前信息的增值性服务需求。

2）基于增值性服务市场前景确定生鲜电商市场定位

在获取消费者的增值性服务需求后，生鲜电商需进一步分析增值性服务的市场价值。此环节中，首先以增值性服务本身为分析对象，结合消费者需求的缓急、市场现有提供方式、需求满足程度等综合考量增值性服务的价值。其次是从需求对象层面进行价值大小衡量，即从需求对象规模、需求对象收入、需求对象消费结构等维度进一步衡量增值性服务的价值，从而辅助自身缩小市场分析范围。再次是结合竞争环境，分析潜在竞争对手，考虑其能力能否满足消费者的增值性需求，进而推动目标市场的确定。最后，确定目标市场后，基于市场消费痛点，确定企业的发展方向；并考虑企业自身的综合能力，考查能否通过现有技术能力、运营能力等方面的提升，满足消费者的增值性服务需求，从而确定企业的市场定位。

2. 价值创造：通过资源获取与构建O2O运作流程实现产品服务增值

在价值创造中，资源获取和运作流程对价值创造起到决定性的作用。资源主要通过其种类的完备性影响价值创造，运作流程则通过资源配置的有效性影响价值创造。因此，在此环节中，生鲜电商首先需获取产品服务增值所需的资源，支撑价值创造；再通过构建O2O运作流程，充分发挥资源的价值创造力，实现产品服务增值。

1）基于供应链重构和人才引进获取价值创造所需资源

对生鲜农产品相关企业而言，生鲜农产品本身是其提供的传统产品，从产品价值转换到产品服务增值，必然会引发企业的跨界与融合，而跨界、融合下的价值链扩展与延伸，要求企业提高自身的价值创造力和管理能力。因此，提高企业的价值创造力和管理能力，对生鲜农产品相关企业实现产品服务增值显得尤为重要。此环节中，生鲜电商可通过供应链重构，在保留提供生鲜农产品本身所需资源的基础上，删减不必要的供应链节点，使供应链扁平化；同时通过重新设计供应链价值网络，整合增值性服务所需资源，并明确不同利益主体在价值创造中的业务结构、关系结构和利益分配方式，从而获取行业跨界经营中所需的价值创造力。此外，生鲜电商还需通过人才引进，整合服务管理（服务设计管理、服务质量管理、服务创新管理）所需的能力，满足行业融合发展下的管理需求，进而为实现生鲜农产品及相关服务的增值奠定资源基础。

2）基于生鲜农产品供应链协同策略构建O2O运作流程

在获取增值性服务所需的资源后，生鲜电商需进一步构建商业模式的运作流程，对供应链资源进行优化组合，以最大限度地发挥资源的价值创造力，实现产品服务增值。而在实际运作中，供应链节点企业往往会为实现自身利益最大化而制定各自的经营策略，从而导致供应链运作效率较低。因此，运作流程的构建可从供应链协同层面入手，使节点企业的经营策略与供应链的发展战略形成互相协同的关系。此环节中，生鲜电商可通过参与、指导其他成员的业务活动，发展供应链企业间的战略伙伴关系，推动供应链企业间的战略协同；进而在战略协同下基于信息共享，加强供应链工作流、信息流的一体化管理，使供应链各环节的业务实现并行和有效衔接，推动节点企业的业务协同；在此基础上，通过设计供应链采购、备货、品质管理等协同策略，提高供应链各环节的工作效率；进而通过产品协同、物流协同、营销协同等线上线下协同策略，获取渠道协同效应，完成运作流程的构建。

3. 价值实现：基于盈利模式创新和服务创新提高生鲜电商核心竞争力

在价值实现中，企业核心竞争力的构建，离不开盈利模式创新和服务创新。其中，盈利模式创新是支撑企业进一步发展和提升核心竞争力的经济基础；服务创新是面向产品服务增值的生鲜电商 O2O 商业模式中提升核心竞争力的关键步骤。因此，此环节中，生鲜电商首先需要进行盈利模式创新，使企业通过成本优势实现盈利，以支撑企业的进一步发展，在此基础上，通过服务创新推动企业核心竞争力的提升。

1）基于成本管理和收入创新驱动盈利模式创新

生鲜农产品的易腐性与消费者的品质化需求和服务需求，使得冷链、分拣加工线、配送团队成为生鲜电商的标配，这无疑加重了生鲜电商的运营成本；加上生鲜农产品毛利低，生鲜电商要实现盈利，其客户基数需要达到一定阈值，才能分摊运营中产生的成本。因此，生鲜电商有必要进行盈利模式创新，以降低运作成本并增加收入。此环节中，生鲜电商可从生鲜农产品的流通环节入手，降低采摘、包装、加工、配送等过程中的成本，并采取有效、低成本的传播策略（如口碑传播），降低营销环节的成本，从而降低企业的综合运营成本。与此同时，生鲜电商还可在产品服务增值的基础上，通过个性化定制服务，对企业的收入来源和收入能力进行创新，进而通过收入来源的扩展与收入能力的提升获得财务回报，回收经营成本并实现盈利，以支撑企业核心能力的构建。

2）基于价值共创和服务研发提高服务创新能力

互联网环境下，消费者与企业的沟通形式已由传统的单向传递转换为双向沟通，生鲜电商可通过线上渠道（生鲜社群、微博等）与消费者直接交互，为企业与生鲜农产品消费者进行价值共创奠定基础。此环节中，生鲜电商通过生鲜社群和微博等发布服务创新话题与消费者进行互动，引导消费者发表意见和讨论；并通过激发消费者表达，发掘消费者的新需求和其在服务创新中的异质性资源（个体智力、专业能力等），进而降低服务创新的难度。在此基础上，生鲜电商基于消费者的新需求确定创新方向，同时结合消费者创新能力与企业服务研发能力，缩短增值性服务的研发周期，推动企业服务创新能力的提升。服务创新能力的提升可使得生鲜电商在长期运作中，根据消费者需求的变化，快速更新产品和服务，进而通过不断满足消费者的新需求，确保市场份额并吸引新客户，推动核心竞争力的提升。

3.2.3 对行业与企业的启示

基于案例研究，分析了面向产品服务增值的生鲜电商 O2O 商业模式创建路径，得出了该商业模式创建过程的构成要素，分别为战略定位、资源能力、运作流程、收支管理及运营壁垒。在此基础上，通过分析各要素间的联结关系，从价值链理论视角构建了面向产品服务增值的生鲜电商O2O商业模式实现路径。该路径有助于生鲜电商准确把握消费者的增值性服务需求，打开市场切入点，并通过资源获取和运作流程构建支撑企业实现产品服务增值，最终通过盈利模式创新和服务创新提升企业核心竞争力，实现面向产品服务增值的生鲜电商O2O商业模式构建。

基于以上研究，得出以下启示。

（1）基于社群互动提高生鲜电商市场洞察力。良好的市场洞察力可使生鲜电商及时地发现市场需求的变化，进而通过调整自身发展战略，实现"变道"并取得发展。因此，良好的市场洞察力对推动企业的发展显得尤为重要，生鲜电商有必要通过提高自身的市场洞察力，加强企业的市场应变能力。在此过程中，生鲜电商可基于生鲜社群与消费者互动，通过为其提供在线分享、交互等服务，加深社群成员对彼此的认识和信任，使消费者在社群上找到具有共同兴趣爱好的社群成员，进而发展和形成社群用户小群体。而由于小群体用户间具有更高的信任度，加之受共同兴趣爱好的驱使，消费者在社群上参与话题讨论、分享的积极性会不断提高，进而使得社群互动所产生的消费者数据逐渐增多，最终形成海量数据。在此基础上，生鲜电商基于数据分析，从消费者收入、消费习惯等方面，多维度、系统地挖掘消费者潜在需求，以提高企业对市场需求变动的预测能力，从而使企业形成良好的市场洞察力。

（2）以业务需求和客户满意度为导向不断优化运作流程。企业外部环境的不断变化决定了运作流程的构建不能一蹴而就，生鲜电商需以业务需求和消费者满意度为导向，不断做出改进。此环节中，生鲜电商为适应外部环境的变化，需通过不断扩展和更新自己的业务完善价值链，这要求生鲜电商对运作流程做出相应的优化。而运作流程的优化不是简单地对管理策略做出调整，需要以消费者满意度为导向，以实现更快、更高效地为生鲜农产品消费者提供产品和服务为目的，从营销策略、供应链协同策略、线上线下协同策略和客户管理策略等层面，系统地优化供应链成员企业间的业务对接，以满足企业进一步发展的需要。

（3）提高企业核心能力推动生鲜电商实现持续盈利。提高盈利能力是商业模式创新的基本目的，但要使企业实现可持续健康发展，生鲜电商还应提高自身的核心竞争力，进而通过核心竞争力支撑企业在长期运作中实现持续盈利。因此，生鲜电商通过构建新的商业模式并初步实现盈利，仅能说明实践方向的正确性。生鲜电商还需基于消费者痛点和增值性服务的提供过程，确定产品服务增值中的关键环节，推动企业通过业务聚焦，集中自身的人力、财力和物力来发展和提高核心能力，推动企业在长期运作中形成抵御竞争对手、遏制潜在竞争对手的运营优势，进而使企业在激烈的市场竞争环境中生存和发展。

3.3 生鲜农产品供应链"互联网+"农消对接渠道模式及实现路径

为了注重消费者需求，顺应市场变化，同时解决以小农户为生产经营主体的小规模生鲜农产品生产和流通模式的困境，生鲜农产品供应链逐渐向生产端和消费者直接连接的方向发展。"农超对接"和"农社对接"模式在一定程度上解决了传统生鲜农产品供应链流通渠道过长的问题，但位于供应链两端的农户和消费者的利益仍未得到充分的重视和体现。随着"互联网+"行动计划的提出与落实，中央一号文件多次提出深入推进"互联网+农业"，为农消对接模式的发展提供了条件。农消对接推动生产端与消费者越过中间商直接交流并完成交易，使得供应链整体效率得到提高，在一定程度上缓解了生鲜农产品高损耗、产品供需不匹配、食品安全隐患等问题。农消对接模式能够拓宽农户的收入来源，实现农户增收，更好地保障消费者的利益。然而，该模式还处于萌芽阶段，在具体运作方面无实践经验可循，更无系统性的理论进行指导。生鲜农产品供应链中农消对接模式的实现路径问题亟待研究。鉴于此，本节对农消对接模式进行研究，遵循"形成动因→实现过程→实现结果"的逻辑，从消费者需求出发，探索生鲜农产品供应链中农消对接模式的实现路径，构建农消信任共同体，以期为我国农消对接模式的发展提供理论基础与参考依据。

3.3.1 农消对接模式的典型案例分析

1. 研究方法

探究农消对接模式的实现路径，需要对农消对接模式的形成动因、运营机制等方面进行探索，案例研究适合过程型和机理型问题的研究，旨在探讨"为什么""怎么样"性质的问题，适宜采用案例研究的方式，揭示农合组织如何通过互联网与消费者对接，并采用何种方式吸引和维系消费者。

实践中已有部分农合组织对农消对接进行了尝试，这些农消对接实践在战略和行动等方面具有多样性。从消费者需求层次视角出发，探索如何通过农消对接模式的不同实现路径满足消费者需求，需要在不同实践中进行多维度对比分析，因此相对于单案例研究，本节更适宜采取多案例研究的方式剖析不同案例企业的共性与差异，有助于提高研究的信度和效度，探讨互联网环境下农消对接商业模式下农合组织与消费者如何相互选择并进行有效对接。

2. 样本选择

1）抽样原则

根据典型性原则和理论抽样原则，本书搜集以生鲜农产品及其相关服务为主营业务的企业案例，对这些案例进行初步考查后再进行筛选。案例筛选遵循以下原则：①所选案例与研究问题契合；②所选择案例企业在行业中发展势头良好，有较完整的信息以供支撑研究，具有代表性。另外，多案例研究中要遵从复制法则，其中，逐项复制注重所挑选出来的案例能产生相同的结果，差别复制注重所挑选出来的案例由于可预知的原因产生与前一研究不同的结果。根据案例筛选原则，并考虑到逐项复制和差别复制的需要，本书最终选取 4 家案例企业进行研究，分别为京东生鲜、域农网、北京小毛驴市民农园及重庆又见炊烟有机农场。这 4 家案例企业在经营模式上既有共性又具差异性，其共性表现在 4 家案例企业均致力于促进农合组织与消费者的对接，无中间流通环节，属于四种典型的农户和消费者直接交易的经营形式。差异性表现在不同的案例企业在具体的业务模式上又各具特色。京东生鲜和域农网均为线上生鲜农产品销售平台，分别采取现货直销和产品预售形式，其经营范围辐射到全国消费者；小毛驴市民农园和又见炊烟有机农场属于线下体验型农场，分别采取租地种植和观光农业形式，属于本地性经营，其经营范围只覆盖了区域消费者。案例企业基本情况如表 3.7 所示。

表 3.7 样本案例基本情况

名称	创建时间	主要业务	经营方式	经营范围
京东生鲜	2015 年	现货直销	线上销售	全国性
域农网	2016 年	产品预售	线上销售	全国性
小毛驴市民农园	2008 年	租地种植	线上推广，线下农场体验	本地性
又见炊烟有机农场	2016 年	观光农业	线上推广，线下农场体验	本地性

2）案例概况

京东生鲜是京东平台下的一个经营模块，于 2015 年正式上线，以扶持农业企业为目标，通过对农业企业进行资质审核，允许具有一定规模的农业企业入驻平台销售自产的生鲜农产品，并通过京东物流或第三方物流配送到消费者手中。京东生鲜凭借京东商城的规模优势和流量优势，建立生鲜农产品线上销售平台，促使农合组织和消费者无缝对接。

域农网于 2016 年成立，是中华全国供销合作总社为响应国家农业发展政策而发起的线上农产品预售平台，吸引农业企业和农民专业合作社加盟入驻平台预售生鲜农产品，从而根据消费者的线上订单组织生产，推动订单化农业，并为其提供金融、保险等支持服务。域农网以预售为基础，并开设现货直销、一域一品、企业团购等功能板块，致力于提升农户生活水平，并向消费者提供安全、健康的生鲜农产品。

小毛驴市民农园于 2008 年建立，位于北京市海淀区苏家坨镇后沙涧村，是中国最早一批进行"社区支持农业"模式实践的农场，即向城市居民出租农场菜地，使市民可在租用菜地上自行种植蔬菜，由农户向市民提供技术指导与托管服务。同时，小毛驴市民农园充分利用其农业资源，定期举办农业技术交流会，也会在农场内开展自然教育活动，吸引更多市民加入。

又见炊烟有机农场于 2016 年建立，位于重庆市巴南区石龙镇，是一家集果蔬种植销售与休闲度假于一体的有机生态农场。消费者可以在又见炊烟有机农场购买生鲜农产品，也可以直接在农场就餐品尝，同时消费者可与农户亲密接触，感受农耕文化，享受到农场提供的住宿、观光、垂钓、采摘、手工等娱乐服务。

3. *数据来源*

研究团队坚持以开放的态度收集数据，排除先入之见，对案例企业进行了长达 4 年的追踪，通过多种渠道收集数据，包括一手数据和二手数据。

一手数据是研究资料的主要内容，具体来源如下：①实地观察。研究团队对案例企业进行了多次实地调研，参观企业环境，统计客流量，并观察经营人员的工作内容、工作量及工作态度等方面，以便深入了解案例企业的经营情况。②人员访谈。研究团队先后对四家案例企业的相关人员进行了多人次半结构式访谈与交流，在访谈前团队内部多次讨论形成访谈提纲，具体访谈人员包括企业负责人、参与的农户、运营人员、客服人员等，此外，消费者数据也是研究中不可忽视的重要资料，因此研究团队对四家案例企业的许多消费者也进行了深入访谈，以掌握消费者意愿和行为。③参与式调研。在进行案例研究的过程中，不仅要作为局外人对案例企业进行调研观察，从而获得客观数据，还应该作为局内人进行主观体验，这样能够融入案例企业，获得客观观察时不易获得的数据。因此，研究团队人员也多次作为顾客到案例企业进行消费与体验，如在京东生鲜和域农网平台购买生鲜农产品，也去小毛驴市民农园和又见炊烟有机农场参与农事工作和休闲活动。为保证数据准确性，数据搜集过程遵循艾森哈特的"24 小时原则"（毛基业和陈诚，2017）。

二手数据对一手资料起辅助作用，具体来源如下：①网络媒体资料。受宏观环境和行业动向影响，案例企业的创立与运营受到较大关注，网络上可搜集到大量媒体新闻、专题访谈等内容，本书对该部分资料进行了收集与整理。②企业提供的官方资料。案例企业拥有其官方网站和社交运营账号，可通过这些途径获得企业的公开资料，以及客户的反馈和互动，本书对这些资料进行了系统的梳理。

③文献搜集。查阅知网、万方等中文文献数据库，以案例企业名称进行全文搜索，对搜索结果一一辨别、筛选，提取与本书有关联的内容，作为重要研究资料。

为确保研究的效度和信度，必须保证数据的可靠性，遵循"三角验证"原则，因此研究人员将不同渠道收集到的所有资料汇合在一起进行了交叉验证。

4. 数据处理

为降低案例研究结论的主观性，本书根据质性研究的规范性原理与过程处理数据，将数据处理过程分为数据缩减、数据陈列、结论及验证三个阶段。

在数据缩减阶段，由于初始数据量庞大，不利于后续的编码工作，研究团队对所有的一手数据和二手数据进行整理与分类，将四个案例企业的数据归为A、B、C、D四类，京东生鲜的一手资料为A1，二手资料为A2；域农网的一手资料为B1，二手资料为B2；小毛驴市民农园的一手资料为C1，二手资料为C2；又见炊烟有机农场的一手资料为D1，二手资料为D2。基于分类数据，研究团队简化并提炼出与研究相关的数据内容。简化数据后，研究团队的人员共同讨论确定编码规则，同时将团队成员分为3组，每组2人，采用背靠背方式各自编码。编码时，编码人员首先对简化后的数据进行概念化和初始编码，并根据"形成动因—实现过程—实现结果"的框架将初始编码归入不同的范畴，并使范畴之间形成故事发展的过程性形式。

在数据陈列阶段，将不同编码小组形成的编码汇总进行比对，相互讨论以不断修正编码，甚至需要对部分编码规则进行改进，直至形成最终的编码结果，保证四个案例企业的编码正确且统一，并使得编码、案例数据与研究主题三者达到最优匹配。其中，讨论的形式分为组内讨论和组间讨论，团队成员对意见不一致的部分反复商榷，还可请第三方人士进行评判，最终达成一致。通过多方讨论，研究团队确定了最终编码，对这套编码进行比较分析后得出的研究结论更具信度和效度。

在结论及验证阶段，研究团队根据最终形成的初始编码与范畴，对四家企业农消对接模式实现路径中的"形成动因""实现过程""实现结果"进行比较，分析对比不同案例中农户和消费者在每一阶段的行为模式、交流对接等方面，从而得出研究结论，提出研究命题。最后，对研究过程进行检视和验证，不断修正理论，保证实现路径、案例数据和命题契合。整个数据处理的过程是反复与迭代的，直至理论饱和。

3.3.2 农消对接模式的实现路径

农消对接作为生鲜农产品供应链的新型模式，目的是促进农户和消费者直接对接，但在经营形式上具有多样性，模式实现也并非遵循单一路径。根据案例企业数据，识别出不同实现路径的关键因素，再分析不同路径的实现方式。

1. 消费者需求识别

从客户关系管理理论的角度出发，把客户需求置于决策出发点能够使得企业与客户的关系更紧密。农消对接的核心是拉近农户与消费者的关系，把握消费者需求是实现对接的基础，因此重视消费者需求是前提，生鲜农产品消费者的需求因素即为实现路径的关键因素，而根据案例资料，需求因素具体可以从需求类型和需求即时性两方面区分。

1）需求类型

长久以来，商品主导逻辑在市场上占据主要地位。随着消费者观念向精神方面的满足感延伸，出现了以服务为主导逻辑的新视角，尤其是在产品同质化情况下，服务主导逻辑成为企业运营的新思路。通过对案例企业消费者的访谈资料编码得出，京东生鲜和域农网消费者的消费需求主要体现在"产品品质需求""产品种类需求""物流服务需求"等（表3.8），体现其主要消费对象是产品价值，主要目的是实现产品交付；小毛驴市民农园和又见炊烟有机农场消费者的消费需求主要体现在"体验服务需求""娱乐服务需求""产品品质需求"等，体现出这类消费者尽管对产品有需求，但其主要消费者对象是服务价值，主要目的是体验涉农文化。针对生鲜农产品这类个性化需求低的产品，仅从产品层面无法对需求进行挖掘和区分，因此，我们从主导逻辑的视角出发，根据消费者对产品和服务的需求比重区分出"强产品"型需求和"强服务"型需求。表3.9说明了两种需求类型的特征。

表3.8 需求挖掘阶段的主要特征及证据举例

阶段	维度	主要构念	证据事例（典型援引）
需求挖掘	"强产品"型需求	产品品质需求	生鲜产品经过许多中间商环节，食品安全问题无法追责，新鲜度也无法保证（B1）
		产品种类需求	消费者对一些区域特色农产品有需求，但所在地可能没有这些产品出售（B1）
		物流服务需求	生鲜农产品线上下单，包装好配送到家，极大地便利了消费者（A1）
		售后服务需求	消费者在网上买水果时，会遇到产品有损坏或者和预期不符的情况，售后服务就很重要了（A1）
		等待时间需求	能快速配送比较好，但是对于一些口碑好的非应季产品也可以等一段时间（B1）
	"强服务"型需求	体验服务需求	许多城市居民对生鲜农产品生长过程知之甚少，向往田园文化，渴望体验农事劳动过程（C2）

续表

阶段	维度	主要构念	证据事例（典型援引）
需求挖掘	"强服务"型需求	娱乐服务需求	平时的都市生活压力太大，但是出去旅游又太花费时间，能够回归乡村是一个很好的选择，欣赏田园风光，释放压力（D1）
		产品品质需求	消费者对生鲜农产品质量不放心，对农产品品质需求高的消费者需要亲眼看到产品种植与生长状况（C1）
		服务时间需求	长期的耕种服务能让消费者了解植物的生长过程（C1）；消费者需要的是短期以娱乐为主的服务（D1）

表3.9 消费者需求特征对比

特征	"强产品"型需求	"强服务"型需求
需求类型	物质消费需求	精神消费需求
主要消费对象	产品价值	服务价值
消费目的	产品交付	涉农文化体验
需求产生频率	高频	相对低频
需求影响因素	产品价格、产品品质、获取便利程度	服务水平、消费环境、活动丰富程度

2）需求即时性

根据编码进一步发现，在同一种类型需求下，还存在需求满足时效性的差异。"强产品"型需求下，京东生鲜现货销售模式可以在消费者下单后立即发货，消费者的产品与增值服务需求在短期内即可满足，而域农网的预售方式则需要消费者等待产品成熟收获后才可获得产品和增值服务，消费者也愿意付出等待时间；"强服务"型需求下，又见炊烟有机农场服务于前来旅游观光的消费者，获取产品无须等待，体验服务也可一次性满足，而小毛驴市民农园的消费者自己租地种植生鲜农产品，产品获取周期较长，体验服务需求也是分多次满足的。因此，考虑到消费者需求的即时满足和延迟满足，需要即时满足的产品和服务需求为即时性需求，产品需要等待、服务也可分多次满足的需求为非即时性需求，由此形成了同种需求类型下的不同层次。

3）对接路径选择

要做到吸引和对接消费者，企业运营的主导逻辑须匹配消费者需求，因此以消费者需求为关键变量，针对两种不同类型需求提出了两条农消对接实现路径，分别为"强产品"型对接和"强服务"型对接。针对"强产品"型需求，农合组织主要依托生鲜农产品与消费者对接，即"强产品"型对接；针对"强服务"型需求，农合组织主要依靠体验服务与消费者对接，即"强服务"型对接。同时，不同的需求时效性导致一条实现路径下具有不同的经营侧重点,从而形成了具体经营形式的差别(图3.4表示不同需求下的经营形式)。值得指出的是,农合组织不只局限于单一的对接形式,而是可以根据自身的规模条件选择多种对接形式。以下对两种实现路径及其具体形式进行分析。

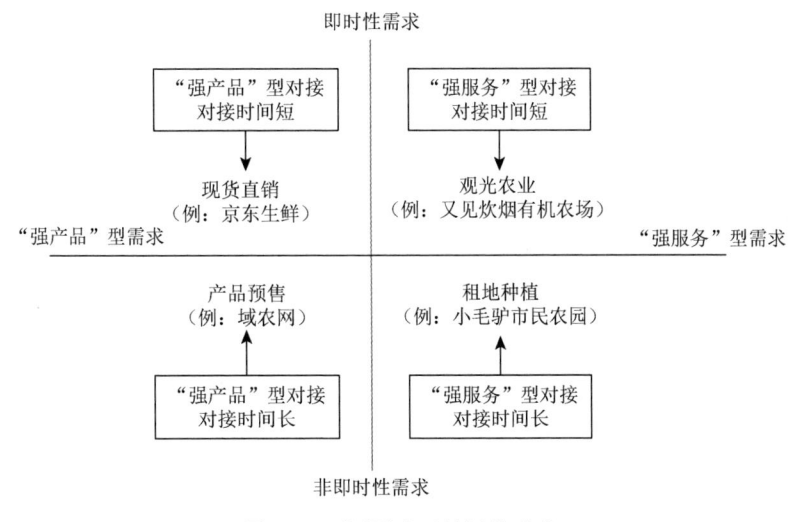

图 3.4 不同需求下的经营形式

2. "强产品"型农消对接

由上文分析可知,"强产品"型农消对接主要服务于消费者的"强产品"型需求,整个对接过程为农合组织与消费者之间单纯的生鲜农产品交付过程,经营宗旨是向消费者提供生鲜农产品,同时为提高生鲜农产品的质量感知,提供与产品相关的增值服务。图3.5展示了"强产品"型农消对接路径。

1) 形成动因

农消对接作为近年来兴起的新型交易模式,是对传统生鲜农产品供应链的一次重大挑战与改革,该模式的形成受诸多因素的驱动。通过编码发现,针对消费者"强产品"型需求,"强产品"型农消对接的形成因素主要来源于以下三个方面,即渠道因素、农户资源因素及外部工具。

(1)渠道因素上,传统渠道中强势中间商和过多的流通环节是生鲜农产品供应链的痼疾,给农户和消费者带来巨大压力,迫使双方寻求"强产品"型农消对接模式转型路径。强势中间商的存在削弱了农户在供应链中的话语权,导致农户利益受损,且过长的流通渠道造成产品损耗严重,给消费者带来对食品安全问题的担忧。京东生鲜和域农网提供了农户与消费者对接交易的平台,摒弃强势中间商,使得农合组织真正接触市场,切实给农合组织的收入带来显著改善。

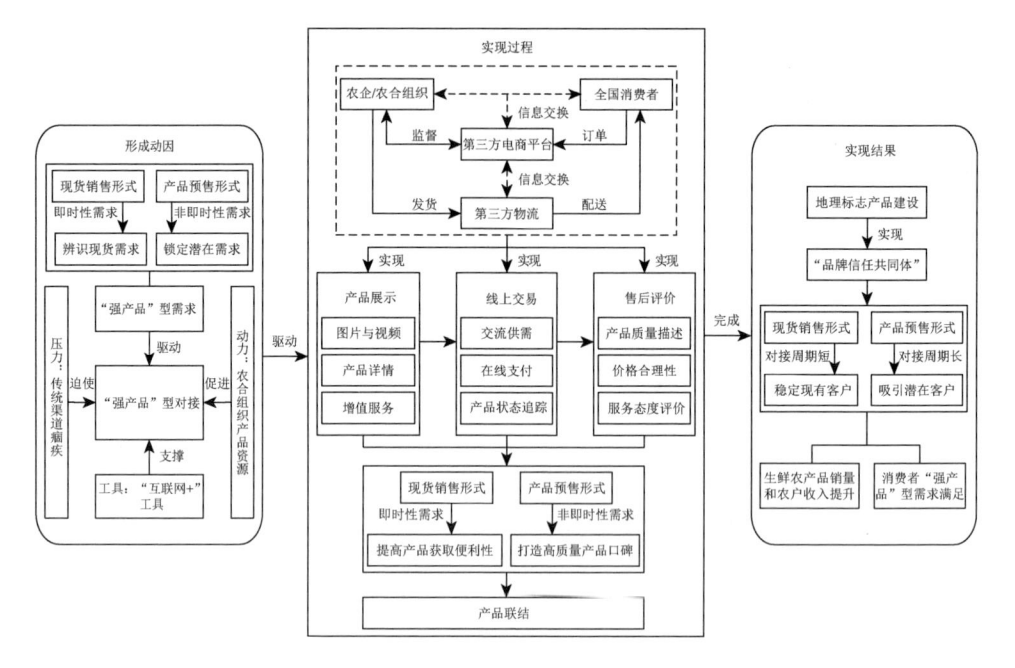

图 3.5　农消对接实现路径一："强产品"型农消对接

（2）资源因素上，农户自身拥有的产品资源可以带来更多潜在收益，成为"强产品"型农消对接模式实现的动力。我国农村区域分布广阔而分散，农户往往以家庭为单位从事农业活动，规模极小，抗风险能力弱，也没有能力参与除生产种植以外的其余事务。随着单个农户逐渐意识到自身的弱势地位，同一地区的小农户开始集结起来，形成规模较大的农合组织。入驻京东生鲜和域农网的农合组织集结了单个农户的资源，形成规模经济，发展生鲜农产品质量和产量等方面的优势，不仅提高了自身对批发商的议价能力，还具备了直接接触最终市场的条件，扩大了生鲜农产品销售渠道。

（3）应用于将产品推向消费者的"互联网+"工具是"强产品"型农消对接模式实现的支撑。京东生鲜和域农网依靠平台影响力和流量优势，在需求端和供应端有积极作用。在供应端，京东生鲜及域农网吸引了众多农合组织入驻，同时对农合组织进行资质审核与产品监督，保证产品来源与农合组织服务能力，也使得许多地方特色农产品可以进入大市场，形成了强大的供应源；在需求端，京东生鲜、域农网也招徕了大量的消费者进入平台，详细的产品信息便于消费者在不同商户间进行比较，减少消费者搜索时间与搜索成本，形成了巨大的需求端。强大的供应源与巨大的需求端共同作用，促成了消费者与农合组织打破空间壁垒进行供需匹配，实现低成本、高效率的线上交易。

由于需求的即时性不同，在路径形成阶段，农合组织需要对消费者的"强产品"型需求进行识别。京东生鲜消费者的"强产品"型需求需要即时满足,农合组织通过辨识现货需求,采用现货销售的方式快速交付生鲜农产品;域农网消费者选择延迟满足以获得更新鲜、高质的生鲜农产品,为了锁定潜在需求,农合组织将销售环节前置,通过预售方式预先获得订单。

综上,从消费者的"强产品"型需求出发,迫于过长流通渠道与强势中间商的压力,农合组织充分识别与利用其自身的产品资源优势,并应用"互联网+"工具向消费者直接推销优质生鲜农产品,由此形成了"强产品"型农消对接模式。

2)实现过程:第三方电商平台管理下进行产品联结

"强产品"型农消对接的实现过程就是农合组织通过第三方电商平台开展营销,使消费者了解产品,从而产生购买欲望并达成交易。京东生鲜和域农网消费者需求为"强产品"型需求,消费者的行为模式往往遵循"搜索→浏览→下单→收货→评价"这一过程。入驻京东生鲜和域农网的农户会在平台上利用文字、图片和视频的方式展示生鲜农产品信息,如产品价格、产地、大小、重量等基本信息,以及生长环境、种植方式等生产过程信息,还有消费者的售后评价,让消费者对产品质量有更加深入的了解,从而吸引消费者。然而,由于京东生鲜和域农网消费者在产品需求的即时性上存在差异,其经营模式也不完全相同(表3.10为"强产品"型需求下两种具体经营形式的对比)。

表3.10 "强产品"型需求下两种经营形式对比

项目	现货销售形式	产品预售形式
消费者需求	即时性需求	非即时性需求
对接时间	生鲜农产品成熟后	生鲜农产品生产前或生产中
对接优势	农合组织无须定期向消费者汇报产品进度、对接成本低 消费者获取产品便利性高	农合组织提前获知消费者需求,预先获得资金 消费者获得的产品新鲜度更高、货源充足
经营难点	农合组织需付出仓储成本、滞销产品会产生损耗	预售过程中需不断向消费者报告项目进度、消费者等待时间较长可能会放弃交易

(1)现货销售:以产品获取便利性进行联结。京东生鲜属于现货销售,其消费者更注重获取产品的时间价值,偏向于在较短时间内获得产品,其需求属于即时性物质消费需求,满足该类需求需要较高的时效性,现货销售形式是在生鲜农产品成熟后再进行销售,消费者下单后立即发货,避免消费者下单后等待时间过长,农合组织无须向消费者汇报产品生产进度,对接成本低。

消费者在京东平台上搜索生鲜农产品,浏览产品详情,也可通过平台随时向农合组织咨询产品信息。消费者下单后,农合组织汇集平台上的消费者订单后发货,利用第三方物流将产品配送至消费者手中,物流数据实时更新到互联网平台,提高消费者在交易过程中对产品状态的把控性,产品价格也更加稳定。这种交易方式下,生鲜农产品从产地直发给消费者,耗时短,损耗少,保障了生鲜农产品的新鲜程度,还会提供一些附加服务(如包装服务、售后服务等)来提高消费者获取便利性,节省了消费者的时间与精力。然而,现货销售的形式需要农合组织付出一定的仓储成本,在没有稳定的消费者需求的情况下,生鲜农产品滞销也会带来损失。

(2)产品预售:以高口碑产品进行联结。域农网主打生鲜农产品预售,是考虑到生鲜农产品具有季节性、易腐性等特征,将零售环节前置,消费者在"下单→收货"这一过程中的等待时间较长。入驻域农网的农合组织在产品生产前或生产中就与消费者对接,获得消费者订单,生鲜农产品收获后立即安排配送,使得产品到达消费者手中时更为新鲜,且相对现货销售阶段,预售阶段的产品价格相对低,对消费者具有一定的吸引力。此外,我国生鲜农产品市场存在高端产品匮乏的问题,不仅由于高端产品生产成本高,更因为高端生鲜农产品对运输、保鲜的要求更高,若产品损耗会导致更大损失。少量的高质量生鲜农产品一上市就遭到哄抢。例如,知名的地理标志产品阳澄湖大闸蟹,往往供不应求,导致售价较高,甚至出现假冒伪劣产品。消费者通过域农网直接向农合组织预定产品并支付定金,为生产高端生鲜农产品提供了资金和市场,也保障了产品来源和质量安全,农合组织可根据产品预售情况安排生产,产品收获后优先满足预定消费者需求。因此,预先抢购到更高品质、好口碑的产品才是消费者参与预售的关键因素,因而域农网的消费者愿意为此付出产品等待时间。然而,产品预售形式下,农合组织与消费者的交易关系持续时间长,农合组织需要进行消费者管理,定期向消费者报告产品进度,若产品没有足够的吸引力,还会导致消费者因等待时间较长而放弃交易。

3)实现结果:打造生鲜农产品地理标志促成"品牌信任共同体"

农合组织与消费者首次交易后,建立了一种短期交易关系,收货后消费者可在第三方电商平台上进行售后点评,为其他消费者提供参考,若有问题也会得到及时反馈。但对农合组织来说,我国生鲜农产品同质化严重,市场竞争激烈,难以实行产品差异化营销策略,且生鲜农产品生产成本相近,打价格战则会损害农合组织的利益,客户口碑才是吸引和维系消费者的关键,因此可以通过打造生鲜农产品地理标志来克服经营难点。农合组织在与消费者直接对接交易过程中建立产品品牌信任,向消费者提供良好的消费体验以获取消费者良好的售后评价,有利于农合组织打造生鲜农产品地理标志,不仅能增加产品价值,更能增强消费者的信赖,推动农合组织和消费者形成"品牌信任共同体"。

(1)现货销售:稳定现有客户。借助京东平台,消费者和生鲜农产品生产者以低成本实现了即时通信,消费者可在京东平台上与生鲜农产品生产者直接联系,农合组织也可以通过平台更好地了解消费者需求,有效改善了生产端与需求端信息不对称状况，以需定产，产品损耗少，使农合组织更好地服务于客户，从而满足客户需求。生鲜农产品从产地直发，流通时间短，产品新鲜度更高，电子支付方式也使得农合组织能快速收回货款，建立起农合组织和消费者之间的产品信任。当消费者再次产生需求时，出于产品信任和地理标志品牌认可，消费者便会进行复购，农合组织与消费者的关系从起初的金钱交易转化为"品牌信任共同体"，从而刺激消费者重复购买，增强了消费者黏性，为农合组织提供了稳定的市场需求，避免产品滞销损耗。

（2）产品预售：吸引潜在客户。对农合组织来说，以往中间商压低生鲜农产品收购价格，导致单个农户收入较低，甚至造成增产不增收的局面，损害了农户生产高质量产品的积极性。域农网为全国各地的农合组织提供了预售平台，提前锁定消费者订单，预先获得资金用于高质量生鲜农产品的生产。域农网的预售形式拉长了销售战线，使高质量产品口碑不断发酵，形成品牌效应，集结更多潜在消费者，从而增加了农合组织销售收入。此外，相较现货销售形式，能通过互联网提前获知市场需求，按需种植规避了生产浪费，且省去了库存成本，进一步提高了农合组织的收入。

对消费者来说，预售模式下产品收货等待时间较长，但更易获取消费者的产品信任。考虑到要经历较长的流通过程，生鲜农产品在传统模式下往往在只有七八分甚至五六分熟时就被摘下，到达消费者手中时口味不佳，甚至导致追求经济利益的不良商家滥用食品添加剂，食品安全得不到保障。农合组织在域农网进行预售，提前获得了消费者的订单，可以在生鲜农产品更加成熟时现摘现发，提高产品口感的同时保障食品安全，增强了消费者对生鲜农产品地理标志的信任与依赖，从而借助"品牌信任共同体"的口碑效应吸引更多的消费者参与预售。表3.11列举了"强产品"型农消对接路径的主要特征及证据举例。

表 3.11 "强产品"型农消对接路径的主要特征及证据举例

阶段	维度	主要构念	证据示例（典型援引）
形成动因	渠道压力	中间商压迫	中间商的存在使得农户和消费者供需不匹配、没有话语权，甚至引发食品安全问题，损害双方利益（A2）
		流通损耗	由于流通环节过多，生鲜农产品流通过程中损耗较大（A1）
	农户资源	产品数量优势	农合组织的产品数量形成规模，有能力去开辟新的销售渠道，赚取更多利润（B1）
		产品品质优势	农户资源的整合使得种植/养殖更加科学,产品品质得以提升（A1）
	"互联网+"工具	线上交易	以前农户和消费者无法接触，但如今农合组织和消费者可以直接在网络上进行产品交易（A2）
		信息交互	互联网信息传递成本低、速度快，有利于农户和消费者的供需匹配和沟通交流（B1）

续表

阶段	维度	主要构念	证据示例（典型援引）
实现过程：第三方电商平台管理下的产品联结	京东生鲜（现货直销）：产品获取便利性联结	第三方电商平台	京东商城的影响力和客流量较大，各方面的功能比较健全，入驻京东商城销售生鲜农产品可显著提升销量（A1）
		产品交易	京东生鲜消费者可以通过文字、图片甚至视频了解产品信息，直接进行线上交易，还可以进行售后评价（A1）
		节约时间精力	京东生鲜聚集大量产品，消费者在搜索、比价的时候花费的时间和成本较少，能较快拿到产品（A1）
	域农网（产品预售）：高口碑产品联结	第三方电商平台	域农网是中华全国供销总社发起创办的，消费者比较认可（B2）
		产品交易	除了产品的基本信息外，合作社还需呈现生鲜农产品的生产进度，消费者可以追踪产品状态和售后评价（B1）
		火爆产品	许多高质量生鲜农产品往往会供不应求，需要提前预订（B1）
实现结果：通过打造地理标志产品，建立"产品信任共同体"	京东生鲜（现货直销）：稳定现有客户	供需匹配	消费者和农户直接沟通，消费者可以了解产品情况，也可以向农户提出自己的个性化增值服务需求（A1）
		快速回款	消费者购买产品时支付的货款暂时由京东平台保管，等消费者收货后支付给农户（A1）
		稳定市场需求	在产品符合消费者预期的情况下，由于产品在品质和价格方面的差异化程度较小，消费者转换店铺的意愿较低（A1）
	域农网（产品预售）：吸引潜在客户	食品安全	提前获知消费者需求后，生鲜产品可以现摘现发，减少产品损耗，保障产品品质（B1）
		口碑发酵	预售模式拉长销售战线，产品口碑持续发酵，吸引更多消费者（B2）
		预付货款	消费者需提前支付货款，既锁定了消费者订单，又能给农户提供资金支持（B2）

遵循"形成动因—实现过程—实现结果"的逻辑框架，通过上述分析，得到以下命题。

命题 1：生鲜农产品供应链"互联网+"农消对接模式中，"强产品"型农消对接路径经历了产品需求辨识、产品联结、"产品信任共同体"构建这三个阶段。

（a）针对即时性"强产品"型需求，对接周期较短，具体实现路径为"现货需求辨识→提高获取便利性→稳定现有客户"。

（b）针对非即时性"强产品"型需求，对接周期较长，具体实现路径为"潜在需求锁定→打造高质量产品口碑→吸引潜在客户"。

3. "强服务"型农消对接

由上文分析可知，"强服务"型农消对接主要服务于消费者的"强服务"型需求，整个对接过程为消费者到农合组织所在地的消费体验过程，强调农合组织在生鲜农产品交付过程中向消费者提供的涉农文化体验服务。图 3.6 展示了"强服务"型农消对接路径。

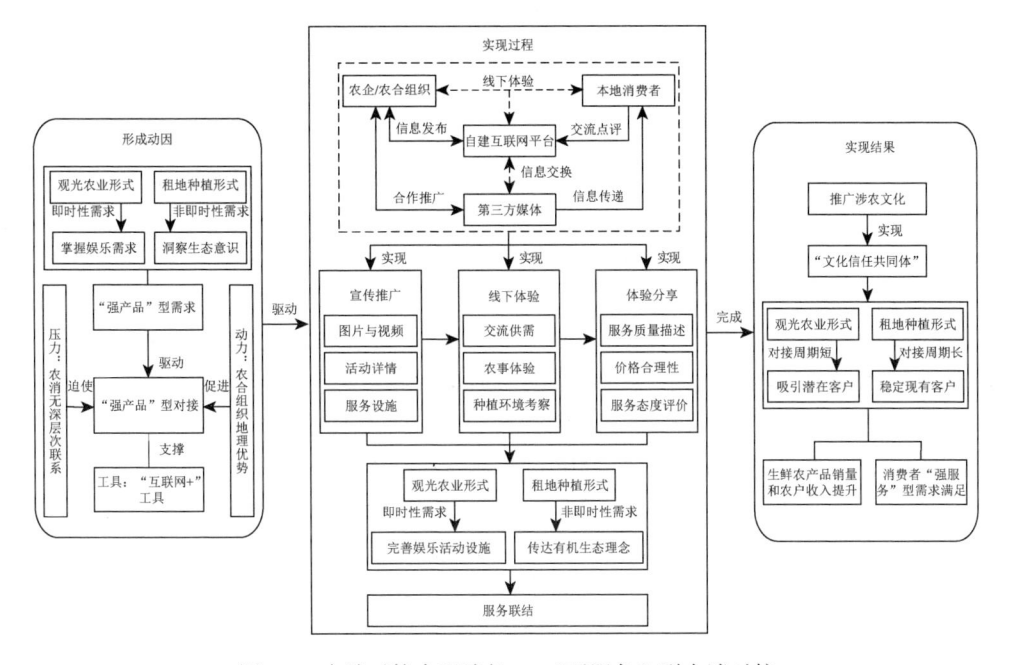

图 3.6　农消对接实现路径二："强服务"型农消对接

1）形成动因

通过编码发现，针对"强服务"需求，"强服务"型农消对接模式的形成同样受到渠道因素、农户资源因素及外部工具这三个因素的影响。

（1）渠道因素上，传统渠道中农户与消费者无法建立深层次情感联系给生鲜农产品供应链带来巨大压力，催生了"强服务"型农消对接模式。传统渠道中，由于距离较远，且存在较多中间商，农户和消费者难以产生交集。一些不良中间商的逐利行为引发食品安全问题，导致消费者对生产端产生不信任感，而生产端也对消费者知之甚少，单纯的产品交易无法使得农户与消费者建立深层次的关系，农户在生产生鲜农产品时缺乏一定的责任心，生产优质产品的积极性不高。在此情境下，又见炊烟有机农场和小毛驴市民农园建立体验型农场，通过线下体验和农场观光的方式与消费者深入交流，双方建立一种信任、互助的情感联系，实现城乡互助。

（2）资源因素上，农户自身拥有地理优势与景观资源，为农业服务化转型带来机遇，是"强服务"型农消对接模式实现的动力。当小农户集合成专业性的农合组织后，农户的资金及其他各项资源得以整合，不仅能够取得产品上的规模优势，部分农合组织还具备了发展新业务的能力。我国城市和农村错落分布，农合组织具有独特的田园风光和农耕文化，可吸引周边城市消费者前来体验。因此，小毛驴市民农园和又见炊烟有机农场充分利用自身的农业景观资源，打造了一个可供消费者休闲娱乐和农事体验的农场，拓宽了自身的收入来源。

（3）应用于吸引消费者前往农场感受服务的"互联网+"工具是"强服务"型农消对接模式实现的支撑。尽管"农家乐""采摘园"等以提供服务为主的农业经营模式早已出现，但早期生鲜农产品消费者的体验型需求不足，"互联网+"工具的缺失也使得双方存在交流壁垒，农合组织不能高效获得消费者需求，导致消费者体验不佳，因此该经营模式的发展始终未见起色。"互联网+"工具使得农合组织可以直接面向最终消费者开展营销活动，便于消费者线上咨询与预订，更有助于促进农合组织与消费者的情感互动，并不断挖掘消费者需求从而改进服务设施。小毛驴市民农园和又见炊烟有机农场纷纷通过互联网捕捉了消费者的精神消费需求，利用互联网自媒体向消费者宣传农家文化，引发消费者情感共鸣，进一步推动消费者体验型需求的产生，从而吸引消费者前往农场。

由于需求的即时性不同，在"强服务"型对接路径形成阶段，农合组织需要对消费者的"强服务"型需求进行挖掘。小毛驴市民农园的消费者选择长期体验生鲜农产品的种植过程，具有较强的生态意识，小毛驴市民农园通过对消费者生态意识的洞察，采用生态有机的方式种植生鲜农产品；又见炊烟有机农场消费者渴望在收获生鲜农产品的过程中进行短期休闲活动，农合组织掌握消费者娱乐需求，采用观光农业的方式使消费者获得良好的短期体验。

综上，从消费者的"强服务"型需求出发，迫于农户和消费者因距离较远而无法建立深层次联系的压力，农合组织充分识别与利用其自身的地理与景观资源优势，并应用"互联网+"工具吸引消费者前来农场体验观光，由此形成了"强服务"型农消对接模式。

2）实现过程：自建线上平台进行服务联结

农消"强服务"型对接的实现过程是农合组织通过向消费者提供完善的线上和线下服务来吸引消费者体验农家文化并购买生鲜农产品。小毛驴市民农园和又见炊烟有机农场的消费者具有对健康安全产品和农耕文化体验的双重需求。小毛驴市民农园和又见炊烟有机农场均充分利用互联网工具，获取消费者数据，分析消费者需求，从而定制体验服务，并通过互联网向消费者展示农场的设施环境及服务项目，向消费者传达自身的文化特色和生态理念，吸引具有体验型需求的周边消费者线下体验消费，鼓励消费者线上分享消费经历。在营销宣传时，农场往往先与大众点评网、携程网等第三方平台或媒体合作推广，吸引消费者注意后，通过自建平台或自媒体与消费者深入交流，如自建官网、微信公众号等，向消费者推送农场信息，还向消费者提供预约、活动定制等功能。但由于消费者需求在即时性上存在差异,两者在具体经营上也各不相同(表 3.12 为"强服务"型需求下两种具体经营形式的对比)。

表 3.12 两种"强服务"型对接形式对比

项目	租地种植形式	观光农业形式
消费者需求	非即时性需求	即时性需求
对接周期	长期(一年及以上)	短期(一般为 1~2 天)
经营优势	农合组织与消费者收益共享、风险共担,消费者对自己参与种植的有机产品更放心,情感需求也得到满足	扩大了农合组织的收入来源,提高了收入水平,消费者获得良好的休闲体验
经营难点	有机种植要求较高,对消费者和农户来说都较为烦琐	前期娱乐设施与农场规划上资金投入大,需充分把握消费者体验需求

(1)租地种植:以有机生态理念进行联结。小毛驴市民农园的消费者对食品质量要求较高,希望能品尝到自己亲自种植的高质量蔬菜,小毛驴市民农园的租地种植模式为满足这一需求,向消费者出租土地与农具,并提供农事活动指导和线上托管服务,让消费者掌控从播种到收获的整个过程,获得高质量农产品,两者建立起长期合作关系,对接周期较长。

小毛驴市民农园是国内较早开始实行租地种植形式的农场,小毛驴市民农园向消费者提供耕地和农资农具,与消费者线上交流及面对面沟通使得农合组织更加了解消费者需求,从而为消费者制订种植计划并指导其种植,消费者播种后可以通过互联网了解作物生长情况,也可以亲自来除草和浇水,耕地中收获的作物都归租地者所有。小毛驴市民农园坚持不使用农药和化肥,而是用辣椒水、苦参水除虫,使用芝麻饼肥等有机肥料,遵循作物生长的自然规律,形成良性的种植/养殖生态循环系统。此外,小毛驴市民农园杜绝污染与浪费,用麦麸等生产余料来洗碗、堆肥和饲养动物,定期休耕,维持好的土壤环境,通过线上和线下方式向消费者传达可持续的农耕生活态度,吸引了具有相同理念的消费者。租地种植形式的核心消费者大多在 30 岁到 45 岁之间,以家庭为单位进行租地,周末带家中的老人和孩子来农场劳作,体验农耕生活,也促进了家庭成员之间的情感交流。尽管租地种植对农户和消费者双方的要求都较高,且有机种植过程较为烦琐,但正是由于家庭结构的原因,这类消费者的健康与生态意识较强,愿意付出较多的时间与精力,通过生态有机种植方式获得安全、无污染的生鲜农产品。

(2)观光农业:以娱乐活动设施进行联结。又见炊烟有机农场的消费者去农场的目的是寻找休闲放松的观光场所,体验农耕文化,品尝农家美食。又见炊烟有机农场向消费者提供线上信息咨询、在线交易等服务和线下住宿、餐饮等服务，这种经营模式属于观光农业模式。针对即时性"强服务"型需求，如又见炊烟有机农场对这类消费者服务需求是一次性满足的，而这也是一种短期服务关系。

不同于租地种植形式，观光农业的消费者没有足够的时间和精力长期追踪农产品生长状况，于是通过观光农业的方式进行短期农事体验，了解农家生态文化，这就需要农场在前期的娱乐设施及农场规划上有较大投入，同时应利用"互联网+"工具实现与消费者双向交流，充分把握消费者的体验服务需求。又见炊烟有机农场作为重庆市知名的观光农场，提供了完善的娱乐设施与服务，消费者可以通过线上来筛选服务，也可以通过在线支付来实现交易，购买相关服务后到休闲农业经营场所进行线下消费。线上平台还为游客提供果园采摘、定位导航、线上评价、农产品销售、线路推荐、民宿预订、农家菜推荐等服务，极大地方便了消费者查询和体验消费。消费者可在农场享受到特色主题民宿，参与露营、垂钓、烧烤等项目，还可体验生鲜农产品种植、采摘等农事活动，更加贴近农户的田园生活与农耕文化。又见炊烟有机农场经常举办多种多样的亲子活动、团建活动等，提升消费者娱乐社交体验的同时建立了消费者与农合组织之间的文化信任。2017年，重庆市教育委员会将又见炊烟有机农场评定为"重庆市中小学社会实践教育综合性基地"，推进了学生实践素质能力的培养。在观光农业形式下，消费者的休闲度假的目的较强，农合组织可通过互联网平台提前与消费者进行供需沟通与活动定制，根据消费者需求提供相应的线下餐饮娱乐服务与文化体验活动，以满足消费者吃、玩、住、购等方面的需求。农场生产的生鲜农产品多用于农场内游客的餐饮，也可在农场内销售，省去了流通过程，减少了产品损耗，使得消费者可以在原产地第一时间品尝到刚收获的生鲜农产品，带动购物消费，提高了农场自产的生鲜农产品的销量。

3）实现结果：推广涉农文化促成"文化信任共同体"

与"强产品"型农消对接相比，"强服务"型农消对接中消费者的消费频率相对较低，消费时间间隔长，因此农场应当通过带给消费者良好的涉农文化体验来提高客单价。因此，农场的文化建设尤为重要，通过完善相关娱乐设施与服务，向消费者提供良好的消费环境，同时举办丰富多彩的农业文化活动，发扬农场文化特色，增强农合组织和消费者互动，消费者反馈也进一步促进农场文化建设，农合组织与消费者之间建立起文化信任，从而克服经营难点。

（1）租地种植：稳定现有客户。对农合组织来说，租地种植方式下农合组织几乎无产品损耗，稳定了收入，减少了种植风险，在很大程度上也解决了生鲜农产品的配送问题，农场的农户和城区消费者形成了平等互助的新型城乡关系。而由于农场的土地规模固定，组织种植模式存在消费者数量上限，而稳定现有客户的成本低于吸引新客户，因此稳定现有客户是小毛驴市民农园的战略重点。

对消费者来说,租地种植形式使得消费者通过自主劳动获得有机生鲜农产品,生产过程可控,具有高度产品信任。同时,农合组织和消费者在整个生态有机种植过程中直接沟通交流,实行"收益共享、风险共担"的方式,建立起超越产品层面的文化信任。此外,小毛驴市民农园的消费者在劳作过程中也因相同的有机理念相互熟识,形成了良好的社区氛围。据统计,小毛驴市民农园80%的消费者都是老客户,许多消费者在小毛驴市民农园租地已有七八年之久。小毛驴市民农园和消费者之间基于有机种植方式的文化信任,以及消费者之间围绕有机理念的社交氛围,成为维系消费者的主要动力,使得农合组织和消费者形成"文化信任共同体",从而达成长期性合作。

(2)观光农业:吸引潜在客户。通过又见炊烟有机农场的观光农业方式,消费者远离喧嚣的城市,观赏田园风光,感受农家文化。在农场内,消费者得以了解生鲜农产品的生产源头,对生产过程更有把控,可在当地享受高品质、健康安全的生鲜农产品。在农场的活动中,消费者家庭关系和团队关系更加融洽,同时利用这种休闲体验和文化交流,使子女获得更深层次的思想体验。这种经营方式也拓宽了农合组织的收入来源,在销售生鲜农产品的同时还能通过提供体验服务获得高客单价,有利于快速收回前期投入成本。而由于观光农业形式下消费者的体验消费频率不高,为保证客流量,农合组织的战略重点是吸引更多潜在客户。

观光农业形式下,农合组织通过为消费者提供良好的游玩体验,满足了消费者产品和文化体验需求,在农场的互动中形成"文化信任共同体"。基于双方的文化信任,又见炊烟有机农场在消费者中树立起良好的文化口碑,激发消费者自发为农场宣传推广。消费者在互联网平台上分享自己的游玩经历及照片,包括微信、微博等社交网络以及大众点评、携程网等第三方平台,通过口碑传播吸引更多消费者,扩大了又见炊烟有机农场的消费者规模。表3.13列举了"强服务"型农消对接路径的主要特征及证据举例。

表3.13 "强服务"型农消对接路径的主要特征及证据举例

阶段	维度	主要构念	证据事例(典型援引)
形成动因	渠道压力	交流不畅	农村和城市有一定距离,中间商的存在使得农户和消费者之间毫无交集(C1)
		交易方式单一	单纯的产品买卖造成农户和消费者的心理距离远,难以形成良好、和谐的城乡关系(C2)
	农户资源	地理优势	靠近城市的城郊地区的农场对消费者来说交通相对便利(D1)
		景观资源	与城市到处高楼大厦的环境不同,农村地区有开阔的田野,茂盛的树木,空气也很清新(D2)

续表

阶段	维度	主要概念	证据事例（典型援引）
形成动因	"互联网+"工具	多媒体营销	互联网媒体宣传形式逐渐多样化，农场可通过各种渠道向消费者推送信息，进行宣传推广（D1）
		线上互动	消费者可以线上咨询和预订，实现双向交流（D1）
实现过程：自建线上平台进行服务联结	小毛驴市民农园（租地种植）：生态理念联结	自建平台	小毛驴市民农园开设了相关论坛，农场消费者在其中讨论种植经验，还建立了微信群供农户和消费者交流，传播生态种植理念（C1）
		农事指导	农场给租地的消费者提供农资农具，农户也会亲自指导和帮助消费者种植（C1）
		有机种植	小毛驴市民农园坚持生态种植生鲜农产品，不打农药，用辣椒水、苦参水除虫（C2）
	又见炊烟有机农场（观光农业）：娱乐活动设施联结	自建平台	又见炊烟有机农场开设网站和微信公众号，向消费者推送农场信息和活动，还能通过平台预订餐饮和住宿（D1）
		服务设施	又见炊烟有机农场配备了完善的体验服务和设施，其中特色民宿和有机餐饮备受青睐（D1）
		娱乐活动	又见炊烟有机农场经常举办农业主题活动，吸引了家庭、学校、公司等前来参与，被评为示范教育基地（D2）
实现结果：通过推广涉农文化建立"文化信任共同体"	小毛驴市民农园（租地种植）：稳定现有客户	生态理念	消费者一般以家庭为单位，生态意识较强（C1）
		平等互助	在体验农家文化的过程中，消费者和农户的互动拉近了距离，形成了一种平等互助的关系（C1）
		规模限制	农场存在规模限制，租地种植模式下服务人数有限，维系老客户成本较低（C1）
	又见炊烟有机农场（观光农业）：吸引潜在客户	情感交流	农场会举办一些主题文化活动，农户和消费者可以在活动中增强互动，消费者之间也在活动中增进了感情（D2）
		高客单价	体验服务的价值远远高于生鲜农产品价值，我们的收入主要来自服务收入（D1）
		社群分享	消费者会自发地把自己在农场的体验经历在社交网络上分享，志同道合的人就会对去农场体验产生兴趣（D1）

遵循"形成动因—实现过程—实现结果"的逻辑框架，通过上述分析，得到以下命题。

命题2：互联网环境下生鲜农产品供应链农消对接模式中，"强服务"型对接过程经历了服务需求挖掘、服务联结、"文化信任共同体"构建这三个阶段。

（a）针对即时性"强服务"型需求，对接周期较短，具体实现路径为"掌握消费者娱乐需求→完善娱乐服务设施→吸引潜在客户"。

（b）针对非即时性"强服务"型需求，对接周期较长，具体实现路径为"分析消费者生态意识→传达有机生态理念→稳定现有客户"。

3.3.3 对行业与企业的启示

1. 研究启示

本节从生鲜农产品消费者需求出发，对农消对接模式下的消费者需求进行了识别与分类，将其分为"强产品"型需求和"强服务"型需求两个类别，结合对四家案例企业的数据分析，遵循"形成动因—实现过程—实现结果"这一逻辑框架，提出了农消对接模式的两条实现路径，即"强产品"型农消对接模式和"强服务"型农消对接模式。同时，根据需求的即时性与否，更细分出四种需求层次，对比归纳不同需求层次的关键特征，构建了农消对接实现路径下的不同形式。

"强产品"型对接中，消费者需求为"强产品"型需求，然而传统的生鲜农产品交易中存在过多中间商和不必要的流通环节，损害了农户和消费者的利益。"互联网+"工具的出现使得农合组织可以发挥其产品优势，通过互联网平台将产品直接推销给消费者，从而形成"强产品"型农消对接。农合组织借助第三方电商平台与消费者线上交易，需要打造地理标志产品来克服经营难点，最终与消费者建立品牌信任。"强产品"型需求分为即时性"强产品"型需求和非即时性"强产品"型需求。即时性"强产品"型需求需要在短时间内一次性满足，农合组织可以通过交易便利性吸引具有该类需求的消费者购买生鲜农产品，并通过产品信任维系消费者，获得稳定的市场需求；针对非即时性"强产品"型需求，农合组织可以提前锁定这部分需求，提前获得生产资金，实现以需定产，消费者也愿意付出一定的等待时间，农合组织可以利用高质量产品口碑吸引具有该类需求的消费者预订生鲜农产品及增值服务，拉长了销售战线，通过产品信任吸引更多潜在客户。

"强服务"型模式中，消费者需求为"强服务"型需求。单纯的产品交易无法建立农户和消费者的深层次情感联系，难以满足消费者文化体验需求和实现城乡互助。"互联网+"工具的出现使得农合组织能够深入了解消费者个性化体验需求以定制体验服务，还可以与消费者进行情感互动以维系双方关系，借助地理优势和景观资源吸引消费者前来体验，从而形成"强服务"型农消对接。农合组织自建平台与消费者进行文化传递和情感互动，需要进行文化建设来克服经营难点，与消费者建立文化信任。"强服务"型需求分为即时性"强服务"型需求和非即时性"强服务"型需求。即时性"强服务"型需求需要在短时间内一次性获得产品和体验服务，农合组织通过优质的活动设施吸引消费者前往农场进行短期体验，获得高客单价，然而该类消费者的消费周期短且消费频率不高，因此农合组织的主要目的是通过文化信任吸引更多具有该类需求的潜在客户；消费者的非即时性"强服务"型需求无须立即获得产品，体验服务也可分多次满足，农合组织可以通过生态理念吸引消费者付出长期时间和精力来农场进行文化体验，然而该类消费者的服务周期长、农场存在服务规模上限，且消费者转换成本较高，因此农合组织的主要目的是通过文化信任稳定现有客户。

通过这两条实现路径，农合组织和消费者能够形成有效对接，实现农户增收和消费者满意，促进双方共赢。

2. 对策建议

从农消对接模式的形成动因和实现结果来看，该模式具有较好的发展前景，但目前农消对接模式在我国还不成熟，需要社会各界助力其发展，具体可以从以下几个方面进行帮助与扶持。

第一，互联网平台是实现农消对接模式的支撑，政府应出台相关政策支持并鼓励互联网平台发展进而提高互联网平台企业参与农消对接实践的积极性，更有效地服务于农合组织和消费者，推动农消对接模式发展。在互联网高度渗透的时代，市场上已经存在许多成功的互联网平台，拥有庞大的用户数量。对于这些大型互联网平台来说，他们已经具备一定的规模和资金优势，掌握大量消费者数据，政府应当鼓励互联网平台帮助农合组织分析消费者需求、策划营销方案，还可以在网站上开展宣传，利用首页推荐、用户补贴乃至视频直播、网络游戏等多种方式给农合组织引流，从而实现农合组织与消费者的高效对接。互联网平台也可以成立专业的农业部门，制定相应的规章制度，对农合组织进行监督和管理，引导农合组织的同时保障消费者的利益，促进农消"信任共同体"的建立，也能借助生鲜农产品的刚需特性增强互联网平台的用户黏性。此外，互联网平台还可向农合组织提供金融支持，解决农户贷款难问题，使得农合组织获得充裕的生产资金。因此，政府可制定相应政策鼓励互联网平台提升自身公益性，如一定程度的税收减免或政府补贴等，并与大型互联网企业进行农业合作，在农消对接模式中为农合组织提供销售支持和金融帮助。

第二，"强产品"型对接主要通过打造生鲜农产品地理标志来促进"品牌信任共同体"形成，政府可培育示范性农民专业合作社与"明星新农人"，有利于打造生鲜农产品地理标志，刺激消费者主动对接。由于我国农村地区面积大、分布广，为了实现农业的高效发展，政府可以选取几个农村地区进行重点扶持。一方面，政府应当加强乡村基础建设，引入先进的农业机械设备，改革完善农业补贴，为农村居民提供良好的生活环境与生产条件，也能够吸引和鼓励具备一定科学文化素质的人员回乡创新创业，向农村注入新的血液；另一方面，在"互联网+农业"的浪潮下，农户之间应实现集群化，形成规模经营，并掌握现代农业生产技能，不断学习经营管理等新知识，学会运用互联网工具开辟新的生鲜农产品销售渠道，推进农业商业化发展。由此，新型职业农民专业合作社形成，可以在全国范围内树立农业经营的行业标杆，为其他地区的农民专业合作社提供实践参考。当农合组织具备了一定规模与能力，也可以在农户群体中选拔优秀个体并进行表彰与宣传，塑造"明星新农人"，将个人形象与产品挂钩，向生鲜农产品中注入情感因素。由于生鲜农产品品牌建设较为困难，往往是产地品牌强于产品品牌，政府通过上述方式打造"名人""名品"，有利于生鲜农产品地理标志的形成，吸引消费者主动与农合组织对接。

第三，"强服务"型对接主要通过推广涉农文化促成"文化信任共同体"，政府应将农村文化建设放在重点位置，培养文化建设专业人才，增强涉农文化的吸引力和感染力。消费者对农事体验的需求上升，农场文化建设也要紧跟当前发展的形势和要求。然而，要为消费者提供良好的农场文化体验，就要对农场的区域规划、服务水平、交通、文化活动策划、硬件设施等众多方面进行完善，这种农业与服务跨界方式给农户带来了巨大的挑战，也因此阻碍了该模式的发展，迫切需要相关的专业人士参与农场文化建设。目前农场相关设施的规划布置及农场的整体运营方面知识体系还未成型，需要整合各界资源发展新的学科方向，借鉴国外农场文化建设的成功经验，以便向农场提供相关指导，在休闲娱乐服务中凸显农业特色和涉农文化，更好地满足消费者的涉农文化体验需求，拓宽农户的收入来源，加强农合农户和消费者的互动，推动"强服务"型农消对接形式蓬勃发展。

第4章　基于生活性服务的"互联网+"生鲜农产品供应链合作模式

伴随着我国居民收入提高与消费升级，消费者对生鲜农产品的消费品质要求越来越高，与生鲜农产品关联的生活性服务需求也日益增加，要求生鲜农产品供应链在提供产品的同时也能提供相关服务。"不仅卖产品，也需卖服务"逐步成为生鲜农产品行业的发展趋势。为此，生鲜农产品供应链可基于与消费者相关的生活性服务，利用"互联网+"工具和思维与行业内外有关企业进行合作，通过合作寻求商业模式创新，从而实现创新发展并满足消费者需求。在此背景下，本章开展基于生活性服务的"互联网+"生鲜农产品供应链合作模式的研究，以期为生鲜农产品供应链及其利益相关者实现价值倍增提供可选思路。

4.1　"互联网+"生鲜农产品供应链的产品服务融合模式

本节首先分析了"互联网+"环境下生鲜农产品供应链的发展趋势，提出"互联网+"生鲜农产品供应链的产品服务融合商业模式，其次在此基础上考虑供应链中生鲜农产品与生活性服务的差异化融合，总结出"互联网+"生鲜农产品供应链的产品服务融合商业模式的两种表现形式，最后从生鲜农产品销售商、生产商视角出发，进一步分析生鲜农产品供应链传统企业面向产品服务融合商业模式的转型问题，以期能为"互联网+"环境下生鲜农产品供应链成员企业的发展与创新提供参考和借鉴。

4.1.1　"互联网+"环境下生鲜农产品供应链的发展趋势

"互联网+"环境下服务经济、体验经济等迅速发展，助力生活性服务渗透并融合至生鲜农产品行业。与此同时，生鲜消费者的消费理念发生转变，从物质消费向生活体验更新与升级，生鲜农产品供应链面临更为复杂的竞争环境，进一步驱动生鲜农产品供应链向生活性服务业延伸、跨界与融合。为明确"互联网+"环境下生鲜农产品供应链的发展方向，重点分析"互联网+"环境下生鲜农产品供应链的发展趋势。

1. 供应链由提供产品向提供服务延伸

互联网技术的高速发展，促使生鲜农产品产业加快互联网化，生鲜农产品供应链成员开始借助互联网拓展与生鲜农产品相关的业务。此外，伴随着生鲜消费者消费理念的更新与升级，与生鲜农产品相关的生活服务市场开始兴起。依托互联网拓展生活服务市场则逐渐成为生鲜农产品供应链的发展重点之一。因此，现有生鲜农产品市场逐步涌现出大量涉足生活性服务业的生鲜电商企业，如豆果美食、味库、沱沱工社及爱大厨等，通过融合生活性服务向生鲜农产品产业链上下游延伸，打造与生鲜农产品关联的多样化服务消费体验。

2. 供应链竞争由同质化向差异化转向

"互联网+"环境下行业边界愈发模糊，行业融合、领域交互成为新趋势。生鲜农产品供应链传统意义上以价格为主要竞争手段的格局被打破，显现出跨界融合生活性服务业的趋势。生鲜农产品供应链不再单纯依赖传统的生鲜农产品业务，区别于同质化的产品竞争，逐步开始寻求与跨行业企业的合作，推进生鲜农产品产业链的延伸。相应地，服务差异化逐渐成为生鲜农产品供应链的增值点，供应链成员开始注重消费者的服务需求，以多样化生活性服务实现生鲜农产品增值，进而提升供应链的竞争力。

3. 供应链绩效来自产品与增值性服务的融合

当前，我国生鲜农产品市场仍然以传统市场（线下销售）为主，生鲜市场规模近万亿元，而生鲜电商渗透率较低。不过自2005年我国出现第一家生鲜电商以来，经过近20年的发展，2003年生鲜电商行业用户规模达到5.13亿，同比增长11.52%，交易规模达到6424.9亿元，同比增长14.7%，渗透率为12.5%，同比增长21.59%。虽然相对于整个生鲜农产品市场，生鲜电商的规模较小，不过其市场潜力巨大、发展迅猛，生鲜电商带领生鲜农产品供应链其他成员进入加速发展期。此外，生鲜农产品供应链逐渐向产品与增值性服务融合的方向发展，衍生出多种新型服务，为传统生鲜农产品市场注入新的活力，提升原有以产品销售为主的市场绩效。

4.1.2 "互联网+"生鲜农产品供应链的产品服务融合商业模式的内涵

针对生鲜消费者的消费理念转变与升级的现实问题，基于"互联网+"环境下生鲜农产品供应链的发展趋势，提出"互联网+"生鲜农产品供应链的产品服务融合商业模式（以下简称产品服务融合商业模式），如图4.1所示。在该产品服务融合商业模式中，生鲜电商基于"互联网+"平台连接生鲜农产品供应链的其他关键成员（生鲜农产品提供者、生活性服务提供者、生鲜农产品消费者等），打造产品资源与服务资源的集成网络，为生鲜消费者了解、获取资源提供便利，然后通过开展以需求为导向的产品服务融合满足生鲜消费者需求，最终实现生鲜农产品供应链的持续盈利。

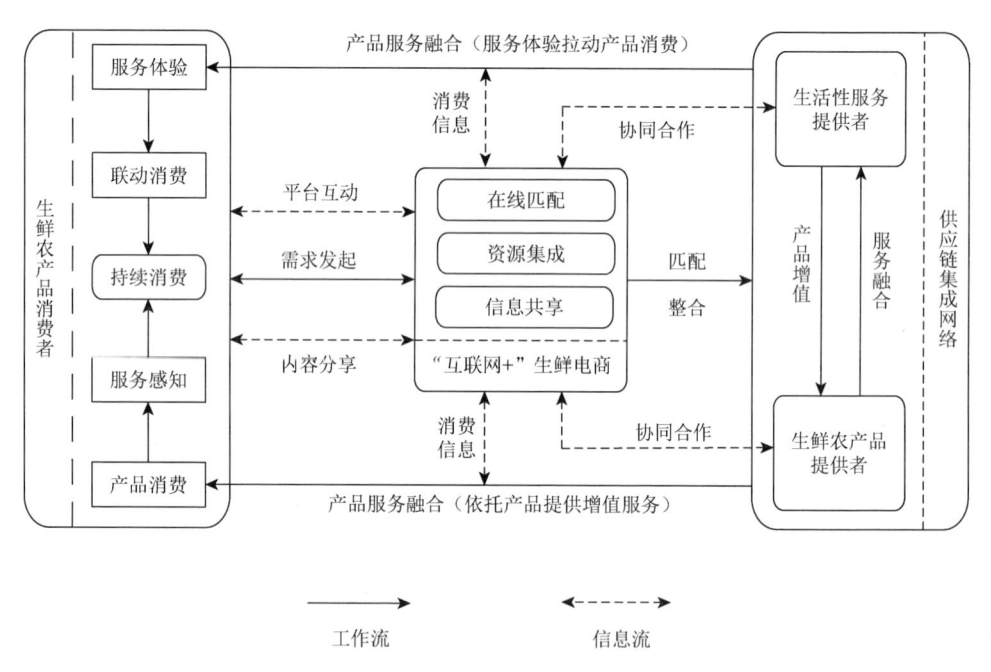

图 4.1 "互联网+"生鲜农产品供应链的产品服务融合商业模式

1. 基于"互联网+"平台打造产品资源与服务资源的集成网络

"互联网+"平台作为产品服务融合商业模式的重要组成，其定位发生重要变化，从传统的"销售平台"向"资源平台"转向。生鲜电商作为产品服务融合商业模式中的核心成员，建立具有信息共享、资源集成与在线匹配等功能的"互联网+"平台，协同生鲜农产品提供者、生活性服务提供者等供应链成员以打造产品资源与服务资源的集成网络，而集成网络作为该产品服务融合商业模式的核心资源，不仅为生鲜消费者便捷了解、获取资源提供有效途径，还为后续开展产品服务融合奠定了基础。在此过程中，生鲜电商依据平台定位、用户需求等匹配生鲜农产品提供者、生活性服务提供者等快速组建供应链，基于"互联网+"实现供应链成员间的开放性协作，促进客户、渠道、品牌等资源的共享，形成互动、共赢的供应链关系结构，为构建资源集成网络创造条件；此外，生鲜电商协同供应链成员持续输出产品资源与服务资源，借助"互联网+"整合多渠道资源以打造平台生态与集成网络，推出美食菜谱、养生套餐、生鲜社群、本地化烹饪与产地体验等项目，同时连接微信、微博等社交媒体拓宽网络辐射范围，有助于生鲜消费者快捷了解、获取产品与服务资源。

2. 以需求为导向开展生鲜农产品与生活性服务的相互融合

生鲜消费者的消费理念由单一的产品消费诉求转变为多元的产品与服务消费诉求。伴随着生鲜消费者在"互联网+"平台的交互愈发活跃，平台记录、积累并分析越来越多的消费者行为大数据，有助于实现对产品服务融合商业模式中消费者的数字化管理。此外，在该产品服务融合商业模式中，生鲜电商具有显著的数据/信息优势，能够依据互联网技术从产品、服务两个维度深度挖掘与分析消费者需求，进而匹配最合适的生鲜农产品提供者、生活性服务提供者等开展以需求为导向的产品服务融合。针对商业模式中以消费者产品需求为导向的产品服务融合，生鲜电商首先匹配合适的生鲜农产品提供者为消费者进行量身打造，共同协助生鲜消费者购买符合自身个性化需求的产品，旨在实现生鲜农产品的可定制化（营养套餐、家庭配餐、食材搭配等），其次通过主干冷链物流、末端生活性服务（储物柜暂存、送货到家等），以新鲜、优质的生鲜农产品满足消费者需求，创造出高于单一生鲜农产品的价值。针对商业模式中以消费者服务需求为导向的产品服务融合，生鲜电商首先匹配合适的生活性服务提供者进行场景构建，从消费者体验视角打造与生鲜农产品关联的服务项目（生态旅游、厨师到家等），构建符合生鲜消费者需求的消费场景，激发并促进生鲜消费者进行体验式消费，进而带动生鲜消费者对生鲜农产品的场景消费。

3. 提供产品服务融合以实现生鲜农产品供应链的持续盈利

"互联网+"环境下生鲜农产品供应链的盈利模式发生转变，区别于传统以"产品销售"为核心的盈利模式，该商业模式是通过产品服务融合创造的价值溢价来实现持续盈利。伴随着生鲜消费者需求的满足与价值的提升，生鲜电商以持续性的顾客参与型营销增强生鲜消费者黏性，引导其从"即兴消费"转变为"持续消费"，在其消费过程中持续提供合适的增值性产品服务融合，在有效提升生鲜消费者感知价值的同时，为生鲜农产品供应链成员带来更多盈利。在此过程中，生鲜电商基于"互联网+"平台可获取生鲜消费者购买、消费全过程的数据信息，及时有效洞察、解决消费者进行产品购买与服务消费的反馈，进而提升生鲜消费者的满意度与感知价值，有效促进消费者的持续购买与消费；此外，生鲜电商开展对生鲜消费者的黏性管理，利用互联网技术有效记录、识别与分析生鲜消费者生活方式，进而推出更具特色的服务项目，引导生鲜消费者持续性地参与和交互，在此基础上向消费者提供更具价值的产品与服务，以生鲜消费者的长期性、周期性与持续性的联动消费实现生鲜农产品供应链的持续盈利。

4.1.3 "互联网+"生鲜农产品供应链的产品服务融合商业模式的表现形式

"互联网+"环境下，生鲜农产品供应链的产品服务融合商业模式主要以"产品服务融合"为核心进行商业模式革新。然而，供应链中生鲜农产品与生活性服务的融合形式有差异化，导致该商业模式最终提供的产品服务融合也有差异化。基于此，分析总结出该产品服务融合商业模式的两种表现形式，分别是依托产品提供增值服务、以服务体验拉动产品消费。

1. 产品服务融合商业模式依托产品提供增值服务的表现形式

依托产品提供增值服务作为产品服务融合商业模式的表现形式之一，主要围绕消费者对生鲜农产品的既定需要，将相关的生活性服务融入其中，满足生鲜消费者的多样化和高层次需求。该产品服务融合商业模式以相对固定的生鲜农产品需求为核心，拓展关联的生活性服务需求以寻求更多消费点与盈利点，进而借助增值性服务提升生鲜消费者的感知价值。

1）产品服务融合商业模式依托产品提供增值服务的关键流程

（1）依托产品融合衍生服务以拓展生鲜农产品市场。生鲜农产品是消费者的日常必需品，消费者对生鲜农产品的短期需求具有随机性，长期而言则相对固定且具有周期性。生鲜电商作为产品服务融合商业模式的核心成员，应思考如何扩大生鲜农产品市场的需求，拓展该产品服务融合商业模式的盈利范围与利润空间。因此，该产品服务融合商业模式首先以生鲜农产品为载体，依托产品提供与产品关联的衍生生活性服务，为传统生鲜农产品市场寻求新的需求源。在此过程中，生鲜电商首先选择优质的生鲜农产品提供者、生活性服务提供者等入驻平台，协同开展内容营销，输出产品/服务资源，引流更多消费者访问平台和购买。其次，生鲜电商以"互联网+"平台为接口，连接微博、微信与直播等社交媒体以构建产品服务融合商业模式的多渠道社交网络，实现与生鲜消费者的双向互动，同时协同供应链成员持续输出生鲜菜谱、营养搭配、养生信息等内容服务，刺激消费者自发分享与再传播，进而基于聚合效应逐步扩张生鲜农产品市场的消费者群体，并激发消费者显现出社交、养生、健康等多层次需求。总体而言，该产品服务融合商业模式主导生活性服务渗透至生鲜消费者的生活，逐步积累庞大的潜在消费群体，寻求更多消费需求点，为后续提供增值性生鲜农产品与创造更多商业价值奠定基础。

(2）以生鲜农产品及其增值性服务组合满足生鲜消费者的需求。依赖于生鲜消费者在平台交互中建立的紧密联系，该产品服务融合商业模式面向的消费者逐步从"潜在消费者"向"目标消费者"转向，进而有助于供应链成员开展精准推荐与精准销售，抓住消费者心理与购买特征，以生鲜农产品及其增值性服务组合满足生鲜消费者的多样化和高层次需求。在此过程中，依据生鲜消费者在"互联网+"平台交互过程中产生并累积的消费行为数据，生鲜电商利用互联网技术（大数据、云计算、LBS 等）对其消费偏好、个体特征等进行挖掘与分析，搭配相关生鲜食材形成多层次菜谱体系，推送给生鲜消费者以匹配其个性化需求。此外，结合生鲜消费者的地理位置、消费情况等多维度信息，准确判断其消费场景，进而匹配合适的供应链成员开展产品与服务的深度融合，根据生鲜消费者个性化订单实现生鲜农产品的私人定制，最终以增值性生鲜农产品满足生鲜消费者的个性化需求。总体而言，该产品服务融合商业模式主导生活性服务渗透至生鲜农产品供应链，促进生鲜农产品在各个环节的持续增值，以消费者参与的全程渗透提升顾客感知价值，进而形成周期性、长期性的消费，并且实现生鲜农产品供应链成员的利润增长。

2）产品服务融合商业模式依托产品提供增值服务的典型案例

（1）依托产品提供养生服务的典型案例。豆果美食是一家提供菜谱查询、生活资讯的美食 APP。它以生鲜消费者的品质化需求为切入点，通过融合关联消费者健康、营养等的养生服务给生鲜消费者带来品质化的消费。豆果美食定位为"发现、分享与交流美食的食谱类美食互动社区"，协同生鲜农产品供应商、生活性服务提供者以依托产品提供养生服务的表现形式实现产品服务融合。一方面，豆果美食选择优质的美食达人、养生专家等入驻平台，持续生产并输出生鲜咨询、养生教学、营养生活等内容服务，打造菜谱体系、美食课堂、烹饪体验馆等以引流消费者参与互动与体验，实现与消费者之间的深度交互；另一方面，豆果美食匹配供应链成员为消费者提供生鲜农产品养生定制服务，协助其选购并定制符合其体质、偏好等方面的生鲜农产品，满足消费者的个性化需求。

（2）依托产品提供一站式服务的典型案例。原始烧烤是一家采用 O2O 营销方式的淘宝店。它以生鲜消费者的多元化需求为切入点，通过融合一站式服务以解决方案形式实现生鲜消费者的消费。原始烧烤定位为"户外烧烤服务的一站式购物网店"，集成与烧烤关联的产品、服务，为消费者的烧烤消费带来更多便利。为实现消费者的烧烤消费，原始烧烤协同生鲜农产品提供商、烧烤供应商、设备供应商等以依托烧烤提供一站式服务的表现形式实现产品服务融合。一方面，原始烧烤以"休闲、绿色、健康"作为烧烤新理念，以"BBQ（Barbecue，户外烧烤）社交"为主题，与供应链成员合作推出个性化的烧烤套餐服务；另一方面，原始烧烤以烧烤半成品销售为业务核心，推出与烧烤关联的服务，如场地预订、烧烤师代烤、炉具租赁等，为生鲜消费者进行自助烧烤提供解决方案。

2. 产品服务融合商业模式以服务体验拉动产品消费的表现形式

以服务体验拉动产品消费作为产品服务融合商业模式的表现形式之一，主要围绕消费者对与生鲜农产品关联的生活性服务的消费需要，以服务体验拉动生鲜农产品的消费，满足生鲜消费者的体验式和场景化需求。该产品服务融合商业模式以体验式的生活性服务为核心，引领并改变生鲜消费者的消费方式，进而实现生鲜农产品与生活性服务的联动消费。

1) 产品服务融合商业模式以服务体验拉动产品消费的关键流程

（1）以生活性服务激发生鲜消费者的体验式消费。单一的生鲜农产品消费主要满足消费者的物质性需求，而消费升级逐步促进消费者需求向更高层次的"生活体验"转向。生鲜电商作为产品服务融合商业模式的核心成员，应思考如何改变生鲜农产品的传统销售模式，为生鲜消费者带来更具价值的消费体验。因此，该产品服务融合商业模式重点是通过生鲜农产品供应链成员与生活性服务企业的跨界合作，协同推出具有特色的服务激发生鲜消费者的体验式消费。在此过程中，生鲜电商与供应链其他成员（品牌商、商超、农场、农庄等）建立协同合作的关系，推出具特色性的服务体验项目，并连接"互联网+"平台输出相关体验项目信息（文字、图片、音频等）以构建体验意象，进而激发生鲜消费者产生线下体验的动机。此外，生鲜电商与跨产业企业实施合作，打造新型生鲜农产品消费业态，融合生态旅游服务（果蔬采摘、野外聚餐等）打造休闲农业、乡村旅游等项目，或融合上门服务（厨师上门等）推出新型餐饮项目，促进生鲜消费者从"产品消费"向"体验式消费"转变。总体而言，该产品服务融合商业模式以生活性服务为核心竞争力，以服务消费为导向激发生鲜消费者的体验式消费，为后续拉动生鲜农产品的消费奠定基础。

（2）以服务体验拉动产品与服务的联动消费。依赖于生鲜消费者体验式消费中获取的服务感知，产品服务融合商业模式致力于开展持续交互的生鲜消费者黏性管理，在增强生鲜消费者感知价值的基础上，进一步向其销售高附加值的生鲜农产品，最终实现生鲜农产品与生活性服务的联动消费。在此过程中，生鲜电商协同供应链成员打造符合生鲜消费者需求的体验场景，吸引消费者参与并延长消费时间，促使其自发感知到产品与服务的价值，进而激发消费者在服务体验现场购买生鲜农产品。此外，生鲜农产品供应链成员会引导消费者进行近距离服务体验，使其更了解生鲜农产品的质量、安全等信息，在一定程度上消除生鲜农产品的购买风险，增强其对平台、商家、生鲜农产品的信任感与黏性，促使生鲜消费者在服务体验后仍会选择该平台购买生鲜农产品。总体而言，该产品服务融合商业模式主导生鲜农产品产业与生活性服务业的产业融合，打造具有娱乐、养生、健康等功能的产业，通过提供服务体验实现生鲜消费者感知价值的提升，促使其增强对生鲜农产品的购买意愿，进而实现生鲜农产品与生活性服务的联动消费。

2）产品服务融合商业模式以服务体验拉动产品消费的典型案例

（1）以生态旅游服务拉动生鲜农产品消费的典型案例。沱沱工社是一家提供有机生鲜类食品的垂直电商，旨在以生鲜消费者的原生态体验需求为切入点，以生态旅游服务引流消费者去产地体验，进而拉动原产地及平台的生鲜农产品购买与消费。沱沱工社采取"线下体验、线上销售"形式，自建沱沱农场向供应链上游延伸生鲜农产品产业，打造集生鲜农产品购买、有机餐饮、产地旅游等功能于一体的产业链。沱沱工社协同沱沱农场等供应链成员以生态旅游服务拉动产品消费的表现形式实现产品服务融合。一方面协同打造生态旅游服务项目（农耕体验、采摘游玩、亲子活动等），并且通过沱沱农场公众号、微博等社交媒体进行内容营销，构建生鲜消费者体验的场景意象，激发其去沱沱农场体验；另一方面，沱沱农场致力于为消费者提供"有机、休闲与趣味性"的服务体验，通过近距离体验提升生鲜消费者的感知价值，增强其对沱沱农场产出的生鲜农产品的认可与信任，进而促进消费者后期仍会选择沱沱工社订购生鲜农产品。

（2）以上门服务拉动生鲜农产品消费的典型案例。爱大厨是一家提供厨师上门烹饪的移动应用，旨在以生鲜消费者的个性化消费为切入点，以上门服务打造生鲜消费者的定制化餐饮体验，进而拉动消费者对生鲜农产品的消费。爱大厨采取"线上下单，线下消费"形式，挑选优质的厨师、营养师等入驻平台，通过与用户间的相互交流改进与完善各式菜系及服务。爱大厨协同厨师、美食家与生鲜农产品供应商等以上门服务拉动产品消费的表现形式实现产品服务融合。一方面，依据生鲜消费者自身菜系、口味等偏好进行食谱定制，同时提供食材代购服务，由爱大厨匹配供应链成员依照订单集成餐饮食材；另一方面，依照消费者的用餐时间等要求，爱大厨匹配优质厨师提供上门服务，实现餐饮消费的私人定制，满足生鲜消费者在家吃饭的需求，促进消费者成为爱大厨 VIP 并进行周期性餐饮消费，进而也间接拉动对生鲜农产品的消费。

4.1.4 供应链成员企业面向产品服务融合商业模式的转型

"互联网+"环境下生鲜农产品供应链的商业模式发生革新，给生鲜农产品供应链传统企业带来了冲击与挑战，促使其在新的产品服务融合商业模式中做出改变。鉴于此，拟从生鲜农产品销售商、生鲜农产品生产者视角出发，分析并阐述生鲜农产品供应链传统企业面向产品服务融合商业模式革新时应如何实施转型。

1. 生鲜农产品销售商面向产品服务融合商业模式的转型

1）基于移动互联网向电商化转型

当前，多数生鲜农产品销售商仍主要利用线下渠道销售生鲜农产品。然而，随着"互联网+"生鲜农产品供应链逐步向产品服务融合方向发展，越来越多的生鲜消费者形成了网购消费的行为与习惯，为生鲜农产品产业互联网化的持续发展奠定了坚实的用户基础。因此，生鲜农产品销售商面向产品服务融合商业模式的革新时，首先需要借助互联网工具以实施自我改造，带动生鲜农产品产业向互联网渗透，逐步成为该产品服务融合商业模式的核心企业，实现向电商化的转型。一方面，生鲜农产品销售商可基于移动互联网开辟供生鲜消费者接入的多渠道，同时借助互联网技术可有效捕捉到消费者行为，有助于更精准地向消费者提供生鲜农产品及服务，与其建立更密切的交互关系。另一方面，生鲜农产品销售商基于"互联网+"进行线上线下整合，凭借自身累积的线下渠道、产品与服务等资源与线上形成互补，有效布局线下渠道，为未来打造生鲜农产品生态、资源集成网络等打好基础。总体而言，生鲜农产品销售商应摒弃传统、固化的思维，更新互联网思维并善用互联网工具，结合自身具有的线下资源优势，打造线上与线下渠道的高效联动，进而逐步基于移动互联网向电商化转型，为后期再进一步转型奠定基础。

2）基于生活性服务向跨界融合转型

生鲜农产品销售商逐步向电商化转型，形成了生鲜农产品的多渠道销售格局，但仍然是以产品为核心。然而，由于生鲜农产品的产品价值一般较低，加上具有易腐性等特征，销售商仅通过产品销售难以创造高收益与新价值。因此，为有效应对产品服务融合商业模式的持续革新，生鲜农产品销售商还需改变传统的产品销售模式，寻求与跨行业企业的合作，重视生鲜消费者日益增长的服务需求，拓展与生鲜农产品关联的生活性服务业务，挖掘新的利润增值点，实现向跨界融合的转型。一方面，生鲜农产品销售商可借助互联网技术深度挖掘与分析生鲜消费者的服务需求，融入多样化的线上、线下生活性服务，为生鲜消费者带来区别于传统生鲜农产品销售的消费体验。另一方面，生鲜农产品销售商应积极寻求与互联网企业、生活性服务企业等的跨界合作，共享多方的渠道、用户、品牌、服务等资源，创新生鲜农产品发展业态，覆盖多行业消费群体，最终形成行业交叉、优势互补的共赢格局。总体而言，生鲜农产品销售商不应局限于"产品提供商"，应定位为"产品服务集成商"，主动与跨行业优质企业建立合作关系，致力于打造满足消费者需求的多样化消费场景，实现生鲜农产品与生活性服务的相互融合与持续创新，基于生活性服务扩张原有的生鲜农产品市场，进而实现向跨界融合的转型以有效应对产品服务融合商业模式的革新。

2. 生鲜农产品生产者面向产品服务融合商业模式的转型

1）基于产地直销向品牌化转型

当前，多数生鲜农产品生产者主要涉及生鲜农产品种植、产出等业务，然后经下游中间商将生鲜农产品流通至市场。然而，由于传统生鲜农产品供应链通常较长，生鲜农产品流通过程中的损耗率居高不下，其生产、质量与安全等信息无法有效传递至消费端，致使生鲜消费者的购买存在风险，这均给生鲜农产品生产者在面向产品服务融合商业模式的转型中带来障碍。因此，生鲜农产品生产者首先应瞄准定位高品质与高价值，并借助互联网技术实现生鲜农产品的产地直销，解决生鲜农产品低效流通的问题，然后高效、高质地满足生鲜消费者的需求，进而逐步塑造生鲜农产品品牌，实现向品牌化的转型。一方面，生鲜农产品生产者建立与生鲜消费者直接对接的交互渠道，大幅缩短供需之间的距离，从产地采摘，经全程冷链将高品质的生鲜农产品送达消费者。另一方面，生鲜农产品生产者可通过故事营销、情感营销等塑造产地与生鲜农产品形象，连接微信、微博等社交媒体扩大营销宣传范围，提升生鲜农产品的知名度，逐渐在消费者心中形成"品质、绿色、有机"等认知，进而借助消费者口碑效应逐步塑造生鲜农产品品牌。总体而言，生鲜农产品生产者应首要保证生鲜农产品的质量与品质，采取产地直销的形式从生产与流通两方面加强对生鲜农产品质量的把控，同时与优质的营销平台进行合作，逐步塑造出该生鲜农产品独特的标识或属性，提升生鲜农产品的市场竞争力，进而逐步基于产地直销向品牌化转型，为后期再进一步转型奠定基础。

2）基于消费者体验向生态化转型

随着生鲜农产品生产者逐步形成品牌化经营，其产地具有的价值与优势则愈发重要。此外，随着产品服务融合商业模式的持续革新，生鲜消费者的消费理念持续升级，消费者更加重视生鲜农产品的消费体验。因此，生鲜农产品生产者需进一步发挥其产地优势，将定位从"生鲜农产品提供"转向"生活体验服务提供"，从消费者体验视角拓展业务，积极实践产业融合，实现向生态化的转型。一方面，生鲜农产品生产者应有效利用自身的产地资源，拓展供生鲜消费者体验的服务项目（果蔬采摘、乡村旅游等），为生鲜消费者踏青、周末游、种植体验等娱乐性消费提供途径，重视消费者的近距离体验与感知，创造更多层次的价值。另一方面，生鲜农产品生产者应选择生态化技术路线，生产绿色、有机农产品，同时需要注重产业融合问题，结合旅游观光、文化创意等，增强生鲜农产品的内涵与价值，促进多个交叉产业的价值创造，推进观光农业、休闲农业等生态产业发展。总体而言，生鲜农产品生产者关注的核心应从"产品价值"提升至"产业价值"，深度挖掘、开发自身具有的产地资源，同时可以考虑与跨行业企业展开合作，协同推出以消费者体验为导向的服务项目，实现生鲜农产品产业的多元化创新与发展，充分发挥产地优势并激发更多产业价值，进而实现向更高层次的生态化转型以有效应对产品服务融合商业模式的革新。

4.1.5 对行业和企业的启示

"互联网+"环境下，服务经济、体验经济作为互联网时代高速发展与迭代创新的典型商业形态，与消费者逐渐升级的消费理念及日益增长的服务需求相契合，可有效满足消费者的产品与服务双诉求，成为推动生鲜农产品供应链向产品服务融合方向发展与革新的重要驱动。以此为切入点，本节提出了"互联网+"生鲜农产品供应链的产品服务融合商业模式，重点分析了该产品服务融合商业模式的两种表现形式，并分析了生鲜农产品供应链传统企业面向该产品服务融合商业模式的转型。该产品服务融合商业模式以消费者需求为导向开展生鲜农产品与生活性服务的差异化融合，进而拉动生鲜农产品供应链的持续运作，一方面有助于颠覆传统的以产品为主导的生鲜农产品供应链，提升生鲜农产品流通中的附加价值；另一方面，有助于推动我国生鲜农产品行业跨界以及与生活性服务业的融合，进而创造更多的生鲜农产品产业价值。

基于上述研究，提出以下政策启示。

（1）以生鲜农产品行业为视角：保持政府对"互联网+"生鲜农产品行业问题的持续关注，大力推进生鲜农产品行业与生活性服务业的产业融合。首先，持续贯彻《中共中央 国务院关于深入推进农业供给侧结构性改革 加快培育农业农村发展新动能的若干意见》提及的"推进'互联网+'现代农业行动"[①]，加强云计算、大数据等互联网技术在生鲜农产品行业的应用，使生鲜农产品的流通更为可视化与可溯化，生鲜农产品的消费更为场景化，生鲜消费者的管理更为数据化，进而持续推进生鲜农产品产业互联网化，有助于促进"互联网+"环境下生鲜农产品行业的发展与创新。其次，需贯彻《中共中央 国务院关于深入推进农业供给侧结构性改革 加快培育农业农村发展新动能的若干意见》倡导的"壮大新产业新业态，拓展农业产业链价值链"，扶持区域性特色农业以发挥当地的资源优势，鼓励大力发展休闲农业、观光农业与乡村旅游等新兴产业，持续推进生鲜农产品行业与生活性服务业的深度融合，为生鲜农产品行业的发展培养新动能。

（2）以生鲜农产品供应链为视角：持续贯彻《中共中央 国务院关于加快推进农业科技创新持续增强农产品供给保障能力的若干意见》中明确提出的"充分利用现代信息技术手段，发展农产品电子商务等现代交易方式"[②]。首先，应鼓励生

---

① 《中共中央 国务院关于深入推进农业供给侧结构性改革 加快培育农业农村发展新动能的若干意见》，http://www.gov.cn/zhengce/2017-02/05/content_5165626.htm。

② 《中共中央 国务院关于加快推进农业科技创新持续增强农产品供给保障能力的若干意见》，https://www.moa.gov.cn/ztzl/yhwj/zywj/201202/t20120215_2481552.htm。

鲜农产品供应链各成员加强自身信息系统的建设，实现成员之间的高效对接与双向互动，进而巩固与提升彼此合作关系。其次，建议生鲜农产品供应链各成员之间的合作不要局限于生鲜农产品行业内部，鼓励成员基于"互联网+"建立并巩固与跨行业企业的连接与合作，协同推进产品经济、服务经济及互联网经济等的深度融合与联动发展。最后，针对作为生鲜农产品行业现实难题的冷链物流问题，政府可倡导生鲜农产品供应链各成员更新"共享经济"思维，引导供应链各成员协同共建冷链基础设施且实现资源共享，进而促进现代化生鲜农产品流通体系的构建，为打破生鲜农产品行业的物流瓶颈提供可能。

（3）以生鲜农产品供应链龙头企业为视角：亟须政府加强对生鲜农产品供应链企业的扶持，尤其是对生鲜农产品供应链龙头企业的培育。"互联网+"生鲜农产品供应链的产品服务融合商业模式的发展与革新，一方面给生鲜农产品行业带来了挑战，生鲜农产品行业会面临洗牌，部分生鲜农产品供应链企业面临淘汰的局面，另一方面也给生鲜农产品供应链企业的转型与革新带来了契机。因此，政府可以从税收政策、金融支持、科学技术与农产品服务体系等方面为一些优质的生鲜农产品供应链企业提供支持，引导并协助这些生鲜农产品供应链企业转型，再结合政策引导、资金扶持等举措培育具竞争力的生鲜农产品供应链龙头企业，这有助于树立生鲜农产品行业标杆企业形象，良性引导且带动其他生鲜农产品供应链企业的发展与同步转型，进而有助于整个生鲜农产品行业的良性发展。

4.2 消费需求驱动的"互联网+"生鲜电商同业互补模式

生鲜电商作为供应链环节上的一环，其发展离不开供应链上下游企业之间的合作，随着生鲜电商的不断发展，生鲜电商也开始与行业外企业主体合作。根据合作对象所在的行业差异，将合作方式划分为同行业内合作和跨行业合作。因此，本节进一步提出消费需求驱动的"互联网+"生鲜电商同业互补合作模式，并将以生鲜电商易果生鲜和菜谱应用下厨房合作为研究对象，开展案例研究，探究"互联网+"环境下生鲜电商同业互补合作模式构成要素及运作机理。

4.2.1 生鲜电商同业互补合作的典型案例分析

1. 案例介绍与数据来源

1) 易果生鲜和下厨房介绍

易果生鲜于 2005 年在上海创立，同时也是我国最早的一家生鲜电商。易果生鲜致力于为中高端家庭消费者提供具有品质化的生鲜食材。易果生鲜从最初的水果单一品类持续扩充到具备蔬菜、肉类、水产等 9 个品类，覆盖全球 23 个国家近 3800 多个品种，成为一站式全品类生鲜电商。易果生鲜拥有 3000 余名员工，子公司安鲜达采用冷冻、冷藏、常温等温控体系覆盖了全国 27 个省份 310 个主要城市，服务于近 500 万的家庭消费者。自 2013 年起，易果生鲜和阿里巴巴在生鲜领域开始进行战略合作，易果生鲜持续获得各种融资，同时在营销、物流、售后服务方面得到大幅改善，保证生鲜农产品消费者能够获取优质的生鲜产品和良好的消费体验。易果生鲜的销售额持续增长，在生鲜企业中，资本量和流量具有显著的领先优势。

下厨房是一家基于菜谱查询、制作、分享、交流的移动菜谱应用，拥有丰富的食谱体系以及用户自生产内容和专业生产内容。下厨房用户接近 8000 万，月活跃用户超过 6000 万，原创菜谱内容超过 50 万，是家庭美食的主要入口。下厨房通过菜谱内容实现与消费者连接，用户通过菜谱知识生产和学习，形成了消费者社群。此外，下厨房还实现与商家的对接，一方面社群核心用户可推荐商家入驻；另一方面，基于社群用户消费需求表达，下厨房的"市集买手"可为商家提供个性化订单，选购相应的产品。

2）易果生鲜和下厨房合作情况

易果生鲜和下厨房进行合作，一方面基于下厨房丰富的社群内容，挖掘分析消费者个性化和多元化消费需求，为消费者提供个性化需求产品；另一方面基于社群内容为消费者提供食材搭配、营养搭配等便利性食材解决方案，提高消费者感知收益，促进消费者持续转化。通过跨界合作，合作一年时间内，易果生鲜通过下厨房每日获取订单量达 10 000 单，客单价在 100 元左右；而作为合作方下厨房，通过为易果生鲜导流，一方面获取了佣金和广告费用，另一方面在电商化转型上实现了新的突破。

3）数据来源

数据主要来源于两个方面。①官方报道：主要来源于易果生鲜官方网站、下厨房官方网站及微信公众号。②媒体报道：主要来源于相关媒体报道，如中国电子商务研究中心、36 氪、亿帮动力网、艾瑞咨询等，另外包括对易果生鲜高管的相关采访报道、行业评论、知网中与案例有关的文献等。

2. 易果生鲜与下厨房合作案例的开放式编码

开放编码阶段的主要工作是将案例相关的素材信息进行不断的分解、提炼和抽象使之概念化，并在此基础上进行编码形成初始范畴。以"生鲜电商同业互补合作模式创新"为主题，对易果生鲜和下厨房合作的有关素材信息进行开放式编码，通过不断地分解与提炼使之概念化，在开放式编码过程中，最终引入近 110 个概念，如表 4.1 所示。

表 4.1 开放式编码带入的概念

项目	内容
概念	行业边界模糊、媒体与电商合作、内容营销、食材解决方案、内容传播、渠道拓展、需求痛点、扩充供应链、提供精准化产品、全品类产品体系、合作伙伴选择、后端供应、生鲜产品组合、供应链沉重、消费引流、美食社区、产业链合作伙伴、社交分享需求、初步合作、平台入驻、以内容为导向、引导式消费、食材导购、消费场景、消费评论分享、需求升级、信息引流、社群平台、按需定制产品、社区对接电商、社群内容、社群用户消费需求、购买转化、合作默契、消费场景合作、提高仓储周转率、产品品类少、物流仓储、冷链物流、安全质检、冷链宅配、批量定制、按菜谱设计、按需设计、消费黏性强、用户体验好、定制个性化产品、用户规模大、供应链优势、周转率稳健、扩大购物场景、增加销售量、粉丝经济、消费能力强、品质要求高、消费信任、用户推荐、购买评价、消费决策参考、口碑再营销、内容转化、需求获取、个性订单推荐、物流配送、UGC、消费关联、供应商选择、一站式模式、用户标签、消费数据、批量定制、需求匹配、消费引流、内容与电商结合、商品分散、口碑分散、物流与供应要求、产品供应、成本经济、批量定制、优质垂直内容、长尾需求、消费需求个性化、社区电商价值、消费闭环、个性化需求、电商与内容合作、以用户为中心、专注于内容、关注小众需求、用户口碑传播、用户忠诚度、采购需求、生产加工需求、仓储配送需求、用户维护、需求挖掘、供应渠道、需求定制、C2B 模式、社交营销闭环、多品类 SKU、降低决策成本、减少决策时间、消费黏性、供需对接

范畴是对概念的进一步抽象与概括。在范畴化过程中，需要结合研究主题对原始数据材料做进一步的分析和筛选（对与研究主题无关的概念予以剔除），归纳出与研究主题相关度较高的概念并通过编码形成初始范畴，最后一共得出 82 个概念（d1~d82）和 22 个初始范畴（D1~D22），如表 4.2 所示。

表 4.2 开放式编码结果

原始资料	概念化	初始范畴
除了主流需求外，下厨房还拥有虽是长尾但累加起来的小众需求，易果生鲜将根据下厨房的用户需求，扩充全球供应链，提供更多样和精准的商品	d1 主流需求 d2 小众需求 d3 供应链扩充 d4 产品精准提供	D1 提供精准化产品
易果生鲜将在全品类的基础上，结合美食社区里面的用户标签和数据，可以很好地推出批量定制，精确匹配消费者多元化个性需求	d5 消费升级 d6 用户标签 d7 批量定制 d8 个性化需求	D2 提供定制化产品
用户对菜谱具有天然需求，当告诉用户食材如何烹饪的时候，等于给用户提供了解决方案和便利	d9 菜谱需求 d10 烹饪方案 d11 消费便利	D3 内容提供
下厨房社区以及其中优质的 UGC 将为易果生鲜在内容传播和销售渠道拓展方面助力不少。下厨房的优质内容将被用于易果生鲜及以易果生鲜为供应商的天猫超市	d12 UGC d13 内容生产 d14 渠道拓展 d15 内容营销	D4 内容传播

续表

原始资料	概念化	初始范畴
易果生鲜从进口水果一个单一品类扩展到蔬菜、水果、禽蛋、肉类、水产等生鲜全品类，其品类结构更加齐全和完善	d16 品类扩充 d17 品类丰富 d18 生鲜全品类 d19 品类结构	D5 全品类产品体系
易果生鲜在2015年建立了全资子公司安鲜达，实现了生鲜产品从产地到用户的无缝保鲜，提高了易果生鲜在整个流通环节的把控力，包括冷库仓储、安全质检、加工包装、冷链宅配等诸多环节	d20 全程保鲜 d21 冷库仓储 d22 产品质检 d23 保鲜配送 d24 加工包装	D6 流通控制体系
下厨房市集有充分数量的活跃用户，可以发展粉丝经济，"他们信任下厨房平台推荐的商品的品质，而且也愿意进行溢价购买"，"用户经常会在购买商品后留下详细评价"	d25 需求层次高 d26 粉丝经济 d27 消费信任度高 d28 溢价消费 d29 消费评论	D7 高价值消费者
下厨房目前月活跃用户数超过6000万，有30余万UGC原创菜谱内容。在菜谱类APP市场中，下厨房排名第三位，活跃用户覆盖率达到22.4%	d30 用户规模大 d31 内容丰富 d32 市场占有率高 d33 用户活跃度高	D8 活跃的社群氛围
下厨房用户是菜谱知识生产者和学习者，围绕菜谱制作，下厨房形成了消费者社群，社群用户进行内容生产，进一步提升社群黏性	d34 菜谱知识生产 d35 菜谱知识学习 d36 菜品制作 d37 消费者社群	D9 丰富的社群内容
商家需要先将产品寄到下厨房，通过下厨房商业审核后，才能进行入驻，并须经有一定社群积分的核心用户进行尝鲜购买，获取较高的评价后，才能正式进行产品销售	d38 买手审核机制 d39 核心用户内测 d40 社群用户区分 d41 消费者反馈 d42 消费者决策	D10 严格的产品进入机制
下厨房和易果生鲜的用户高度重合，用户一站式购买生鲜的需求也在变得越来越强烈。下厨房可与易果生鲜进行合作创造一个恰当的消费场景，满足消费者购买和社群分享需求	d43 同类型消费群体	D11 社群内容获取
下厨房和易果生鲜的用户高度重合，用户一站式购买生鲜的需求也在变得越来越强烈。下厨房可与易果生鲜进行合作创造一个恰当的消费场景，满足消费者购买和社群分享需求	d44 一站式需求 d45 内容连接 d46 消费场景共建 d47 消费需求融合	D11 社群内容获取

第4章 基于生活性服务的"互联网+"生鲜农产品供应链合作模式

续表

原始资料	概念化	初始范畴
用户一方面发布生鲜资讯、菜谱方案等内容并分享，另一方面参与"厨友社"举行的线下体验活动，如美食交友等	d48 生鲜资讯发布 d49 线上交流分享 d50 线下体验活动	D12 社群活动参与
消费者在参与社群活动的过程中将产生大量行为数据，隐含着消费者的需求偏好和个性化需求表达	d51 消费行为数据 d52 消费需求偏好 d53 个性需求表达	D13 社群需求表达
下厨房根据菜系、食材、场景等标签将内容进行分类	d54 标签化处理 d55 内容分类	D14 社群内容分类
根据社交分享和在线评论，挖掘潜在购买需求并提供相应菜谱	d56 购买需求 d57 需求挖掘	D15 社群需求挖掘
下厨房由"市集买手"与商家对接，选择订单匹配最佳的供应商	d58 商家对接 d59 供应商选择	D16 供应商匹配
下厨房根据需求对产品进行加工、搭配、配料，为消费者提供品质化产品和优质服务，最后通过第三方物流进行配送	d60 附加性服务 d61 品质化产品 d62 产品配送	D17 产品服务与配送
用户群体个体特征越发鲜明，用户需求已从"便宜实惠"，变得越来越个性化，易果生鲜在全品类基础上，结合用户数据，可以推出批量定制，精确匹配个性需求	d63 个性化特征 d64 需求升级 d65 批量定制 d66 个性化匹配	D18 产品定制收入
在满足主流需求的基础上，进一步满足具有长尾效应的小众需求，提高用户忠诚度，不断引发用户自发的口碑传播	d67 长尾效应 d68 长尾小众需求 d69 用户忠诚度 d70 口碑传播效应	D19 小众产品收入
通过"以销定产"的采购方式，易果生鲜有效降低了采购过程的盲目性，降低了滞销成本和缺货成本	d71 以销定产 d72 采购模式 d73 滞销成本 d74 缺货成本	D20 采购成本
下厨房的用户活跃度高，具有较强的社交互动性，消费者基于社群产生黏性，无须专门的人员进行管理，节约了客户维护成本	d75 用户活跃 d76 社交互动 d77 人员管理 d78 客户维护	D21 管理成本

续表

原始资料	概念化	初始范畴
认同感强、互动性强的用户进入生鲜商城,借助新媒体在一定程度上解决了传统电商常面临的用户留存率低、新用户获取成本过高等痛点	d79 互动性 d80 用户留存 d81 新媒体营销 d82 新用户获取	D22 营销成本

3. 易果生鲜与下厨房合作案例的主轴式编码

主轴式编码阶段的主要工作是以一定的逻辑对初始范畴进行重新组合和归纳,探究初始范畴之间的某种联系或共通性。结合原始资料和初始范畴的对比分析,最终将所得到的初始范畴分别归纳到 9 个副范畴之中,如表 4.3 所示。

表 4.3　主轴式编码得到的副范畴

初始范畴	副范畴
D1 提供精准化产品	DD1 提供生鲜产品
D2 提供定制化产品	
D3 内容提供	DD2 开展内容营销
D4 内容传播	
D5 全品类产品体系	DD3 生鲜供应链资源
D6 流通控制体系	
D7 高价值消费者	DD4 社群运营资源
D8 活跃的社群氛围	
D9 丰富的社群内容	
D10 严格的产品进入机制	
D11 社群内容获取	DD5 消费需求表达
D12 社群活动参与	
D13 社群需求表达	
D14 社群内容分类	DD6 消费需求获取
D15 社群需求挖掘	
D16 供应商匹配	DD7 消费需求满足
D17 产品服务与配送	
D18 产品定制收入	DD8 创新收入模式
D19 小众产品收入	

续表

初始范畴	副范畴
D20 采购成本	DD9 优化成本结构
D21 管理成本	
D22 营销成本	

经过开放式编码得出的各个范畴间关系较为松散，为进一步探究各个范畴间的关系和联系机制，需要对初始范畴以及形成的副范畴进行主轴式编码。通过因果条件—现象—行动脉络—中介条件—行动策略—结果这一典范模型对易果生鲜和下厨房的合作模式进行深入探讨和研究，为开放式编码过程中得出的概念或范畴间建立因果逻辑关系，最终得到了价值主张、核心资源、关键流程、盈利模式等4个主范畴及其对应的典范模例，如表4.4～表4.7所示。

表 4.4 将价值主张作为主范畴，价值主张表现为提供生鲜产品和开展内容营销，并以此为现象，将创新收入模式、优化成本结构作为主要的因果条件，其行动脉络为生鲜电商盈利收入水平低促使其进行产品创新，易果生鲜通过提供个性化产品和服务以及开展内容营销来增加收入并降低成本。以社群运营资源为主要中介条件，在此基础上，易果生鲜开展内容营销的行动策略，将社群资源和供应链资源进行融合，构建以消费需求为核心的运作流程，实现消费需求的满足。

表 4.4 价值主张的典范模例

主要构成	涉及的概念和范畴以及因果关系
因果条件	DD8 创新收入模式、DD9 优化成本结构
现象	DD1 提供生鲜产品、DD2 开展内容营销
行动脉络	易果生鲜通过下厨房社群为消费者提供个性化产品和服务以及开展生鲜内容营销
中介条件	DD4 社群运营资源
行动策略	开展内容营销
结果	构建基于社群的消费者平台，并通过获取消费需求实现个性化定制

表 4.5 将核心资源作为主范畴，核心资源包括生鲜供应链资源和社群运营资源，并以此为现象，将提供生鲜产品和开展内容营销作为主要的因果条件，其行动脉络为为实现新的价值主张，易果生鲜与下厨房开展合作，通过获取消费需求，开展生鲜农产品营销活动。以消费需求获取为中介条件，在此基础上，易果生鲜

实施与下厨房整合资源的行动策略，最后与生鲜供应链资源进行整合，形成互补合作的核心资源。

表 4.5 核心资源的典范模例

主要构成	涉及的概念和范畴以及因果关系
因果条件	DD1 提供生鲜产品、DD2 开展内容营销
现象	DD3 生鲜供应链资源、DD4 社群运营资源
行动脉络	为实现新的价值主张，易果生鲜与下厨房合作，整合利用社群资源，开展生鲜农产品营销
中介条件	DD6 消费需求获取
行动策略	与下厨房进行合作
结果	将生鲜供应链资源和下厨房社群资源整合，形成互补合作的核心资源

表 4.6 将关键流程作为主范畴，关键流程包括消费需求表达、消费需求获取、消费需求满足等环节，以消费需求满足为现象，将提供生鲜产品和开展内容营销作为主要的因果条件，其行动脉络为基于新的价值主张，易果生鲜构建以消费需求为中心的运作流程。以消费需求表达和消费需求获取为中介条件，在此基础上，易果生鲜通过协同下厨房和生鲜供应链资源，快速满足消费需求。

表 4.6 关键流程的典范模例

主要构成	涉及的概念和范畴以及因果关系
因果条件	DD1 提供生鲜产品、DD2 开展内容营销
现象	DD7 消费需求满足
行动脉络	构建以消费需求为中心的流程，获取消费需求并满足消费需求
中介条件	DD5 消费需求表达、DD6 消费需求获取
行动策略	获取消费需求，提供个性化产品
结果	易果生鲜通过消费需求的获取，协同下厨房满足消费需求

表 4.7 将盈利模式作为主范畴，盈利模式主要体现为创新收入模式和优化成本结构，并以此为现象，将生鲜供应链资源和社群运营资源作为主要的因果条件，其行动脉络为易果生鲜基于核心资源重构业务流程，开展以消费需求为中心的营销活动。以消费需求表达、消费需求获取、消费需求满足为中介条件，在此基础上，易果生鲜整合供应链资源和下厨房社群资源，通过精准获取消费需求并提供个性化定制产品及小众产品，实现销售收入的增长和成本的降低。

表 4.7　盈利模式的典范模例

主要构成	涉及的概念和范畴以及因果关系
因果条件	DD3 生鲜供应链资源、DD4 社群运营资源
现象	DD8 创新收入模式、DD9 优化成本结构
行动脉络	易果生鲜基于核心资源构建以消费需求为中心的业务流程，实现盈利
中介条件	DD5 消费需求表达、DD6 消费需求获取、DD7 消费需求满足
行动策略	定制个性化产品、开发小众产品
结果	易果生鲜基于下厨房获取消费需求，开展针对性的营销，实现了收入增加和成本的降低

在主轴式编码过程中，基于典范模例逻辑形成的副范畴和主范畴之间存在着逻辑联系，即副范畴往往是对主范畴的解释和说明，为了进一步理解范畴之间的逻辑关联及构建有关理论，对主范畴和副范畴的对应关系进行说明，如表 4.8 所示。

表 4.8　主轴式编码结果

主范畴	副范畴		
价值主张	提供生鲜产品		开展内容营销
核心资源	生鲜供应链资源		社群运营资源
关键流程	消费需求表达	消费需求获取	消费需求满足
盈利模式	创新收入模式		优化成本结构

4. 易果生鲜与下厨房合作案例的选择性编码

经过主轴式编码得出的价值主张等 4 个主范畴具有归纳性的作用，为了进一步探究主范畴之间的相互联系，在选择性编码阶段，研究小组再次对案例资料进行阅读探究，尝试整合、精炼理论模型，从而明确跨界合作模式的故事线。最终得到了以下故事线：易果生鲜为实现新的价值主张，与下厨房进行互补合作，利用下厨房社群资源和自有供应链资源形成同业互补的核心资源，构建以下厨房社群为核心的关键流程，最终创新收入模式的同时也优化了成本结构。

5. 易果生鲜与下厨房合作案例的理论饱和度检验

理论饱和度检验是指在不额外获取资料的基础上，检验扎根理论的结果是否真实有效，主要有以下三个标准：①资料来源和资料信息是否可信、可靠及有效；②理论与数据是否契合，即结论根源是否来自经验资料；③理论自身的评价。通过对预留的近 1/3 的数据材料进行分析归纳，发现生鲜电商同业互补模式的概念模型中并没有产生新的范畴或新的联系，且现有的理论模型包含案例资料所得的理论范式，因此，理论模型达到饱和。

4.2.2　生鲜电商同业互补合作模式构成要素与运作机理

通过对案例资料的编码分析,主要有以下两类发现:一是界定了生鲜电商同业互补合作模式的构成要素;二是明确了要素之间的作用机制和运作机理,详细分析如下。

1. "互联网+"环境下生鲜电商同业互补模式构成要素

1)价值主张

价值主张是生鲜电商和合作企业基于共同消费群体所提供生鲜农产品和相关服务的价值总和,包括提供生鲜产品和开展内容营销两个副范畴,如表4.9所示。

表4.9　价值主张主范畴(一)

副范畴	初始编码	典型示例
提供生鲜产品	提供精准化产品	易果生鲜将根据下厨房的用户需求,扩充全球供应链,提供更多样和精准的商品(36氪)
	提供定制化产品	易果生鲜在全品类、一站式模式的基础上,结合用户数据,可以推出批量定制并精确匹配个性需求(金光磊)
开展内容营销	内容提供	当我们告诉他购买的食材可以如何烹饪的时候,等于给消费者提供了更多的解决方案和便利(Tony)
	内容传播	下厨房社区当中优质的 UGC 将为易果生鲜在内容传播和销售渠道的拓展上助力不少(Tony)

副范畴提供生鲜产品包括提供精准化产品和提供定制化产品等初始范畴。随着消费需求升级,消费者对于生鲜农产品需求趋于多元化、个性化和服务一体化,如何获取精准性个性化的消费需求,是生鲜电商进行营销创新首先解决的问题。生鲜电商易果生鲜与生鲜社群下厨房进行合作,基于丰富的社群内容如用户标签和用户行为数据挖掘和获取消费需求,通过扩充供应链,为消费者提供更多样和更精准的产品,从而匹配多元化个性需求。

副范畴开展内容营销包括内容提供和内容传播两个初始范畴。一方面,生鲜电商基于社群内容,为消费者提供精准性个性化产品;另一方面,生鲜电商可充分利用社群内容为生鲜农产品营销提供相关指导,通过为生鲜消费者提供内容增值性服务,促进生鲜农产品的销售。生鲜电商易果生鲜基于下厨房优质内容,为消费者提供食材搭配、烹饪解决方案,给消费者带来便利,有利于节省消费者选材、烹饪决策时间,提高消费者购买满意度;同时基于社群优质 UGC

开展内容营销,可以降低消费者购买感知风险,促进消费者购买转化。

2）核心资源

核心资源是生鲜电商与合作企业进行合作所需的相关资源,包括生鲜供应链资源、社群运营资源两个副范畴,如表 4.10 所示。

表 4.10 核心资源主范畴（一）

副范畴	初始编码	典型示例
生鲜供应链资源	全品类产品体系	从水果,甚至是进口水果一个品类扩展到国产水果、蔬菜、禽蛋、肉类、水产、烘焙等的生鲜全品类。（易果生鲜官网）
	流通控制体系	在 2015 年建立全资子公司安鲜达,实现生鲜产品从产地到用户的无缝保鲜。（下厨房 Tony）
社群运营资源	高价值消费者	用户信任我们平台推荐的商品的品质,愿意溢价购买。（下厨房 Tony）
	活跃的社群氛围	目前月活跃用户数为 3000 万,有 30 余万 UGC。（下厨房 Tony）
	丰富的社群内容	我们的社群内容包括菜谱知识、菜品搭配和美食烹饪记录。（下厨房 Tony）
	严格的产品进入机制	商家想要将商品放到"市集"销售,首先需要将商品寄到下厨房,由"市集买手"进行审核,会先在"爱尝鲜"频道进行核心用户内测,如果商品反馈不好,这个商品就不会出现在"市集"（下厨房 Tony）

副范畴生鲜供应链资源包括全品类产品体系和流通控制体系等初始范畴。对于生鲜社群消费者而言,其消费需求具有多样化和个性化特点,如何满足消费者多样化和个性化需求,是生鲜电商必须解决的关键性问题。生鲜电商易果生鲜不断扩充产品品类,并为消费者提供个性化定制、加工、包装等服务,可有效覆盖消费需求,同时通过在流通环节通过安鲜达提供全程的保鲜服务,保证生鲜农产品的品质。

副范畴社群运营资源包括高价值消费者、活跃的社群氛围、丰富的社群内容、严格的产品进入机制等初始范畴。生鲜电商通过与生鲜社群连接,利用社群内容、社群关系网络及社群相关机制,与消费者对接并获取消费需求。生鲜电商易果生鲜与下厨房合作,利用活跃等级较高的社群用户开展内容传播,通过社群关系网络和活跃的社群氛围,创造 UGC 和 PGC 等优质的内容,提升消费者口碑和生鲜品牌知名度,并通过买手审核机制入驻下厨房平台,实现消费者引流。

3）关键流程

关键流程是生鲜电商同合作伙伴基于核心资源开展的业务活动及流程分工,包括消费需求表达、消费需求获取、消费需求满足等三个副范畴,如表 4.11 所示。

表 4.11　关键流程主范畴（一）

副范畴	初始编码	典型示例
消费需求表达	社群内容获取	用户在下厨房社区发布生鲜资讯，分享生鲜消费体验。（下厨房 Tony）
	社群活动参与	用户参加"厨友社"举行的线下活动，如美食交友、烹饪教学等。（下厨房 Tony）
	社群需求表达	消费者在参与线上线下社群活动的过程中将产生大量行为数据，而这些数据隐含着消费者的需求偏好，使其个性化需求得以激发和表达。（下厨房 Tony）
消费需求获取	社群内容分类	下厨房根据菜系、食材、场景将内容进行分类。（下厨房 Tony）
	社群需求挖掘	根据消费者的分享和评论过程产生的购买需求提供相应菜谱，或根据消费者社群行为数据挖掘的个性化需求推荐相应菜谱。（36氪）
消费需求满足	供应商匹配	下厨房根据用户需求，由"市集买手"与商家对接，"市集买手"将选择订单匹配最佳的供应商。（微信公众号）
	产品服务与配送	下厨房根据消费者需求对产品进行加工、搭配、配料、包装等，为消费者提供高品质的生鲜产品和优质服务，最后通过第三方物流，如安鲜达等完成生鲜农产品的配送。（微信公众号）

副范畴消费需求表达包括社群内容获取、社群活动参与、社群需求表达等初始范畴。生鲜电商与同行业相关企业进行互补合作，首先需要与消费者对接，其次建立业务关联，获取消费需求。易果生鲜和下厨房首先打通应用接口，将生鲜消费者和菜谱需求者进行融合，其次通过社群活动形式，吸引生鲜消费者参与线下社群活动，线上分享生鲜挑选技巧及交流烹饪体验，通过线上线下活动，促进消费者之间的分享和互动，并通过消费行为数据获取消费需求。

副范畴消费需求获取包括社群内容分类和社群需求挖掘两个初始范畴。生鲜电商在获取消费者消费行为数据后，需要对消费行为数据进行分类处理和分析挖掘才能将潜在消费需求显性化。易果生鲜协同下厨房，根据菜系、食材、场景等标签将内容进行分类处理，并建立用户消费行为画像，基于分享和评论的购买需求及社群消费需求，获取消费需求。

副范畴消费需求满足包括供应商匹配和产品服务与配送两个初始范畴。生鲜电商在获取消费需求后，需要快速响应并满足消费需求。易果生鲜通过了下厨房"市集买手"的审核，可为下厨房提供高质量的生鲜农产品，促进用户购买需求显性化；在服务方面，下厨房为消费者提供加工、搭配、配料、包装等服务。在物流配送端，由安鲜达完成生鲜产品的物流配送，保证生鲜产品优质、高效地到达消费者手中。

4）盈利模式

盈利模式是生鲜电商与合作企业实现价值获取的反映，体现在收入模式和成本结构两方面，盈利模式主范畴包括创新收入模式和优化成本结构两个副范畴，如表 4.12 所示。

表 4.12　盈利模式主范畴（一）

副范畴	初始编码	典型示例
创新收入模式	产品定制收入	易果生鲜根据下厨房用户标签和社交分享数据，可以很好地推出批量定制，满足消费者多元化个性需求，实现个性定制。（金光磊）
	小众产品收入	在满足主流需求的基础上，进一步满足了虽是长尾累加起来却极为可观的小众需求，才能拥有极高的用户忠诚度，不断引发用户自发的口碑传播，在竞争中立于不败之地。（金光磊）
优化成本结构	采购成本	通过以销定产的采购方式，易果生鲜有效降低了采购过程的盲目性，降低了滞销成本和缺货成本。（金光磊）
	管理成本	消费者基于社群产生黏性，无须专门的人员进行管理。（金光磊）
	营销成本	如果下厨房中认同感强、互动性强的用户通过社区进入生鲜商城，借助新媒体的能力可以在一定程度上解决传统电商常面对的用户留存率低、新用户获取成本过高的痛点。（下厨房 tony）

副范畴创新收入模式包括产品定制收入和小众产品收入两个初始范畴。通过与行业内菜谱应用企业进行互补合作，生鲜电商进一步获取并满足消费者个性化需求和小众需求，扩大了生鲜销售市场，同时基于合作企业相关联的内容资源，进一步促进生鲜农产品的销售，提高生鲜电商的品牌知名度和销售业绩。

副范畴优化成本结构包括采购成本、管理成本和营销成本三个初始范畴。通过与行业内关联企业进行互补合作，生鲜电商能够精准获取目标消费群体的消费需求，基于以销定产的采购方式，有效降低了由供销不匹配造成的滞销成本和缺货成本。同时，基于消费者对社群平台较强的消费黏性，生鲜电商对客户管理投入的人力、时间也相对减少或缩短，由此也降低了管理成本和营销成本。

2. "互联网+"环境下生鲜电商同业互补模式运作机理

通过扎根理论，识别出生鲜电商同业互补模式的构成要素的内涵，包括价值主张、核心资源、关键流程、盈利模式等。基于此四要素，构建生鲜电商同业互补模式，并结合要素之间的联结关系，进一步探索生鲜电商同业互补合作模式运作机理，如图 4.2 所示。

1）价值主张创新推动生鲜电商核心资源整合

价值主张作为生鲜电商为生鲜农产品消费者提供价值的一种表现形式，涉及生鲜农产品及有关服务等方面，消费结构改变、消费需求升级及市场竞争因素均会影响生鲜产品及相关服务的提供，从而促使价值主张调整和创新。特别地，消费需求升级使得消费需求呈现营养定制化、消费场景化、服务一体化等趋势，因此生鲜电商应以消费需求为导向，从个性化、社交化、服务化等方面进行价值主张创新。价值主张创新是生鲜电商商业模式创新的起点，其实现依赖于相关资源

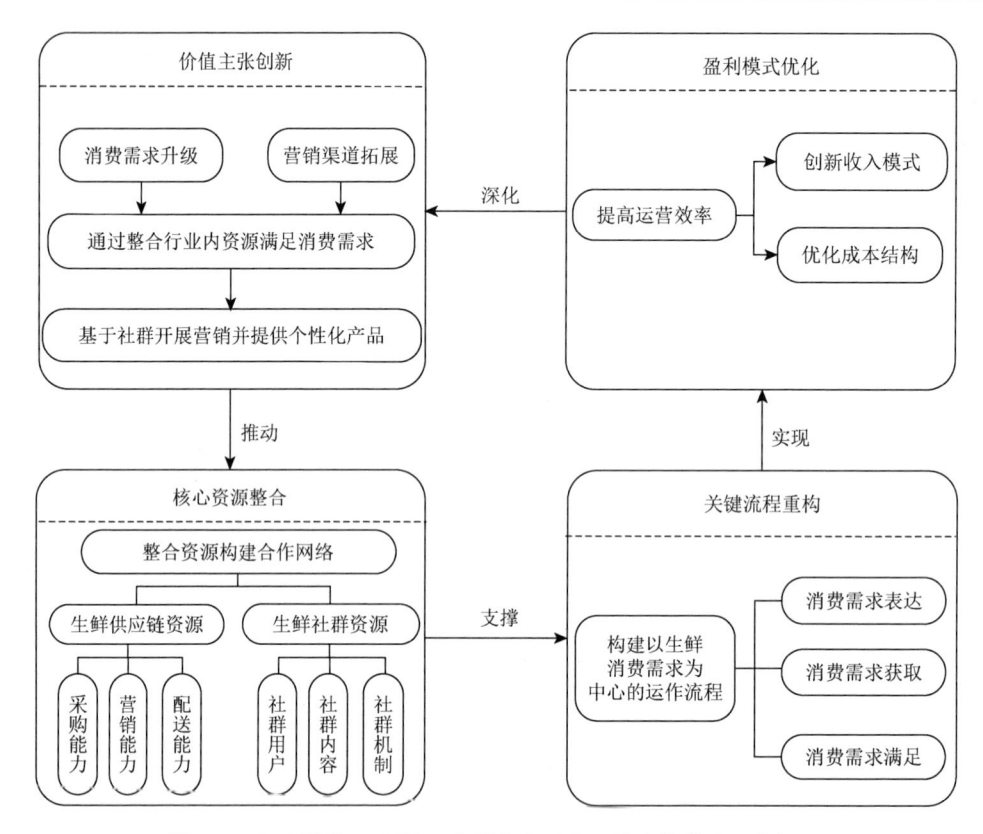

图4.2 "互联网+"环境下生鲜电商同业互补合作模式运作机理

和能力的整合利用，由于生鲜农产品易腐变质以及生鲜电商单一主体资源与能力局限性，生鲜电商难以满足消费者多元化需求，需要寻求同业企业进行互补合作。一方面生鲜电商和合作企业在产品研发、渠道拓展等方面进行业务合作，通过业务协同提高生鲜产品的附加值，并改善消费体验；另一方面生鲜电商还可与合作企业以战略联盟、合作经营等形式开展合作，通过优势资源互补挖掘新价值，并延伸价值链。通过同行业优势资源互补实现强强合作，生鲜电商能够更加精准和高效匹配消费需求，并实现价值增值。

案例企业易果生鲜为满足消费者个性化定制产品和菜谱分享需求，与行业下游菜谱应用下厨房进行合作，通过整合利用社群内容、社群机制以及高价值的社群用户等资源开展内容营销，分析和获取消费者个性化需求，并提供个性化定制产品，实现生鲜农产品价值增值。

2）核心资源整合驱动生鲜电商关键流程重构

核心资源是生鲜电商进行价值创造和获取竞争优势所需的关键资源与能力，包括人员、技术、市场等关键要素和资源，通过这些关键要素的创新组合和资源的有效配置，形成同业互补合作的运作流程。生鲜电商作为连接消费者和生鲜种植者的"中间桥梁"，在重构关键流程过程中，需要与供应链上下游、行业上下游企业密切配合，构建基于消费需求的伙伴网络。生鲜电商一方面可与供应链上下游企业合作，整合种植资源、营销资源，用以改善产品销售、渠道拓展，如整合生鲜产品的饮食文化资源，进行产品营销；另一方面可与上下游行业相关企业互补合作，整合利用加工资源、服务资源，改善产品和服务品质，如整合养生保健资源，提供营养化的生鲜套餐，满足消费者较高层次的需求。特别地，在关键流程重构过程中，生鲜电商应以消费需求为导向，构建以消费需求为中心的运作流程。首先，生鲜电商需要和合作企业进行消费群体融合，通过消费群体的共通性，形成消费社群，通过社群活动激发消费需求表达；其次，生鲜电商通过数据分析工具获取消费需求；最后，生鲜电商与合作企业开展互补合作满足消费需求。

案例企业易果生鲜通过将供应链资源和下厨房社群资源进行融合，形成了同业互补合作的核心资源，为以消费需求为中心的业务流程提供了资源基础。易果生鲜基于下厨房社群资源，通过社群互动引导消费需求表达、消费需求获取，最终满足消费需求。

3）关键流程重构实现生鲜电商盈利模式优化

生鲜电商通过整合资源，与生鲜农产品行业相关企业进行互补合作，引入新的交易主体，增添新的交易内容，利用资源的协同效应和互补效应有效提高了生鲜农产品供应链运作效率，在经济上体现为规模效应和联合需求效应，通过规模效应和联合需求效应进一步降低交易成本和提高收入水平。在获取消费需求阶段，通过合作企业的消费者社群，生鲜电商可基于社群消费者、社群内容、社群相关机制等进行内容合作，通过引导消费者互动和消费者表达，使社群消费者产生联合需求或新的消费需求；在识别消费需求阶段，生鲜电商通过对社群信息采集、共享与分析挖掘获取消费者潜在需求，为消费需求满足提供基础；在满足消费需求阶段，生鲜电商基于所获得的多元化和个性化需求，协同供应链上下游主体和行业上下游合作企业，向消费者提供高价值的生鲜农产品和增值性服务，快速满足消费者需求，实现生鲜农产品价值增值，同时基于消费者社群黏性降低消费者获取成本和客户维护成本，从而实现收入模式的创新和成本结构的优化。

案例企业易果生鲜通过社群识别、消费者需求获取，并通过供应链快速满足生鲜消费需求。对于生鲜电商，个性化定制和社群营销有效匹配了消费需求和产品销售，促进了消费者购买和实现生鲜农产品价值增值，同时，基于社群平台的黏性，减少了客户维护成本和营销成本等。

4）盈利模式优化促进生鲜电商创新价值主张

生鲜电商通过与同行业相关互补性企业构建合作伙伴网络，进行资源整合和业务流程重构，会进一步降低企业的经营成本并提高经营效益。对于生鲜电商而言，合作效益主要体现在销售额的增长、市场份额的扩大以及品牌知名度的提升上，以及采购成本、营销成本、物流成本的降低。对于合作企业而言，通过合作会实现产品与服务增值、运作效率提升等。在获取合作收益后，生鲜电商一方面会强化价值主张的认同，另一方面会进一步强化合作，例如开展更深入的合作，引入新的合作伙伴等。借助于合作企业的优势互补资源，生鲜电商积极调整原有单一企业主导的营销战略和市场策略，并与合作企业建立联盟，拓展新的价值链，对原有的产品服务供给进行重新思考与探索，寻求以新的消费需求为中心，以创新产品和服务供给为中心的战略定位，即实现价值主张创新不断深化。

案例企业易果生鲜通过下厨房社群为消费者提供个性化定制产品，同时基于内容开展内容营销，实现了生鲜农产品价值增值；而合作企业下厨房，在电商化探索过程中取得了新的突破，双方实现了合作共赢。在共赢的基础上，双方进一步拓展合作领域，将基于生鲜半成品、营养套餐、菜谱搭配等领域开展营销合作，为消费者提供更加精准的产品与服务，与此同时易果生鲜进一步整合供应链上游资源，获取更多的产品品类。

4.2.3 对行业和企业的启示

以生鲜电商易果生鲜和生鲜行业下游菜谱应用下厨房合作为例探究"互联网+"生鲜电商同业互补合作模式，识别出该模式的价值主张、核心资源、关键流程、盈利模式等四个要素内涵。通过进一步分析要素之间的联系，得出该合作模式的创新运作机理，价值主张创新是生鲜电商同业互补合作模式创新的起点，核心资源整合推动关键流程重构，通过关键流程的重构，生鲜电商实现盈利模式的优化，而盈利模式优化又进一步促进价值主张创新，即形成价值主张创新—核心资源整合—关键流程重构—盈利模式优化—价值主张创新的循环。基于上述研究，得出以下政策启示。

（1）同业互补合作是生鲜电商进行转型升级的重要选择。相比图书、3C[计算机类（computer）、通信类（communication）和消费类（consumer）]电子产品，生鲜农产品易腐易变质，且生鲜农产品供应链环节较为复杂，依靠生鲜电商自建采购、物流、营销系统进行全链条产品和服务提供，需要耗费巨额的资本，且风险较大。因此，生鲜电商需要与同行业相关企业，诸如供应链上下游企业或行业内上下游企业密切配合，寻求企业之间的互补合作。生鲜电商可与相关联的企业进行资源共享和流程重构，发挥资源的协同或互补效应，实现生鲜农产品产品和服务升级。

（2）生鲜电商可与同行企业在产品、服务、体验等方面开展互补合作。生鲜电商与合作企业应以消费需求为中心，注重消费者产品、服务、体验等需求，在产品方面，生鲜电商可与合作企业挖掘生鲜饮食文化、养生保健产品属性，提供具有创意性的生鲜产品；在服务方面，生鲜电商可与合作企业为消费者提供个性化食材推荐、菜谱查询、烹饪指导、食材加工等服务；在体验方面，生鲜电商协同合作企业开展生态旅游、线下烹饪等活动，增强消费者对生鲜产品的感知体验等。生鲜电商通过与合作企业在产品、服务、体验等方面合作，可进一步提高消费者满意度和消费黏性。

（3）生鲜电商应与合作伙伴建立良好的竞合机制。生鲜电商和相关企业进行合作，是建立在共同的利益基础上的。通过合作，生鲜电商能更好地为消费者提供产品和服务，同时实现了价值增值；而合作企业也可从同业合作过程中获取一定的收益，诸如提高市场知名度、增加销售额、获取投资回报等。同时，基于各自的利益需求，生鲜电商和合作企业在合作过程中，会产生一定程度的竞争，诸如资源利用、资本投入、渠道竞争等问题，双方应在共赢基础上，妥善处理竞争问题，实现合作共赢。

4.3 "互联网+"生鲜电商跨界合作模式

"跨界融合"思维下，行业边界越来越模糊、资源与要素相互渗透，获取并整合资源有利于推动商业模式创新，跨界合作为生鲜电商的商业模式创新提供了一种新思路。对于生鲜电商而言，在"互联网+"环境下如何选择跨界对象、如何通过跨界合作实现商业模式创新是一个尚未研究且亟待解决的问题。因此，探究生鲜电商跨界合作商业模式具有重要的理论和现实意义。本节拟对典型的生鲜电商跨界合作商业模式进行案例研究，探究"互联网+"生鲜电商跨界合作商业模式构成要素以及分析跨界合作商业模式运作机理（实现路径），以期为生鲜电商进行跨界合作创新商业模式提供一定的参考和借鉴。

4.3.1 生鲜电商跨界合作的典型案例分析

1. 研究方法

采用案例研究方法，主要基于以下两点原因。①研究情景。案例研究作为一种经验性的定性研究，适合于现象描述和理论探索。尽管不少文献研究了商业模式，但是对于生鲜农产品的商业模式，特别是在跨界合作背景下的研究尚属首次。"生鲜电商跨界合作商业模式创新"为一个新的研究领域，该领域的研究处于探索阶段，少有文献可供参考借鉴，该研究情景与案例研究相适应。②研究的目的。旨在探究生鲜电商跨界商业模式，为生鲜电商商业模式创新提供一定的理论指导。单案例研究能够翔实地对案例进行深入分析、探究案例运作机理。在方法的选择上，利用扎根理论程序化的编码方法和研究程序对案例进行深入分析，探究生鲜电商跨界合作商业模式的构成要素，并进一步探索构成要素之间的运作机理。

2. 案例介绍和数据来源

"互联网+"生鲜电商跨界合作商业模式即生鲜电商基于"互联网+"工具或思维，与行业外其他企业主体进行合作，通过获取和整合外部资源对商业模式进行创新，从而更好地为消费者提供所需的生鲜农产品。生鲜电商易果生鲜与家电企业海尔进行跨界合作，基于海尔智厨冰箱构建了厨房场景的商业模式，是生鲜电商跨界合作的典型案例。

易果生鲜将购买程序、溯源体系、菜谱资源等植入海尔智厨冰箱终端，消费者通过海尔智厨冰箱一方面可进行产品选购或预订，另一方面可获取生鲜农产品种植、采摘、检验、配送等各环节的数据信息和获取与食材相关的菜谱知识。易果生鲜通过海尔智厨冰箱图像识别、RFID 等技术获取生鲜农产品消耗信息和消费者生活习惯信息，整合并分析这些消费数据，以挖掘消费者的个性化需求。基于消费者个性化需求，易果生鲜对原有的生鲜农产品供应链采购、分销、配送、营销等各环节进行优化和重构，易果生鲜由单一生鲜农产品销售商向以生鲜农产品为中心的服务商转变，实现商业模式创新。通过跨界合作，合作半年时间内，易果生鲜通过海尔智厨冰箱获取订单量达 30 000 单，客单价高达 150 元；而作为合作方的海尔，通过易果生鲜交叉销售模式，海尔智厨冰箱销量突破 5000 台（海尔官网），市场份额为 27.4%，高居行业第一，海尔在智能家电化转型上实现了新的突破。

本书通过多种渠道进行数据收集、甄选、汇总，数据资料来源于两个方面。①一手资料：一部分来源于易果生鲜、海尔的官方网站、微博、微信公众号；另一部分来源于作者作为客户参与过案例企业生鲜购买和体验，以及通过客服访谈获取的一些资料。②二手资料：主要包括网络上相关媒体的报道（中国电子商务研究中心、亿帮动力网等）、企业高管的经验分享、行业评论、知网数据库中有关的文献报道、涉及案例企业经营发展的一些书籍。

3. 数据分析

根据扎根理论的程序化编码方法，将数据依次进行开放编码、轴心编码、选择编码。

开放编码阶段的主要工作是将案例素材信息进行不断的分解、提炼和抽象，使之概念化，并在此基础上进行编码形成初始范畴。如通过案例素材"当食材短缺时，海尔冰箱会对用户进行智能提醒，易果生鲜为用户推荐食材，并配送到家，还能形成周期供货"，可提取"智能提醒""食材推荐""周期供货""消费便捷"等概念，在概念的基础上范畴化，形成初始范畴"便捷性购买"。在开放编码过程中,最终引入了 98 个概念,形成了 23 个初始范畴。轴心编码阶段的主要工作是对初始范畴进行重新组合和归纳,探究初始范畴之间的某种联系或共通性。如开放编码过程中形成的"便捷性购买""智能推荐菜谱""改善烹饪体验",均涉及消费体验的优化,可归纳为一个新的范畴(副范畴)"优化消费体验"。结合原始资料和初始范畴的对比分析,最终将所得到的初始范畴分别归纳到 9 个副范畴中。

接着,进行主范畴的提取,以构建相关理论。为了降低主观偏好,借鉴商业模式有关的理论成果,主要有商业模式的四要素模型、九要素模型及协同整合理论,构建跨界合作商业模式。商业模式应全方位、多视角反映企业如何创造价值、传递价值和实现价值,因此主范畴重点从商业模式的价值主张、核心资源、关键流程、盈利模式等方面进行数据匹配。例如,副范畴"优化消费体验""个性化产品与服务",反映生鲜电商为目标消费者提供的产品与服务,与商业模式价值主张相匹配,故将这两个副范畴整合纳入主范畴"价值主张"。依次类推,最终提炼出价值主张、核心资源、关键流程、盈利模式等四个主范畴及其相应的副范畴,如表 4.13 所示。

表 4.13 生鲜电商跨界合作商业模式轴心编码结果

主范畴	副范畴		
价值主张	优化消费体验		个性化产品与服务
核心资源	生鲜供应链资源		合作企业相关资源
关键流程	共建消费场景	捕获消费信息	产品精准营销
盈利模式	增加收入来源		分摊运营成本

4.3.2 生鲜电商跨界合作商业模式的构成要素与运作机理

1. 生鲜电商跨界合作商业模式的构成要素

1)价值主张

价值主张是生鲜电商协同合作企业为生鲜农产品消费者提供产品和服务的价值总和,包括优化消费体验和个性化产品与服务两个副范畴,如表 4.14 所示。

表 4.14 价值主张主范畴(二)

副范畴	初始编码	典型示例
优化消费体验	便捷性购买	厨房里的蔬菜、水果吃完了,用冰箱就能选购。(某海尔用户体验)

续表

副范畴	初始编码	典型示例
优化消费体验	智能推荐菜谱	当用户把一块牛肉从冰箱里拿出来,冰箱会推荐这块牛肉最适合的做法。(易果生鲜项目负责人陈俊奇)
	改善烹饪体验	易果生鲜通过海尔智厨冰箱整合爱奇艺、蜻蜓FM等娱乐资源改善消费者厨房体验。(易果生鲜项目负责人陈俊奇)
个性化产品与服务	个性化产品	易果生鲜根据食材品类和用户消费习惯推荐定制化口味和烹饪方法。(易果生鲜项目负责人陈俊奇)
	个性化服务	易果生鲜还可根据用户身体健康状态,推荐符合营养需求的个性化套餐。(易果生鲜项目负责人陈俊奇)

　　副范畴优化消费体验包括便捷性购买、智能推荐菜谱、改善烹饪体验等初始范畴。对于生鲜电商而言,顺应智能化生活和懒人经济形态,开辟智能化便捷性的购买渠道是生鲜农产品的营销渠道创新,有利于解决消费者"怎么买"的难题。易果生鲜将海尔冰箱作为购买渠道方便用户进行购买,如"厨房里的蔬菜、水果吃完了,用冰箱就能选购"。对于消费者"怎么吃"的难题,生鲜电商整合菜谱类资源,为消费者提供食材解决方案。易果生鲜整合下厨房菜谱资源,为消费者提供与食材有关的菜谱。此外,为丰富生鲜消费者家庭厨房生活,改善单一化的烹饪体验,易果生鲜为消费者提供影音娱乐等节目。

　　副范畴个性化产品与服务包括个性化产品和个性化服务两个初始范畴。生鲜电商基于消费者习惯获取消费者需求后,可为消费者提供个性化的产品和服务,诸如个性化套餐、个性化食谱等。易果生鲜通过海尔冰箱整合用户部分医疗信息,获取用户身体健康状况,推荐符合其营养需求的个性化套餐。此外,易果生鲜可借助于海尔冰箱光谱传感等技术记录各种食材的消耗速度、烹饪方式等信息,根据食材品类和用户消费习惯为消费者推荐个性化口味和烹饪方式,实现生鲜农产品的产品和服务个性化定制。

2)核心资源

核心资源是生鲜电商与合作企业为实现价值主张所需的资源和能力,包括生鲜供应链资源和合作企业相关资源两个副范畴,如表4.15所示。

表4.15 核心资源主范畴(二)

副范畴	初始编码	典型示例
生鲜供应链资源	源头直采能力	易果生鲜实现百余个基地源头直采。(易果生鲜官网)
	检测检疫技术	易果生鲜成立专门的产品检测检疫部门。(易果生鲜官网)
	信息溯源系统	电子便签记录生鲜农产品种植、加工等溯源信息。(易果生鲜客服)
	智能温控体系	安鲜达根据生鲜食材品类差异采用智能化的温控体系。(易果生鲜官网)

续表

副范畴	初始编码	典型示例
合作企业相关资源	场景商务平台	海尔和易果生鲜共同建立基于厨房场景的商务平台。（海尔智厨冰箱项目负责人）
	多资源方协作	海尔和易果生鲜联合开发RFID食材识别、内容消费等模块。（海尔智厨冰箱项目负责人）
	多功能技术支持	通过人脸识别、光谱传感等技术获取消费习惯信息并提供个性化套餐、口味定制化等服务，优化了用户体验。（海尔智厨冰箱项目负责人）

副范畴生鲜供应链资源包括源头直采能力、检测检疫技术、信息溯源系统、智能温控体系等初始范畴。对于生鲜电商而言，源头直采有利于缩短供应链流通环节，降低产品采购成本。食材检测检疫技术、信息溯源系统、智能温控体系有利于保证产品的品质。易果生鲜通过自有实验室成立产品检测检疫部门，形成品质保证和品质控制体系，并通过电子便签技术记录生鲜农产品种植、加工等溯源信息，最后通过安鲜达对食材进行配送。供应链资源的有效整合保证了产品的品质。

副范畴合作企业相关资源包括场景商务平台、多资源方协作、多功能技术支持等初始范畴。生鲜电商通过与相关企业合作共同搭建场景商务平台，并通过多资源方的协作和多功能技术支持，获取消费者并为消费者提供良好的客户体验。易果生鲜将购买终端植入海尔智厨冰箱，建立基于厨房场景的商务平台（消费者可通过冰箱进行一键购买、享受一站式服务体验），并联合开发RFID食材识别、内容消费等模块，通过人脸识别、光谱传感等技术获取消费习惯信息并提供个性化套餐、口味定制化等服务，优化了用户体验。

3）关键流程

关键流程是生鲜电商为实现其价值主张同合作伙伴基于核心资源开展的业务活动及分工，包括共建消费场景、捕获消费信息、产品精准营销三个副范畴，如表4.16所示。

表 4.16 关键流程主范畴（二）

副范畴	初始编码	典型示例
共建消费场景	功能融合	易果生鲜将购买程序植入海尔智厨冰箱。（海尔智厨冰箱项目负责人）
	联合营销	全额支付购买智厨冰箱，获赠1280元易果生鲜优惠券；每月充值一定金额，即可获得等额的生鲜套餐和智厨冰箱一台。（易果生鲜公众号）
捕获消费信息	获取用户消费习惯	易果生鲜通过海尔智厨冰箱进行人脸识别、光谱传感、图像识别、重力感知等智能获取家庭成员的烹饪消费习惯信息。（海尔智厨冰箱项目负责人）

续表

副范畴	初始编码	典型示例
捕获消费信息	记录食材消耗信息	海尔智厨冰箱能够记录家庭的生鲜食材消耗速率。（海尔智厨冰箱项目负责人）
产品精准营销	细分生鲜消费者	易果生鲜与海尔进行用户数据共享，根据用户属性信息和购买习惯信息进行数据分析和消费者细分。（易果生鲜官网）
	精准获取消费需求	当生鲜食材短缺时，海尔智厨冰箱能智能识别并进行缺货提醒。（易果生鲜项目负责人陈俊奇）
	推荐个性化产品与服务	如果用户生病了，易果生鲜会针对性推送所需营养的食物清单和适宜的烹饪方式。（易果生鲜项目负责人陈俊奇）

副范畴共建消费场景包括功能融合、联合营销两个初始范畴。生鲜电商和外部企业首先在基础设施方面进行合作或融合，其次在业务上进行关联和合作。在基础设施上，易果生鲜将购买程序植入海尔智厨冰箱，建立基于厨房场景的商务平台；在营销合作上，易果生鲜和海尔冰箱采用交叉销售等形式，通过全额支付购买海尔智厨冰箱获赠1280元的易果生鲜优惠券，使两者建立业务关联。

副范畴捕获消费信息包括获取用户消费习惯和记录食材消耗信息两个初始范畴。生鲜电商与合作企业基于消费场景进行合作，通过技术能力获取消费场景，进而获取消费行为信息和食材消耗信息。易果生鲜通过海尔智厨冰箱的人脸识别、光谱传感等技术可识别每个家庭成员面部特征，记录烹饪信息，从而精准获取用户消费行为，并运用图像识别、重力感知技术识别食材消耗情况，获取生鲜食材的消耗速率。

副范畴产品精准营销包括细分生鲜消费者、精准获取消费需求、推荐个性化产品与服务等初始范畴。生鲜电商在了解消费者习惯、精准获取消费者需求的基础上，为消费者提供个性化产品，有利于提高消费者黏性和提高消费者价值。易果生鲜和海尔智厨冰箱同步了数据收集，通过海尔智厨冰箱技术捕捉能力，易果生鲜可精准获取食材消耗信息、用户消费习惯等需求信息，并根据用户需求为其推荐个性化的食材和烹饪方式，实现生鲜农产品精准营销。

4）盈利模式

盈利模式是生鲜电商通过跨界合作获取价值的表现方式，涉及收入和成本两方面，盈利模式主范畴包括增加收入来源和分摊运营成本两个副范畴，如表4.17所示。

表4.17　盈利模式主范畴（二）

副范畴	初始编码	典型示例
增加收入来源	周期化供货	易果生鲜为用户推荐生鲜食材，并配送到家，形成周期供货，对用户来说购买生鲜食材就像订购牛奶一样方便。（易果生鲜项目负责人陈俊奇）

续表

副范畴	初始编码	典型示例
增加收入来源	生鲜套餐销售	海尔智厨冰箱通过向消费者推荐菜品套餐，提高客单价；易果生鲜可给产后女性提供最有营养的搭配。（易果生鲜项目负责人陈俊奇）
分摊运营成本	物流配送成本	通过个性化套餐推送，实现集单效应，使单位产品物流配送成本降低。（易果生鲜微信公众号）
	营销推广成本	海尔智厨冰箱显示屏免费向用户推荐食材信息，相比网络渠道推广，大幅降低了营销推广成本。（易果生鲜客服人员）

副范畴增加收入来源包括周期化供货、生鲜套餐销售两个初始范畴。生鲜电商与外部企业跨界合作，通过为消费者提供满意的产品和服务来增强消费者黏性，促进消费者持续购买和高价值转化。易果生鲜通过海尔智厨冰箱为消费者推荐食材和进行周期化供货，并通过菜品套餐的提供开发了客户价值，提升了客单价。

副范畴分摊运营成本包括物流配送成本和营销推广成本。通过跨界合作，生鲜电商获得规模化订单，同时基于集中化配送，能够实现单位产品物流成本的降低。此外，基于渠道合作，生鲜电商利用合作企业的渠道进行产品推广，减少了渠道拓展和运营成本，有效降低了生鲜农产品的营销成本，相比网络渠道推广，大幅降低了营销推广成本。

2. 生鲜电商跨界合作商业模式创新运作机理

通过扎根理论，识别出生鲜电商跨界合作商业模式的构成要素的内涵，包括价值主张、核心资源、关键流程、盈利模式等。基于此四要素，构建生鲜电商跨界合作商业模式，并结合要素之间的联结关系，进一步探索生鲜电商跨界合作商业模式运作机理，如图4.3所示。

1）价值主张创新推动生鲜电商核心资源整合和关键流程重构

价值主张是生鲜电商为消费者提供生鲜农产品及有关服务的一种清晰表达，购买主体改变、消费需求升级、市场竞争加剧等因素往往会影响生鲜电商对生鲜农产品及相关服务的提供，从而影响价值主张创新。特别地，购买主体改变（生鲜购买主体趋于年轻化）使得生鲜农产品消费需求趋于个性化；消费需求升级使得生鲜农产品消费者更加重视产品价值和服务的一体化。因此，生鲜电商在构建跨界合作商业模式时须密切注意这些因素的变化并及时对价值主张进行调整和创新。考虑到生鲜农产品的易腐变质性和非标准化特性，以及生鲜农产品消费者日益增长的产品服务需求，生鲜电商应以优化消费体验和定制产品服务为重点，围绕产品个性化、服务一体化、体验丰富性进行价值主张创新。价值主张创新是生鲜电商跨界合作商业模式创新的起点，核心资源为商业模式创新的必备要素，而关键流程为商业模式创新的核心结构，价值主张创新推动生鲜电商进行核心资源

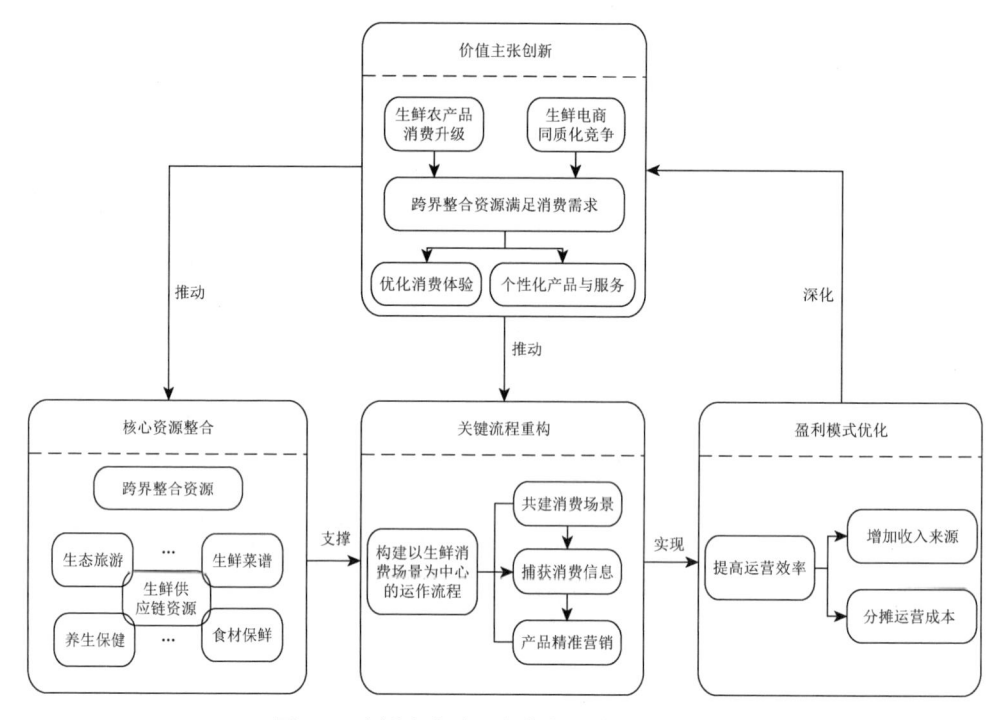

图 4.3 生鲜电商跨界合作商业模式运作机理

整合和关键流程重构。生鲜电商需要与相关企业进行资源整合构建跨界合作的运作流程，一方面生鲜电商可积极拓展产业链长度，从生鲜农产品供应链上游、下游积极引入新的交易主体，增加价值链环节和拓宽价值创造网络；另一方面生鲜电商可从原来的供应链薄弱环节入手，通过与外部企业合作对生鲜供应链进行优化，提高价值创造能力。鉴于生鲜电商与合作企业所处的行业以及各自的业务内容都存在较大差异，在进行关键流程重构过程中，生鲜电商应与合作企业基于相同的消费群体、共同的消费场景开展业务合作，并逐步实现生鲜农产品的销售。

案例企业易果生鲜为满足生鲜农产品消费者个性化产品及服务一体化需求，与海尔智厨冰箱在产业链下游的保鲜环节进行合作，通过为消费者提供产品购买、食材检测、菜谱查询、烹饪指导等全方位服务构建厨房场景商务平台，并借助厨房场景商务平台获取消费习惯信息和消费需求信息，进而实现生鲜农产品精准营销。

2）核心资源整合支撑生鲜电商关键流程运作

核心资源是生鲜电商构建跨界合作商业模式所需的关键资源与能力等要素，通过这些关键要素的有效配置与联结形成关键流程，进而推动价值主张的实现，因此，核心资源对跨界合作商业模式的关键流程起着重要的支撑作用。生鲜电商在重构关键流程过程中，应基于价值主张，获取相匹配的外部资源或能力，生鲜电商一方面可获取同质性的外部资源如生鲜农产品供应链资源，用以改善物流配送、产品销售等，提高生鲜农产品品质与服务；另一方面可整合异质性的外部资源如生态旅游资源、养生保健资源等，通过提高生鲜消费者情感体验、消费认知，提升消费者对生鲜农产品的消费需求。相对于同质性资源，互补性的异质资源能够有效扩大生鲜农产品的消费需求和提高生鲜农产品的价值创造能力，因此，生鲜电商在整合外部资源过程中，应重点关注异质性资源的获取和整合。生鲜电商应将获取的外部资源与自有资源或能力进行融合，形成跨界合作的核心资源。在跨界合作过程中，生鲜电商和合作企业首先利用品牌、渠道、技术等资源在生鲜供应链某一环节搭建消费场景平台，开展具有关联性的业务活动，通过联合营销、品牌合作等策略强化生鲜电商和消费者之间的互动，实现生鲜农产品消费者连接；其次，通过信息采集、资源共享、数据分析等技术获取生鲜农产品消费者需求信息；最后，生鲜电商根据消费者需求信息提供个性化的产品与服务，实现生鲜农产品的精准营销。

案例企业易果生鲜将生鲜农产品供应链资源和海尔智厨冰箱智能硬件、信息技术等资源进行跨界融合，形成跨界合作商业模式的核心资源，为以消费场景为中心的关键流程提供了能力支撑。易果生鲜整合检测检疫、信息溯源、智能温控技术保证了生鲜农产品的品质；并基于海尔智厨冰箱的场景化商务平台、菜谱等资源以及 RFID 等技术获取消费需求和进行精准营销，实现了关键流程重构。

3）关键流程重构实现生鲜电商盈利模式优化

生鲜电商通过跨界合作进行商业模式创新，其本质是为了获得经济回报，经济回报体现为盈利模式的优化，而盈利模式的优化主要通过关键流程的运作加以实现。在共建消费场景阶段，借助于合作企业的品牌、产品、平台、渠道，生鲜电商与合作企业通过进行品牌合作、联合营销等增加了生鲜电商的品牌曝光度，加快了生鲜农产品信息的传播，使得生鲜电商的品牌资产得以提升，同时借助于联合需求效应，获取更多的消费者；在捕获消费信息阶段，生鲜电商和合作企业通过信息采集、信息共享与数据挖掘等手段获取消费者消费理念、消费习惯等信息，进一步分析挖掘生鲜农产品消费者潜在个性化需求信息，发掘了消费者价值，同时为生鲜农产品精准营销提供基础；在产品精准营销阶段，基于生鲜农产品消费者个性化需求信息，生鲜电商以消费需求为导向，向消费者提供个性化且附加价值高的生鲜农产品，提高了消费者价值，同时降低了由营销不精准所造成的营销推广成本。

案例企业易果生鲜通过为消费者建立基于厨房的场景商务平台，消费者通过冰箱可以一键完成生鲜农产品的购买，降低了消费者的信息搜索成本、交通成本，以及生鲜电商的网络运营成本；通过捕获消费信息挖掘消费需求，生鲜电商提前获取消费需求，缩短了需求响应时间，可有效避免缺货成本的产生；在产品精准营销环节，生鲜电商为消费者提供个性化、价值高的生鲜农产品，提高了消费者价值，同时基于消费周期化购买，生鲜电商提高了生鲜农产品消费者的忠诚度。此外，基于规模化订单降低了单位配送成本。

4）盈利模式优化深化生鲜电商价值主张创新

生鲜电商和合作伙伴基于新的价值主张通过核心资源和关键流程进行跨界合作，是为了获取一定的收益。对于生鲜电商而言，收益主要包括扩大生鲜市场份额、增加生鲜农产品销售利润、提升品牌知名度等；对于合作企业而言，收益体现为投资回报率、品牌知名度、产品市场份额的提升。由于生鲜电商的发展依存于供应链中的生产商、供应商、物流企业等利益相关者，通过跨界引入新的交易主体或合作资源，将烦琐、复杂的交易过程进行整合优化，不断改进系统内的运作流程，有利于降低交易成本，使生鲜电商获取更多的剩余价值。一方面生鲜电商和合作企业进一步拓宽合作环节，引入新的运作主体或资源，进一步提高生鲜供应链体系运作效率，例如生鲜电商和合作企业引入资金、技术，通过不断提高生鲜农产品培育质量与营养价值，增加生鲜农产品的消费价值；另一方面生鲜电商和合作企业进一步加大合作强度，提高价值创造效率，例如生鲜电商和合作企业进行战略联盟，加强技术、市场、产品的研究与合作，不断抢占新的细分市场。通过两者在品牌、产品、渠道等相关方面跨界合作，生鲜电商和合作企业实现共赢，而共赢会加深合作企业对生鲜电商价值主张的认同，进而促进合作企业与生鲜电商进行持久和深度的合作。

案例企业易果生鲜通过海尔智厨冰箱实现了合作共赢，易果生鲜通过对生鲜消费者消费行为分析挖掘，提供个性化食材推荐、营养套餐销售、周期化供货服务和其他服务，提高了客单价和重复购买率，而海尔智厨冰箱实现了从产品制造到智能服务平台成功转型。在共赢的驱动下，易果生鲜后续还将同海尔展开进一步合作，双方将致力于建设全面协作关系，积极获取特定阶段的消费者需求，为消费者推送所需的生鲜食材，从而为其提供个性化的服务。

4.3.3 对行业与企业的启示

本章通过扎根理论分析了易果生鲜和海尔智厨冰箱跨界合作案例，识别出生鲜电商跨界合作商业模式的价值主张、核心资源、关键流程、盈利模式等四个要素的内涵。在此基础上，进一步探索跨界合作商业模式创新的运作机理，发现生鲜电商跨界合作商业模式创新的起点为价值主张创新，价值主张创新推动核心资源整合和关键流程重构，核心资源支撑关键流程的运作，盈利模式为商业模式创新的落脚点，盈利模式优化对价值主张创新具有深化和促进作用，即合作共赢会促进生鲜电商与合作企业进行进一步的跨界合作。基于上述研究，得出如下政策启示。

（1）跨界合作为中小型生鲜电商商业模式创新提供新途径。相比于大型生鲜电商，中小型生鲜电商市场规模小，较难获得资本的支持，在商业模式创新过程中，仅依靠自有资源很难为消费者提供全方位的服务和体验，从而不利于获取竞争优势。因此，中小型生鲜电商可通过跨界合作的方式进行商业模式创新，寻求与生鲜行业外有关企业进行合作，通过与合作企业进行优势资源整合和业务流程再造，发挥资源的协同效应，实现两企业业务的融合发展，推动生鲜电商商业模式创新。

（2）生鲜电商应选择具有一定关联性的企业进行跨界合作。生鲜电商和合作企业跨界合作需要具有相似的目标消费者、相关联的业务流程，并且两者在市场定位、营销渠道、业务模式等方面能进行融合。通过企业之间的异质性资源和关联业务协同配合，生鲜电商可为消费者提供更精细化的产品和服务。生鲜电商可选择与生鲜农产品种植、加工、运输、保鲜、烹饪等相关联的企业进行合作，通过优势资源共享，形成关键资源能力和新的业务系统，实现商业模式创新。

（3）生鲜电商可以与合作企业在产品、内容、场景等方面进行跨界合作。生鲜电商可与合作企业共同挖掘生鲜农产品饮食文化、健康养生等产品属性，与合作企业形成共同的品牌认知、消费体验或价值理念，建立产品关联。接着，生鲜电商和合作企业在菜谱、消费、娱乐等内容上进行互联互通，为生鲜消费者提供更全面的产品和服务，提升其感知体验。再者，生鲜电商与合作企业建立共同的场景诸如生鲜加工、保鲜、消费等，通过合作企业资源和流程支持，实现合作双方价值互动。

（4）共赢是生鲜电商和合作企业跨界合作的重要前提和保障。生鲜电商和合作企业通过建立新的商业模式，生鲜电商实现了价值主张创新，而合作企业也从新商业模式中获取了一定的收益，比如提高品牌知名度、增加销售额等。基于共同的利益需要，生鲜电商和相关企业通过合作实现了共赢，而共赢使得双方合作关系得以维护，继而进一步拓宽合作领域和加强合作，从而使得跨界合作得以持续和深化。

第5章 生鲜农产品供应链成员企业"互联网+"转型策略

前文主要围绕消费者导向、价值重构及生活性服务等展开"互联网+"生鲜农产品供应链创新商业模式的研究。基于上述商业模式，本章从满足消费者偏好和需求的角度出发，进一步设计生鲜农产品供应链成员企业"互联网+"转型策略，并通过案例分析证明生鲜农产品供应链成员企业"互联网+"转型策略的有效性，提出推动生鲜农产品供应链成员企业"互联网+"转型策略的对策和建议，以期为国内生鲜农产品供应链成员企业实现"互联网+"转型发展提供借鉴和参考。

5.1 "互联网+"环境下生鲜超市多渠道转型策略

随着人们生活水平进一步提高和生活节奏的加快，生鲜超市的传统门店销售模式已经不能完全满足消费者日益多样化的偏好和需求，亟须进行销售模式的创新和变化，从而既能满足消费者的偏好和需求，也能获取新的绩效增长点。而"互联网+"行动计划的提出，给生鲜超市进行销售模式的创新和发展带来了新的思路。在此背景下，本节结合"互联网+"跨界与融合思维提出"互联网+"生鲜超市的复合型创新销售模式，并以麦德龙生鲜超市为例做进一步分析，给出促进超市在"互联网+"环境下进行生鲜农产品销售模式创新的对策，以期为传统超市的"互联网+"转型提供有益启示。

5.1.1 超市生鲜农产品传统门店销售模式存在的问题

在生鲜超市现有的门店销售模式中（图5.1），超市一般向中间商订购生鲜农产品，或是直接通过"农超对接"的方式向农业生产商采购生鲜农产品。当产品到达生鲜超市门店或卖场后，生鲜超市会将生鲜农产品摆放在货架或展台上，任由消费者自由拣选。由于生鲜超市（特别是销售生鲜农产品的综合型超市）也有可能同时销售其他产品，这种一站式的购物方式受到了消费者的欢迎，因此生鲜超市逐步代替农贸市场和菜市场，成为人们采购生鲜农产品的主要渠道。然而，随着人们生活水平的进一步提高和生活节奏的加快，消费者的购买习惯逐渐发生了变化，加之近年来网上购物逐渐成为时尚以及移动互联网和手机 APP 的迅速发展等外部因素带来的冲击，生鲜超市现有的销售模式已经逐渐不能满足消费者日益多样化的购买偏好和需求，在生鲜农产品销售和经营中出现了以下问题。

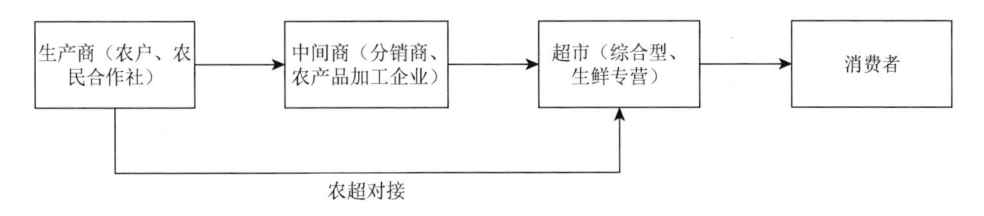

```
┌──────────────┐     ┌──────────────┐     ┌──────────────┐     ┌──────────┐
│生产商（农户、│────▶│中间商（分销商、│───▶│超市（综合型、│────▶│  消费者  │
│农民合作社）  │     │农产品加工企业）│     │  生鲜专营）  │     │          │
└──────────────┘     └──────────────┘     └──────────────┘     └──────────┘
       │                                          ▲
       └──────────────────农超对接────────────────┘
```

图 5.1　超市生鲜农产品传统门店销售模式

（1）生鲜超市在产品养护管理方面存在不足，人为损耗较为严重，难以满足消费者对生鲜农产品高新鲜度的需求。在现有的门店销售模式下，为了方便消费者进行选择和购买，生鲜超市一般会将各类型生鲜农产品都堆放在货架或展台上任由消费者拣选。然而生鲜农产品具有易变质腐烂的特性，加之消费者在购买时往往喜欢不断地翻拣和挑选，这就加重了生鲜农产品的人为损耗。尽管超市一般会有专人负责看管生鲜货架，或者制定一些措施来防止消费者过度翻拣，但生鲜农产品的人为损耗仍然较为严重。在这种情况下，通常只有在早晨或上午时间段前往生鲜超市的消费者才能购买到新鲜度较高的生鲜农产品，而以上班族为代表的其他大部分消费者群体一般只能在下午下班之后才能够前往生鲜超市购买，此时他们就难以购买到较为新鲜的生鲜农产品。因此生鲜超市现有的门店销售模式和产品养护管理，很难满足消费者对生鲜农产品高新鲜度的需求。

（2）生鲜超市受门店规模限制，可供消费者选择的生鲜农产品种类有限，难以满足消费者对生鲜农产品多样化的需求。一方面，生鲜超市的门店规模有限，同时还有可能会销售各类其他产品，因此其对生鲜农产品销售区的划定范围是有限的，为了保持店面整洁、干净和有宽敞的购物环境，生鲜销售区的实际范围更加有限，一般只销售较为常见的蔬菜和瓜果，消费者选择余地较小。即使是专业经营生鲜农产品的超市，也会考虑到生鲜农产品易变质腐烂的特性而选择提供规模较小的产品展示量，消费者能够选择的产品种类也有限。另一方面，随着人们生活水平的进一步提高，消费者不再局限于只购买较为常见和普通的生鲜农产品，而是希望购买到更多来自不同产地或是不同类型的生鲜农产品，或者是能够买到某些地区的特产和更加优质的生鲜农产品，而生鲜超市现有门店销售模式则很难满足消费者对生鲜农产品多样化的需求。

（3）生鲜超市较少销售经过精加工的生鲜农产品，难以满足消费者对购买生鲜农产品日益增长的便利性需求。生鲜超市大都销售未经加工的初级生鲜农产品，一方面是因为初级产品形态（如瓜果带皮销售）在一定程度上能延缓生鲜农产品的变质速率；另一方面是因为生鲜超市的销售门店并没有足够的空间对生鲜农产品进行精加工处理（如去皮、切割等处理）。即使生鲜超市可以向上游供应商采购精加工生鲜农产品进行销售，但精加工之后的生鲜农产品在生鲜超市门店销售时，生鲜超市必须采取相应的保鲜措施（如保鲜膜包装或冷柜冷藏）对生鲜农产品进行储存，这就会增加生鲜超市的运营和管理成本。然而，现代社会中人们的生活节奏较快，以上班族为代表的消费者群体经历了白天的繁忙工作，在生鲜超市购买初级生鲜农产品回家之后还需进行清洗和烹饪前的加工处理过程，增加了消费者的时间成本，因此这类消费者更希望能够买到经过精加工处理之后可以直接进行烹饪的生鲜食材，而生鲜超市现有的门店销售模式无法满足这类消费者的便利性需求。

从以上分析可以看出，生鲜超市传统的门店销售模式，与消费者日益多样化的偏好会逐渐产生不匹配的问题。同时，生鲜电商发展迅速，消费者逐渐开始从网络渠道购买生鲜农产品，这给生鲜超市的经营带来了较大的冲击和影响。因此，生鲜超市有必要在"互联网+"行动计划的指导下，从满足消费者偏好的角度出发，以跨界和融合的思维来进行销售模式的创新。

5.1.2 面向消费者偏好与需求的"互联网+"生鲜超市复合型销售模式分析

1. 生鲜超市销售模式创新发展思路分析

通过上述问题的分析可以发现，为了满足以上班族为代表的广大消费者对购买生鲜农产品的便利性等方面的需求，传统生鲜超市在保持现有门店销售方式的基础上，可以考虑开辟电子销售渠道。然而，数据统计显示，全国4000多家生鲜电商企业中仅有1%能够盈利、4%持平、88%略亏、7%巨额亏损，即亏损面达到95%[①]。这意味着长期以来以门店销售为主营销售模式的传统生鲜超市，如果仅仅只是增加电子销售渠道，采取与现有大多数生鲜电商相同的销售模式，很有可能遭受亏损，这并不利于生鲜超市的发展。

因此，生鲜超市进行销售模式的创新，应该重点从三个角度来思考：首先，生鲜超市在门店销售模式下对生鲜农产品的库存和养护本身会占用一定的成本，而开辟电子渠道之后应该能够有效满足对消费者网上订单的配送服务，通过这种方式来减少生鲜农产品从供应商先发货到超市卖场进行储存等物流过程所产生的成本；其次，生鲜超市开辟线上销售渠道，必须首先充分利用现有服务辐射范围内的消费者群体，通过将线下消费者向线上引流，从而使线上销售渠道形成一定

---

① 《四千家生鲜电商仅1%盈利 物流成本高》，http://www.ccfa.org.cn/portal/cn/view.jsp?lt=3&id=418862。

的市场规模,这样才能使生鲜超市避免出现现有生鲜电商不具备稳定的消费者群体和出现经营亏损的问题;最后,生鲜超市长期和消费者直接接触,能够直接调查和了解消费者的偏好与需求信息,因此生鲜超市可以进一步分析和挖掘消费者在"互联网+"环境下各种类型的偏好和需求,以生鲜农产品销售为依托,提供更多能够满足消费者偏好和需求的配套增值性服务,从多个方面来实现新的客户价值创造和利润增加。

2. 消费者偏好和需求分析

结合上述发展思路,考虑到"互联网+"带来了跨界与融合的思维,亦即传统企业应该打破自己所处行业的限制,以满足消费者多样化的偏好和需求为目标,通过互联网向其他行业实行多元化跨界发展,或者将不同行业的资源进行融合形成新的价值创造点。因此,生鲜超市在"互联网+"环境下进行销售模式的创新,应该首先分析"互联网+"环境下消费者的偏好和需求,主要包括以下类型。

(1)消费者对生鲜农产品高新鲜度的需求。随着人们的收入和生活水平的逐渐提高,消费者越来越希望购买到更加优质和新鲜的生鲜农产品,这基本上是所有消费者对于购买生鲜农产品的需求。因此生鲜超市应尽可能采取保鲜措施延缓生鲜农产品的变质速率或是减少生鲜农产品在供应链中的流通时间。

(2)消费者对购买生鲜农产品高便利性的偏好。随着人们的生活节奏加快,以上班族为代表的大部分消费者群体在上班日都只能在下班后前往生鲜超市购买生鲜农产品。尽管超市的一站式购物方式已经为消费者提供了便利,然而这类消费者在繁忙的工作之后还要前往超市进行生鲜农产品挑选和高峰期的购买等待,相对而言减少了休息时间。即使部分消费者是在周末前往生鲜超市采购未来一周所必需的生鲜农产品和食材,但由于该购买方式的购买量相对较大,消费者带回家不方便。因此消费者希望在购买生鲜农产品时能够更加方便,这也是不少消费者开始通过电子渠道购买生鲜农产品的重要原因,对此,生鲜超市应该关注消费者购买生鲜农产品时对便利性的偏好。

(3)消费者对生鲜农产品精加工和定制化的需求。这属于消费者的增值服务需求。在生鲜超市传统门店销售模式下,当消费者在生鲜超市购买生鲜农产品之后,还需要带回家进行清洗和切割等烹饪之前的加工处理过程,在一定程度上需要消费者付出相应的时间成本。而对于上班族和较为年轻的消费者群体而言,他们更希望所购买的生鲜农产品已经经过精加工处理,可简单处理后直接进行烹饪。此外,部分消费者为了学习新的菜式或是能够在烹饪时更加方便,会希望所购买到的食材和调料都已经经过精加工处理和搭配,因此如果生鲜超市提供精加工的生鲜农产品和定制化的食材与调料搭配,就能够满足这部分消费者的增值性服务需求。

(4) 消费者对原生态食材和营养搭配等更加健康生活方式的偏好。对于收入水平较高的消费者群体而言，考虑到现在市场上可能存在的食品安全问题，更加偏好寻找和购买原生态的生鲜农产品和食材，并且愿意支付更高的价格。同时，为了保证所购买到的生鲜农产品和食材确实属于原生态，这类消费者也会愿意去相关的生产基地实地考察生产种植过程，并在现场体验新鲜食材之后再下单购买。此外，这类消费者希望在体验新鲜食材的同时也能够了解更多关于营养搭配的知识，对于健康生活方式的要求更高。考虑到该部分消费者对于价格并不是很敏感，生鲜超市在进行"互联网+"销售模式创新时也应该考虑满足这部分消费者的偏好，并创造更高的收益。

5.1.3 "互联网+"生鲜超市复合型销售模式

根据以上对生鲜超市传统门店销售模式存在的问题以及消费者偏好和需求的分析，结合"互联网+"跨界与融合的思维，从满足消费者偏好和需求的角度出发，生鲜超市进行销售模式的创新，可以采取如图5.2所示的"互联网+"生鲜超市复合型销售模式。该模式除了传统生鲜超市、生鲜农产品供应商和最终消费者之外，引入了农业生产商（如农民合作社、农业生产基地等）、生鲜农产品加工配送中心、第三方物流企业、配套个性化服务提供商（提供营养搭配、烹饪技术等健康生活

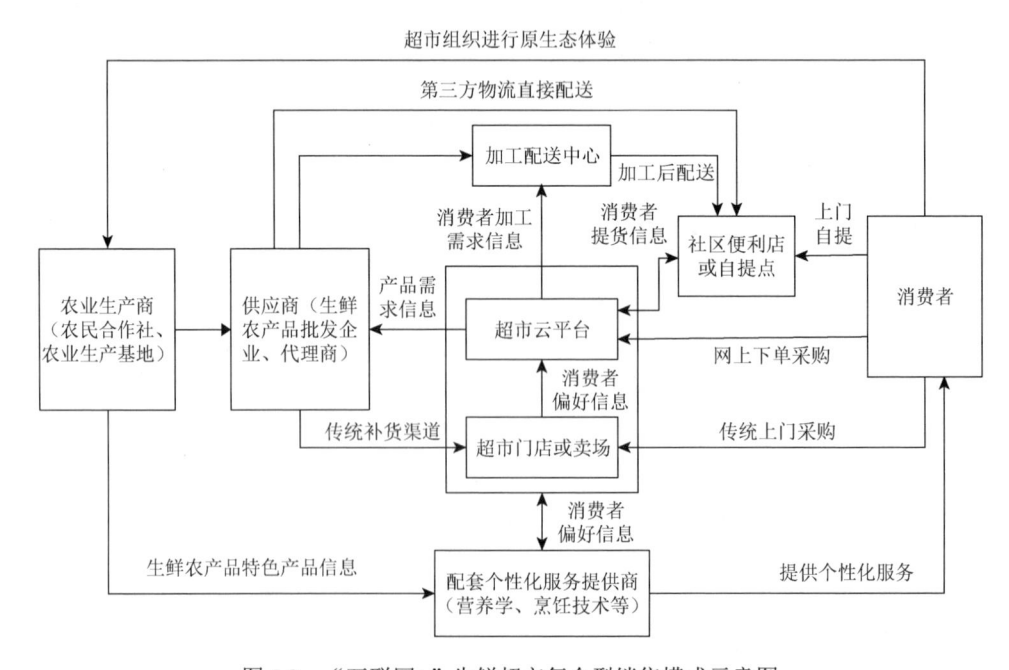

图 5.2 "互联网+"生鲜超市复合型销售模式示意图

资讯服务）以及消费者所居住社区的便利店或者自提点，由此形成了"互联网+"生鲜农产品供应链。其中，生鲜超市在原先门店或卖场销售的基础之上，建立电子销售渠道和云平台，用以收集消费者的订单信息、消费者偏好和需求信息，以及与农业生产商、供应商、加工配送中心、配套个性化服务提供商进行相关信息的传递和共享。根据上述对消费者偏好和需求的分析，同时考虑到建立复合型销售模式需较大的财力、物力、人力和较长的时间，因此生鲜超市进行"互联网+"销售模式的创新和实践可以分阶段进行，首先满足消费者现有的偏好和需求，其次逐步根据消费者的潜在偏好和需求进行销售方式的进一步扩充和完善。以下对每一个阶段的销售方式进行分析和叙述。

1. 第一阶段：建立基于消费者便利性的"互联网+"生鲜超市 O2O 销售方式

从满足消费者购买便利性的角度出发，生鲜超市可以在保留现有门店销售模式的基础上，建立生鲜超市云平台；同时开辟电子销售渠道和网上生鲜超市，通过网络渠道向消费者销售生鲜农产品，并且在消费者居住社区建立自提点，实现"互联网+" O2O 销售方式。

该方式下，消费者可以在网上对生鲜超市提供的生鲜农产品信息进行浏览，然后通过网上下单的方式购买。考虑到追求购买便利性的消费者大都是上班族，虽然他们可以通过电脑或是手机 APP 客户端在网上下单购买，但是在上班时间段仍然无法收货。因此，生鲜超市可以在其所有门店所在地周围的消费者居住社区设置自提点（小型冷藏库），或者与现有的社区便利店进行合作对消费者购买的生鲜农产品进行暂存。当消费者在网上下单采购后，超市云平台接收到消费者的订单信息，经过整理后发给上游供应商；供应商根据生鲜超市发来的消费者订单信息中的详细要求，将合适的生鲜农产品由合作的第三方物流企业配送到消费者所在社区的便利店或自提点，并将提货信息通过手机 APP 客户端发送给消费者。消费者下班之后，自行到便利店或自提点按照提货码将自己购买的生鲜农产品带回家进行进一步处理。此外，生鲜超市仍然会保留原有的门店销售方式，一方面这是为了保证部分传统类型消费者的消费需求得到满足，另一方面生鲜超市也可以利用自己门店的仓库进行生鲜农产品暂存，等待部分网上下单且居住地离生鲜超市门店较近的消费者上门自提。这对于消费者，尤其是以上班族为代表的消费者群体而言，大大提高了购买生鲜农产品的便利性。

通过这种销售方式，生鲜超市可以减少对生鲜农产品的仓储量和降低对生鲜农产品的养护与管理难度。对于网上下单购买生鲜农产品的消费者而言，生鲜超市 O2O 销售方式不但可以使其获得购买便利性，同时也可以使其购买到新鲜度相对更高的生鲜农产品。这是因为消费者在网上下单购买的生鲜农产品是由供应商委托第三方物流直接送到社区便利店或自提点，不会像传统门店销售模式下生鲜农产品在超市展台上经过人为翻拣而出现损耗和新鲜度降低的问题。对于供应商而言,由于根据事先由生鲜超市发来的消费者订单信息进行发货,且生鲜超市O2O销售方式会明显增加对消费者群体的覆盖范围,因此供应商也可以更多地出货和避免生鲜农产品在库存中因变质产生的损失或者减少为了维持生鲜农产品新鲜度而必须采取的保鲜措施和保鲜成本。

此外,在该方式中,生鲜超市的云平台将会起到信息传递和共享的作用,一方面收集消费者的偏好信息和订单信息,另一方面也可以向供应商传递消费者订单信息、向第三方物流企业传递消费者订单配送信息、将第三方物流企业的配送信息传递给消费者、同社区便利店或自提点进行消费者提货信息的沟通和反馈。随着生鲜超市"互联网+"复合型销售模式的进一步建设,云平台将起到更大的作用。

2. 第二阶段:建立基于消费者个性化需求的"互联网+"生鲜超市精加工和定制化销售方式

在满足消费者对于购买生鲜农产品的便利性和高新鲜度的需求下,生鲜超市可以利用门店销售和O2O销售方式下所获得的消费者偏好信息大数据,进一步挖掘消费者的潜在偏好和需求,建立基于消费者个性化需求的精加工和定制化销售方式。

一方面,由于生活节奏较快以及每天工作时间较长的部分消费者群体,如果购买的是初级生鲜农产品,还需要回家自行加工处理,就会牺牲休息时间,因此他们对于生鲜农产品的精加工处理有一定的需求。对此,生鲜超市可以寻找合适的第三方精加工配送中心合作,同时通过云平台向消费者发布可以对其购买的生鲜农产品进行精加工服务的信息。当消费者从网上下单购买生鲜农产品并附加需要进行精加工处理的要求之后,生鲜超市将消费者的产品需求信息发送给供应商,同时将消费者的加工需求信息发送给第三方加工配送中心,此时对这一部分产品不再由第三方物流企业进行配送,而是由第三方加工配送中心从供应商处取得生鲜农产品并按照消费者的要求进行精加工处理,然后打包配送至社区便利店或自提点等待消费者在方便的时间自提。

另一方面,对于部分想要学习家庭烹饪或是追求烹饪高便利性的消费者群体,生鲜超市可以通过对这部分消费者群体的偏好和需求信息进行收集和整理,委托第三方精加工配送中心对常见菜式所需要的不同生鲜农产品或农副产品进行精加工、调料搭配、根据分量大小打包等定制化处理再进行销售。这种方式下,消费者无论是从生鲜超市的卖场购买还是通过O2O的方式购买,都能够拿回家经过拆包和简单处理后直接进行烹饪;同时生鲜超市还可以集成第三方配套个性化服务提供商,通过云平台和客户终端或是产品包装外附加提供烹饪方式信息,消费者只要通过电脑上网或是手机 APP 客户端就能够方便地进行菜式和烹饪方式学习与实际操作。

通过这种销售方式，生鲜超市既能满足消费者对生鲜农产品最基本的高新鲜度和购买便利性偏好，也满足了不同消费者的个性化需求。同时，生鲜超市不再仅仅只是销售生鲜农产品，同时还会为消费者提供增值性服务。当生鲜超市将供应商、第三方精加工配送中心和第三方配套个性化服务提供商进行集成之后，除了向普通的消费者提供生鲜农产品和配套服务之外，还可以向餐厅、食堂等大批量生鲜农产品需求方提供稳定的生鲜农产品或食材优质货源以及烹饪和营养搭配等配套服务需求的整体解决方案，从而实现"互联网+"环境下的跨界与融合。

3. 第三阶段：建立基于消费者体验需求的"互联网+"生鲜超市 C2B 销售方式

除了满足以上对消费者高新鲜度偏好、购买便利性和个性化需求之外，考虑到部分收入水平较高的消费者群体，对于原生态生鲜农产品和食材有较高的要求，以及对于食材的营养搭配和健康生活方式也有着较大的需求，生鲜超市还可以进一步建立基于消费者体验需求的"互联网+"C2B 销售方式。

这种销售方式下，生鲜超市首先通过云平台上所收集的消费者大数据信息进行筛选，充分了解消费者对不同类型原生态生鲜农产品的偏好和需求，在此基础上向生鲜农产品供应链上游延伸，直接与能够满足消费者偏好和需求的农业生产基地或是农民专业合作社等农业生产商合作，开辟消费者生态体验基地和生态旅游基地。接下来，生鲜超市可以从收入水平较高以及在购买生鲜农产品时对精加工和定制化要求较高的消费者群体中挑选有意愿进行生态体验的消费者发展成为生鲜超市的高级会员，定期向其发布进行生态化体验的各种宣传和信息，并组织会员消费者定期前往其所在城市周边的农业生产基地进行生态体验和生态旅游。会员消费者通过实地对原生态生鲜农产品的种植、收获等生产过程的了解以及对新鲜食材的试吃来决定其是否愿意购买或是购买的数量，然后消费者可以自行将购买的生鲜农产品和食材带回家，或是现场下订单之后等待生产基地委托第三方物流企业进行配送。此外，借助逐渐发展的"互联网+"智慧农业生产方式，生鲜超市还可以借助智慧农业生产所需要的信息技术通过云平台向会员消费者提供农业生产实时信息，方便会员消费者在任意时刻都能够自行进行观察和了解详情。

更进一步，生鲜超市还可以与第三方配套个性化服务提供商进行合作，在消费者进行实地体验时向其提供营养搭配咨询和烹饪技术知识传授等增值性服务。同时，生鲜超市还可以收集会员消费者的反馈信息，根据消费者的意愿来不断完善生态体验基地或生态旅游基地的配套设施，形成消费者生态体验或生态旅游的整套解决方案，实现完全根据消费者需求而进行的生鲜农产品生产、加工和配送的 C2B 销售模式。

经过上述三个阶段销售方式的建设和发展，生鲜超市可以建立起一整套基于消费者偏好和需求的"互联网+"复合型销售模式，能够尽可能满足具有不同偏好和需求的消费者。同时生鲜超市自身也因为采取了跨界与融合的创新销售模式，依托其传统门店销售模式所集聚的消费者群体，开发新的消费者细分市场，创造了新的利润增长点，能够在"互联网+"环境下保持竞争力，实现更好的发展。为了说明该模式的有效性，下面将以麦德龙生鲜超市为例，分析麦德龙所采取的销售模式及其所创造的价值。

5.1.4 以麦德龙生鲜超市为例

麦德龙超市于 1964 年在德国以 1.4 万平方米的仓储式商店开始了企业的历程，采用会员购物制方式经营，经过几十年的发展，麦德龙现在已经成为全球最大的零售商和贸易公司之一。1996 年，麦德龙在上海开设了它在中国的第一家现购自运（Cash & Carry）批发商场，给中国带来了全新的商业理念。截至 2017 年 6 月，麦德龙在中国的 57 个城市开设了 84 家商场，拥有超过 11 000 名员工和逾 500 万采购客户，2014～2015 财年销售额达 26.62 亿欧元。麦德龙现购自运商场主要服务专业客户，包括酒店、餐馆、食堂、中小型零售商、企事业单位等，同时也满足热衷品质生活的消费者的需求。麦德龙的产品系列以品种多样、高品质和高性价比而著称，其商品内容丰富、品种齐全，通常在 20 000 种以上，其中食品占到 40%，以时令蔬果、鲜肉、鲜鱼、奶制品、冷冻品、罐头、粮食制品、饮料和甜点为主。因此，与其他贸易零售商相比，麦德龙现购自运商场在生鲜食品方面拥有更高的专业性。麦德龙能够取得很好的经营业绩，正是以其网上商城为依托，采取跨界与融合的发展方式和复合型销售模式。

1. 采用 O2O 方式通过网络商城销售生鲜农产品，并提供消费者自提或配送服务

在生鲜农产品和生鲜食品销售方面，麦德龙超市除了通过实体门店销售之外，还开辟了网上商城进行销售。通过网上商城销售的生鲜农产品有水果类、豆制品类、蔬菜类、蛋品类（包括鲜活蛋类和加工蛋类/蛋制品）、冷鲜肉类、冷鲜禽类、熟食品、海鲜水产、冷冻食品、乳制品和低温乳品/饮品等。同时，麦德龙还提供进口生鲜/水产/冷冻类产品供消费者选择购买。一般类型消费者可以通过电脑登录网站或者麦德龙手机 APP 客户端进行生鲜农产品信息浏览和下订单，同时可以通过网上银行、支付宝、微信等移动支付方式对所购买的产品进行付款。麦德龙根据已付款的订单进行拣货，并在拣货完成之后向消费者发送自提短信作为提货凭证，消费者凭借短信凭证自行前往卖场提货，这对于一般消费者而言，通过 O2O 的方式在线上下单、线下自由提货，具有相当大的便利

性。对于大中型餐饮客户，麦德龙还推出了食品配送服务，对于所有通过在线订购系统或者电话、传真、电子邮件以及通过客户经理进行订购的生鲜农产品和各类食材，麦德龙都可以根据客户指定时间配送，当天 17 点前订购，最快可以第二天按时送货。为了保证生鲜农产品和食材的安全、新鲜，麦德龙拥有全程可追溯系统，记录从农田到市场的每个细节，并配备专门质检人员每天对各类商品进行质量检查；所有的储存和配送方式遵守 HACCP（hazard analysis and critical control point，危害分析与关键控制点）国际质量体系，并在冷链运输车上安装自动温度记录仪器，自动记录整个运输过程中的温度，并在卸货时可供查询。通过这些方式，麦德龙能够保证生鲜农产品和生鲜食材送到客户手上时具有相对更高的新鲜度。

2. 向客户提供多种增值服务，满足客户多样化需求

除了上述对生鲜农产品的 O2O 销售模式以及配套的自提或配送服务方式，为了创造更高的客户价值和获取利润，麦德龙生鲜超市还向客户提供了多种增值服务来满足客户的多样化需求，主要服务类型如下。

（1）提供菜谱供消费者学习。麦德龙在官方网站提供了不少带有各国特色的菜谱，包括所需的所有原料（生鲜食材和各种调料）、烹饪时间、详细的制作方法。消费者如果对该菜式有兴趣或是想要自行学习，可以按照菜谱的要求通过网络向麦德龙采购相应的生鲜农产品或食材，然后自行学习烹饪。

（2）建立麦德龙厨房供消费者现场体验和学习相关烹饪技术。麦德龙厨房在上海、北京、深圳有 3 个固定厨房和 1 个移动厨房，足迹遍及国内所有商场。每个麦德龙厨房均有 145 平方米的使用面积，能容纳 30 名学员，专业的设备让学员能更好地融入活动中，每年举办约 400 场的活动，有超过 10 000 名的专业客户参与。通过这种方式，麦德龙一方面向消费者展示了与生鲜农产品销售相关的附加增值服务，另一方面也向消费者展示了厨房配套设施，促进了麦德龙相关产品的销售。

（3）开设餐饮学院对客户进行烹饪专业培训。麦德龙中国餐饮学院主要面向上海及周边省份的现有和潜在专业客户，包括厨师、采购人员、各级经理及企业负责人等，为其提供专业知识培训与解决方案。学院设有烹饪厨房、茶饮天地、知识学堂、实习餐厅及创意食堂五大功能区，同时还与烹饪相关学校和组织、烹饪或餐饮协会以及各种供应商合作，共同为客户提供各种烹饪技术和专业知识培训。

（4）为各类专业客户提供餐饮整体解决方案。由于麦德龙除了销售生鲜农产品和新鲜食材之外，同时也销售其他类型产品，因此麦德龙根据处于不同行业的客户，提供了各种专业整体解决方案，包括餐厅行业方案、食堂行业方案、工厂

行业方案、酒店行业方案、企事业单位行业方案、零售业行业方案。在每种行业方案中，生鲜商品的提供都会根据行业特点进行精选，从而满足各个行业客户的需求。以餐厅行业方案为例，麦德龙除了向客户提供全套厨房用品解决方案之外，在餐饮方面会着重提供米、面、粮油的集中大规模采购和相应的库存、供应管理等服务；在生鲜农产品和生鲜食材方面，会提供来自不同产地的家禽肉类、不同品质的生鲜蔬果产品以及品种多样、规格齐全的各种档次海鲜、河鲜等食材，满足不同档次餐厅及不同档次客人的需求。

从以上各种增值性服务可以看出，麦德龙超市针对不同类型消费者采取了不同的销售方式，例如对一般消费者群体采用的是 O2O 销售方式或是网购＋配送方式，对于大中型客户则采取定制化和 C2B 的销售方式，所有这些方式共同构成了麦德龙现有的复合型销售模式。以上销售模式和各种增值性服务，大大提高了麦德龙的生鲜农产品与生鲜食材销售量，同时满足了客户的各种偏好和需求，取得了令人瞩目的经营业绩，其经验值得本土企业借鉴和参考。此外，麦德龙现有的销售模式，在一定程度上体现了"互联网+"的特色与跨界融合的思想，也证明提出的生鲜超市"互联网+"复合型创新销售模式是有效而且可行的。

5.1.5 对策建议

生鲜超市的一站式购物方式一度受到消费者的广泛欢迎，但随着人们生活水平的不断提高和生活节奏的加快，生鲜超市现有的门店销售模式已逐渐无法满足消费者日益多样化的偏好和需求。针对这一问题，从满足消费者偏好和需求的角度出发，设计了"互联网+"生鲜超市复合型创新销售模式，包括基于消费者便利性的"互联网+"生鲜超市 O2O 销售方式、基于消费者个性化需求的"互联网+"生鲜超市精加工和定制化销售方式、基于消费者体验需求的"互联网+"生鲜超市 C2B 销售方式。最后通过对麦德龙生鲜超市的案例分析证明该复合型创新销售模式能够有效满足各类消费者的需求，同时提高生鲜超市自身的经营业绩。

由于生鲜农产品属于易变质腐烂的产品类型，因此无论是 O2O 销售方式还是精加工和定制化销售方式，生鲜农产品在流通过程中的保鲜处理和损耗控制依然是最为关键的因素。结合目前国内在生鲜农产品供应链管理中出现的问题，研究认为为了确保满足更多消费者需求并实现生鲜农产品价值增值和超市的利益得到保障，还需从以下几个方面进行改进。

（1）需要政府加大对生鲜农产品供应链发展的扶持力度。目前虽然国家提出了"互联网+"行动计划，各级政府部门也出台了一系列关于推动"互联网+"农业发展的措施。但不可否认的是，目前"互联网+"生鲜农产品供应链的发展和生鲜农产品网上销售还处于"烧钱"阶段，只有实力非常强大的电商才能够维持生存，有一些小型电商都先后倒闭，这不利于生鲜超市等零售企业的发展。因此，各级政府部门需加快贯彻落实国家战略部署，从财政、税收和基础性设施建设方面加大扶持力度。

（2）加强冷链基础设施建设。生鲜超市要开辟电子渠道和实现销售模式的创新，冷链基础设施的建设和完善必不可少。这首先需要政府对超市的"互联网+"转型进行扶持，同时也应该探讨由超市、第三方物流企业、农业生产基地共同合作的冷链基础设施建设，形成全程冷链集约化流通形式，提高和保证生鲜农产品的新鲜度，降低生鲜农产品的流通损耗。

（3）建设"智慧"体系。生鲜超市的销售模式创新和对生鲜农产品供应链的重新整合，需要在"互联网+"跨界与融合思维的指导下，建设基于消费者需求的生产和全程可监测的智慧农业、智慧物流、智慧商业、智慧生活等一系列的"智慧"体系，从而实现信息的快速传递和共享，满足消费者多样化的偏好和需求，实现"互联网+"生鲜农产品供应链价值重构和创新。

5.2 生鲜农产品供应商"互联网+"功能拓展转型策略

"互联网+"对生鲜超市构建复合型销售模式具有推动作用，同时也给生鲜农产品供应链中发挥着集散与中转重要功能的供应商带来了挑战和压力。生鲜农产品供应商也需要进行"互联网+"转型。为此，本节分析生鲜农产品供应商在"互联网+"环境下的转型驱动因素以及转型战略和思路，并结合"互联网+"跨界融合思维，以集散和中转功能拓展为基础，分别提出适合产地供应商、销地供应商和集散型供应商的"互联网+"转型策略，还针对供应商在"互联网+"转型中可能存在的问题给出对策和建议，以期为各种不同类型供应商实现"互联网+"转型和促进生鲜农产品供应链的发展提供新思路。

5.2.1 生鲜农产品供应商"互联网+"转型战略分析

1. 传统生鲜农产品供应链供应商的作用分析

由于我国的农业生产者以小户、散户居多；同时我国地域宽广、人口众多，零售商也呈现出规模相对较小、数量较多的特点。因此，为了实现生鲜农产品在各个节点的顺利迅速流通，长期以来，我国传统生鲜农产品供应链呈现产—供—销三级供应链基本结构，如图5.3所示。

图5.3中，生鲜农产品的供应商大致可以分为三类：第一种类型的供应商是

产地供应商,一般位于农业生产者附近,其核心业务是向农业生产者收购生鲜农产品,并将其销售给下游供应商;第二种类型的供应商是销地供应商,一般位于城市市区或市郊,其核心业务是向上游供应商采购生鲜农产品并将其销售给各零售商或代理商;第三种类型的供应商是集散型供应商,相比前两种类型供应商具有更大的辐射范围,一般具有区域性影响,其核心业务是向上游供应商采购生鲜农产品并将其销售给下游供应商,又或是提供交易场所和交易平台,供产地供应商与销地供应商进行生鲜农产品交易并提供产品信息发布、交易服务、运输和配送等配套服务。尽管三种类型供应商的核心业务略有不同,但它们共同承担了将零散的生鲜农产品聚集和收购、规模化中转、散货与分销的重要功能。因此,生鲜农产品供应商在传统供应链中具有非常重要的作用。

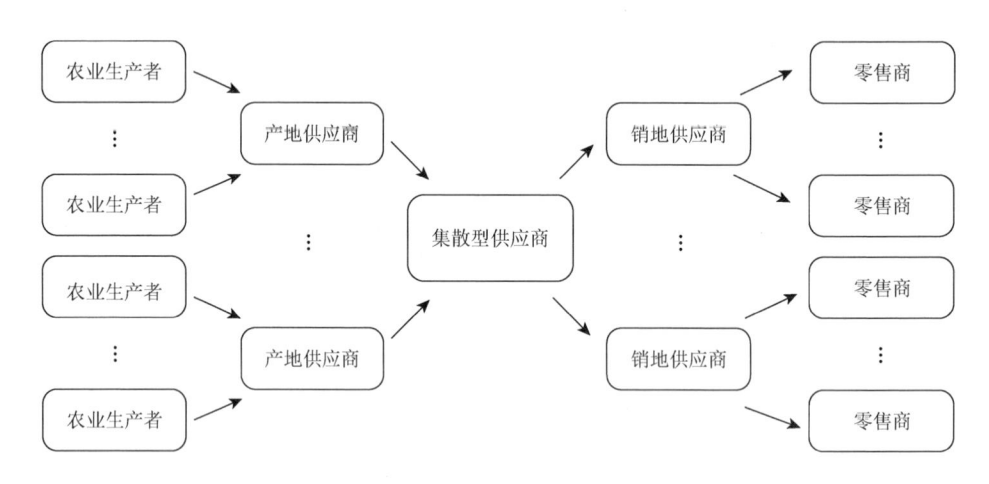

图 5.3 传统生鲜农产品产—供—销三级供应链示意图

2. 生鲜农产品供应商"互联网+"转型驱动因素分析

尽管生鲜农产品供应商在传统生鲜农产品供应链中具有非常重要的作用,但是经过一段时间的发展以及伴随着"互联网+"时代的到来,传统生鲜农产品供应链供应商所面临的内部环境和外部环境都发生了较大的变化。为了分析供应商的转型战略和策略,对其转型的驱动因素分析如下。

1) 转型内部驱动因素

(1) 生鲜农产品供应链结构优化要求减少中间环节。如图 5.3 所示,在传统生鲜农产品供应链中,供应商对于生鲜农产品的集散和中转发挥了非常重要的作用。然而,供应链中存在过多数量的供应商以及过多的中间环节,使得生鲜农产品在过多中间环节流通过程中产生了极大的价值损耗,据统计我国果蔬流通损耗率高达 30%,相比发达国家 5%的损耗率水平,每年造成的经济损失为 1000 多亿元。究其原因，一方面我国冷链基础设施设备建设尚不完善，生鲜农产品在未能进行更有效的保鲜措施的情况下经历了过多的中间环节并延长了流通时间，从而会因为自然变质腐烂造成大量的实体损耗和价值损失；另一方面，由于生鲜农产品在各供应商节点流通过程中经历了过度的产品装卸、搬运、运输、仓储环节，加重了人为损耗和价值损失。因此，从社会整体效益角度来看，结合 2016 年 12 月 31 日发布的《中共中央 国务院关于深入推进农业供给侧结构性改革 加快培育农业农村发展新动能的若干意见》[①]，传统生鲜农产品供应链结构亟须进行优化和减少过多的中间环节，由此生鲜农产品供应商必然面临整合或被淘汰的过程。无论是通过整合增强自身实力还是面对淘汰危机需要生存和发展，生鲜农产品供应商都必须选择合适的转型策略以应对生鲜农产品供应链结构优化的要求。

（2）过度竞争促使供应商寻求新的利益增长点。在传统生鲜农产品供应链中，供应商的核心功能是对生鲜农产品进行集散和中转并赚取其中的差价。然而，传统生鲜农产品供应链中间环节过多，会导致供应商的经济利益受到损失，阻碍其发展。一方面，大部分生鲜农产品单位经济价值相对较低，大量的损耗减少了产品的有效供给数量，使得供应商自身的经济利益受到了较大的损失，而且对于损耗的产品进行处理也会增加供应商的运营成本；另一方面，过多的中间环节和过多数量的供应商必然导致相互之间产生过多的竞争，不但处于供应链上下游关系的不同类型供应商会因为双重边际效应导致利益受损，同类型的供应商也会因为业务开展而产生横向竞争，进而产生利益损失。因此，为了能够寻求新的利益增长点以实现自身的进一步发展，生鲜农产品供应商必须选择合适的转型策略。

2）转型外部驱动因素

（1）生鲜电商的迅速发展对供应商功能产生替代作用。随着"互联网+"时代的来临，众多生鲜电商纷纷崛起并快速发展，不少电商巨头企业也宣布进军生鲜行业。由于生鲜电商往往同农业生产者直接合作，并通过网络平台直接面对终端消费者，在接收终端消费者的购买订单之后向农业生产者订货并最终进行点对点直接配送，一时之间生鲜电商逐渐成为联系农业生产者和终端消费者的桥梁，大有代替传统生鲜农产品供应链供应商作用的趋势。尽管从目前社会整体情况来看，生鲜电商的经营情况还不尽如人意，但是随着生鲜电商在运作过程中逐渐产生类似供应商所具有的规模效应并逐渐降低运营成本，生鲜电商的发展将更加迅速。如果供应商不迅速进行反应，必然会因为生鲜电商的替代作用而给

---

① 《中共中央 国务院关于深入推进农业供给侧结构性改革 加快培育农业农村发展新动能的若干意见》，http://www.gov.cn/zhengce/2017-02/05/content_5165626.htm。

自身发展带来极大的冲击甚至是生存威胁,因此生鲜农产品供应商亟须寻找合适的转型发展策略。

(2) 新型商业模式出现使得供应链其他节点企业对供应商依赖降低。新型商业模式的出现,必然会对传统生鲜农产品供应链带来巨大影响。早在 2008 年我国便开始试点和推广"农超对接"模式,进而演变出"农 + X"(农超、农社、农企、农校)模式,这种模式下农业生产者可以绕开供应商同零售商直接进行联系与合作。在"互联网+"环境下,互联网和移动互联网的发展对于该模式的发展更是起到了促进作用,同时还产生了诸多网络预售模式、基于社群经济的销售模式等新型商业模式。在这些商业模式中,农业生产者可以通过网络平台直接同供应链下游的零售商合作,甚至可以直接同终端消费者进行联系;而零售商也可以向供应链上游延伸,直接同农业生产者进行长期稳定的合作,这就使得农业生产者和零售商对供应商的依赖程度逐渐降低,进一步使得供应商在供应链内部节点企业之间的竞争优势逐渐降低。因此,为了有效解决该情况带来的负面影响,生鲜农产品供应商必须探索转型发展的道路。

(3)"互联网+"给供应商带来了新的发展机遇。尽管在"互联网+"环境下生鲜电商和新型商业模式给生鲜农产品供应商带来了巨大的冲击,但不可否认的是,"互联网+"现代农业发展的相关政策逐步出台以及"互联网+"带来的跨界融合思维,同样也给供应商带来了新的发展思路和发展机遇。最直接和显著的变化是,供应商同样可以利用互联网平台和移动互联技术,同更多的供应链上下游节点企业合作,并且将合作对象的范围扩大;同时还因为网络的普及而使生鲜农产品供求信息更加容易掌握,避免信息不对称产生的盲目决策行为,这些都能降低供应商的运营成本。因此,生鲜农产品供应商为了能够改变利益容易受到损失的现状,在"互联网+"环境下获得新的发展机遇,也会主动利用"互联网+"跨界融合的思维探索转型发展策略。

3. 生鲜农产品供应商"互联网+"转型战略和思路

由上述转型驱动因素可以发现,生鲜农产品供应商在"互联网+"环境下面对着来自供应链内部和外部环境的转型压力。然而,生鲜农产品供应商的"互联网+"转型,如果仅仅只是由传统的线下运营商形式直接转变为电商形式或者仅仅只是将原有的线下业务转移到线上,则其无法与生鲜电商产生差别并获取竞争优势,因此供应商选择合适的转型策略还必须首先选择合适的战略与转型思路。考虑到生鲜农产品供应商是在"互联网+"环境下利用跨界与融合的思维进行转型,借用 SWOT 战略分析方法来分析供应商的"互联网+"转型战略,结合上述驱动因素中的分析,将供应商所面对的优势、劣势、机会、威胁用表 5.1 表示。进一步,从内部要素和外部要素两个角度来分析供应商的转型战略和思路。

表 5.1　生鲜农产品供应商的 SWOT 分析

	优势（S）	劣势（W）
内部要素	经营大宗生鲜农产品集散和中转，具有规模经济效应 长期经营中积累了数量众多的上下游客户资源，具有规模客户资源优势	直接从线下转入线上，在线上平台运营的基础和能力较差 过多中间环节导致供应商利益无法得到保障，竞争力有限
	机会（O）	威胁（T）
外部要素	"互联网+"现代农业发展相关政策支持和引导 通过线上平台可以扩大客户资源和信息，进一步产生更大的规模效应	迅速发展的生鲜电商对供应商的集散、中转功能产生替代作用 新型商业模式的出现，降低了农业生产者和零售商对供应商的依赖

从内部要素来看，一方面，尽管各级生鲜农产品供应商的规模大小不同，但都长期经营大宗生鲜农产品的集散和中转，已经产生了规模化的经济效应。同时，供应商在同供应链上下游企业进行交易的过程中，逐渐积累了数量众多的客户资源，具有规模客户资源优势。相比之下，即使农业生产者、零售商和生鲜电商也能够通过网络平台直接与更多客户资源联系，但相对来说难以在短期内形成足够大的规模效应。另一方面，生鲜农产品供应商也具有一定的劣势，传统供应链中过多的中间环节使供应商利益无法得到保障，竞争力有限。更重要的是，如果供应商开辟网络渠道和线上交易业务，则会因为不具备线上平台的运营基础从而很难在短期内取得很好的运营效果。

从外部要素看，一方面，国家和各级政府先后出台了一系列推动"互联网+"现代农业发展的相关政策，给供应商利用"互联网+"技术探索新的发展方式带来了机遇；并且在"互联网+"环境下，供应商能够突破地理位置的局限，利用已有的市场信誉和规模化供应链上下游客户资源，通过网络进一步吸引和聚集更多客户企业，扩大客户资源的规模。同时，更多的客户资源也带来了大量的生鲜农产品交易数量，规模化的大宗交易能够为采用互联网技术进行生鲜农产品仓储、冷链运输和冷链配送等起到降低成本的作用，从而更好地满足生鲜农产品的保值要求与消费者的高质量需求。另一方面，随着"互联网+"技术的发展，生鲜电商也迅速发展起来，对供应商的传统集散、中转功能形成了替代作用；同时，传统供应链环境下农业生产者和终端零售商都比较依赖于中间供应商对农产品的转移，而"互联网+"环境下，农业生产者和零售商可以通过网络绕开供应商直接进行交易，降低了对供应商中转、集散功能的依赖。这给生鲜农产品供应商的发展带来了巨大的威胁。

进一步分析不难发现，在内部要素中，相对存在的运营劣势，供应商所具有的规模化优势，是生鲜电商及农业生产者和零售商都很难在短期内所能够具备的条件。即使互联网给农业生产者和零售商带来了直接联系的条件，但本质上未能改变点对点连接方式的弊病;而生鲜电商尽管具有线上运营的优势,但也很难在短期内迅速集聚大量的上下游客户资源产生规模效应。此外,在外部要素中,尽管"互联网+"技术给供应商的线上交易发展带来了巨大的机遇,但是如京东、天猫等大型生鲜电商凭借其雄厚的经济实力和强大的线上平台运营基础能力也逐渐吸引了不少的上下游客户,对供应商的替代作用逐渐明显;而"互联网+"环境下的"农超对接"等新型商业模式的兴起,也使农业生产者和零售商能够尽快共享生产与需求信息,促进双方的直接交易,降低生鲜农产品的交易成本,最终降低了农业生产者和零售商对供应商产销对接作用的依赖。如果对该现象不加以应对和寻求转变,供应商的发展将进一步受到影响。正因如此,根据企业竞争优势理论和危机理论的内容,生鲜农产品供应商应该采取 ST(优势+威胁)型战略,即充分利用"互联网+"技术扩大上下游客户资源规模和大宗农产品中转、集散规模,通过规模效应降低采用"互联网+"技术、网络平台运营、生鲜农产品冷库仓储、冷链运输和冷链配送等物流方式耗费的成本;进而给农业生产者和零售商等上下游客户带来更好的农产品交易与中转、集散服务,增强同上下游客户之间的交易黏性,降低生鲜电商的替代性威胁。

5.2.2 生鲜农产品供应商"互联网+"转型策略

尽管生鲜农产品供应商的类型和核心业务各有不同,但每种类型供应商都在长期的运营过程中积累了大量的上下游客户资源,发挥了大宗农产品的中转、集散功能,相比生鲜电商及农业生产者和零售商,具有更大的资源优势以及专业的农产品交易与流通业务能力。正因如此,供应商在选择"互联网+"转型策略时,应该利用"互联网+"技术进一步拓展企业资源和发挥企业能力,强化自身的竞争优势,并基于竞争优势确定转型策略与转型方向。考虑到产地供应商、销地供应商和集散型供应商各自的资源优势与核心能力略有不同,三种类型供应商的转型策略也会有所区别,因此下文将分别对三种类型供应商的转型策略进行分析。

1. 产地供应商"互联网+"转型策略

传统产地供应商主要有两大功能:一是向农业生产者收购生鲜农产品,发挥其对生鲜农产品的集货功能;二是向农业生产者传递生鲜农产品的市场供求信息并引导其按照市场需求调整农业生产结构,促进农业生产的区域化、专业化、规模化发展。在"互联网+"环境下,产地供应商可以考虑以互联网平台为基础,充分发挥其直接面对农业生产者并具有集货功能的规模优势,转型为具有品牌效应的产地直销型生鲜农产品/食品供应商,此时的供应链结构如图 5.4 所示。

图5.4中,产地供应商的"互联网+"转型及供应链形成分三个层次逐步进行,具体体现如下。

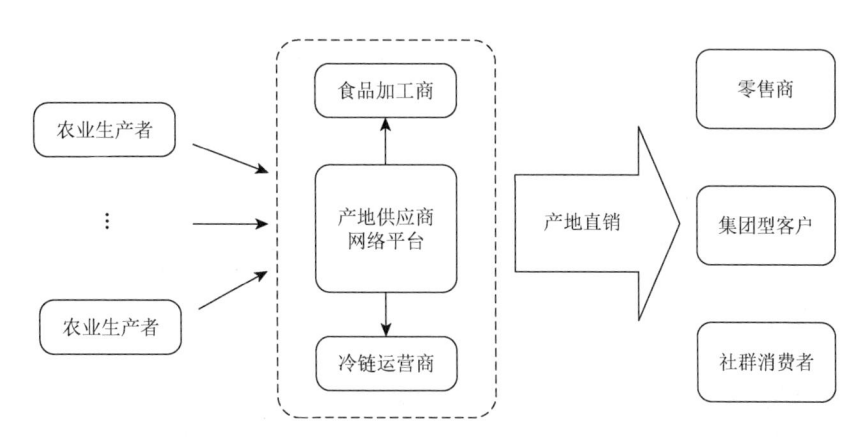

图 5.4 产地供应商"互联网+"转型后供应链示意图

1) 搭建网络平台,实现产地直销并进一步扩大规模效应

在"互联网+"环境下,产地供应商首先应该通过自建或者合作的形式搭建网络平台,并将其所拥有的上游即农业生产者客户资源信息转移到线上,通过网络平台与农业生产者进行联系,及时了解农业生产者的生产信息,并相应向其传递市场需求信息,从而在向农业生产者收购生鲜农产品和传递信息时节约运作成本。同时,通过网络平台的推广,产地供应商还可以进一步突破地理位置的局限同更多邻近农业生产者进行合作,从而扩大规模效应。

另外,产地供应商通过网络平台,绕开下游供应商直接同终端零售商或消费者联系,采取预售等方式了解和获取终端需求信息并根据订单信息发送相应的产品,从而形成产地直销的模式。必须注意的是,尽管可以通过网络平台联系数量更多的消费者,但由于普通零散消费者对生鲜农产品的需求量相对较小,因此产地供应商通过网络平台应该优先考虑同具有稳定且数量较大需求的零售商、集团型客户或是社群消费者进行合作,在保持规模效应的同时降低由于普通零散消费者分布较散而产生的多点配送难度和避免更高的配送成本。

通过搭建线上运作平台并选择合适的合作对象,产地供应商能够通过规模效应获得相对更大的利益。同时,由于产地供应商采取生鲜农产品产地直销的方式,因此相比图5.3的传统生鲜农产品供应链结构,图5.4的供应链结构去掉了不少中间环节,有着明显的优化和改变,能够减少过多中间环节对产地供应商带来的利益损失。

2) 跨界整合利益相关企业,创造新的利益增长点

当产地供应商搭建网络平台并通过线上渠道开展相关业务之后,必须认识到

短期内其线上业务与现有的生鲜电商的业务有较大的重复性但却并不具有生鲜电商的成熟网络运作能力,因此产地供应商还应进一步通过其对生鲜农产品的集货功能来跨界探索新的业务方式,从而创造新的利益增长点。

考虑到生鲜农产品本身具有易变质腐烂的特性,在储存和运输配送途中都极易产生价值损失,因此产地供应商应该进一步考虑能够使生鲜农产品价值保值甚至是创造新的经济价值的方式。从这个角度出发,产地供应商可以通过网络平台跨界整合冷链运营商和食品加工商等利益相关企业。一方面,产地供应商同冷链运营商进行有效深度合作,以大宗生鲜农产品储存与运输配送产生的规模效应,对生鲜农产品实施全过程冷藏,从而实现生鲜农产品在流通过程中的价值保值。另一方面,也更为重要的是,大宗生鲜农产品向下游流通会出现类似生鲜农产品丰收时出现的菜贱伤农的问题,因此产地供应商将食品加工商整合进来并直接向其输送大量生鲜农产品;食品加工商将生鲜农产品加工成诸如方便食品、休闲食品、速冻食品等各类食品再通过产地供应商的网络平台直接销售给零售商或终端消费者,由此实现生鲜农产品在形态转变过程中产生的经济价值增值,产生新的利益增长点。

通过跨界整合利益相关企业,结合已搭建的线上运作平台,产地供应商进一步拓展集货功能,可以实现向生鲜农产品/生鲜食品综合型供应商的方式转型。并且,无论是通过使生鲜农产品价值保值还是创造新的经济价值,产地供应商都能够获得更大的经济利益。

3)基于产地特色构建和打造品牌,提升差异化竞争力

生鲜农产品具有高同质性的特点,无论是直接销售生鲜农产品还是将其加工为各类生鲜食品,供应商很难在市场竞争中获取更大的利益。因此,产地供应商还应该充分利用网络平台和整合通过集货功能形成的大量农业生产者客户资源,共同构建和打造基于产地特色的生鲜农产品品牌,从而提升差异化竞争力。

传统生鲜农产品供应链中,由于小农经济的特点,农业生产者规模一般都较小,难以打造属于自己的品牌。而产地供应商长期同数量众多的农业生产者进行合作,形成了一定的规模效应,相对更容易来构建和打造具有产地特色的生鲜农产品品牌。一方面,产地供应商根据构建生鲜农产品品牌的要求,联系和组织众多农业生产者按照相同标准进行特色生鲜农产品的生产种植;同时,产地供应商与食品加工商深度合作,将部分生鲜农产品转变为具有产地特色的各类生鲜食品,共同创建产地品牌。另一方面,产地供应商应该充分利用网络平台,采用"互联网+"营销策略,强化同集团型客户的合作,充分发挥零售商与社群消费者的人气效应,不断向市场推广和强化产地特色品牌。通过一系列措施,产地供应商最终通过创建和打造特色产品品牌,以产品差异化提升市场竞争力,实现自身的可持续发展。

第 5 章 生鲜农产品供应链成员企业"互联网+"转型策略

通过上述三个层次的建设，产地供应商可以实现"互联网+"转型。其中，集货功能是产地供应商实现规模效应以及实施转型的基础；网络平台是产地供应商实现产地直销、减少供应链中间环节和优化供应链结构的保障；在产地直接将生鲜农产品加工为生鲜食品以及打造具有产地特色的产品品牌，是产地供应商在"互联网+"转型中有别于供应链其他节点企业，形成独有市场竞争力和获取更高经济利益的关键。抓住每个层次的价值创造，产地供应商可以实现更好的发展。

2. 销地供应商"互联网+"转型策略

相比产地供应商更加靠近农业生产者，销地供应商则更加靠近市场需求端。传统销地供应商一方面将生鲜农产品运送到各个零售商节点，实现生鲜农产品的散货功能；另一方面，销地供应商负责将从零售商处收集的需求信息和消费者偏好信息向供应链上游节点企业传递。因此，在"互联网+"环境下，销地供应商应该考虑以互联网平台为基础，充分发挥其直接面对零售商和终端消费者并具有散货功能的规模优势，转型为满足个性化需求的产地直采型生鲜农产品/食材供应商，此时的供应链结构如图 5.5 所示。

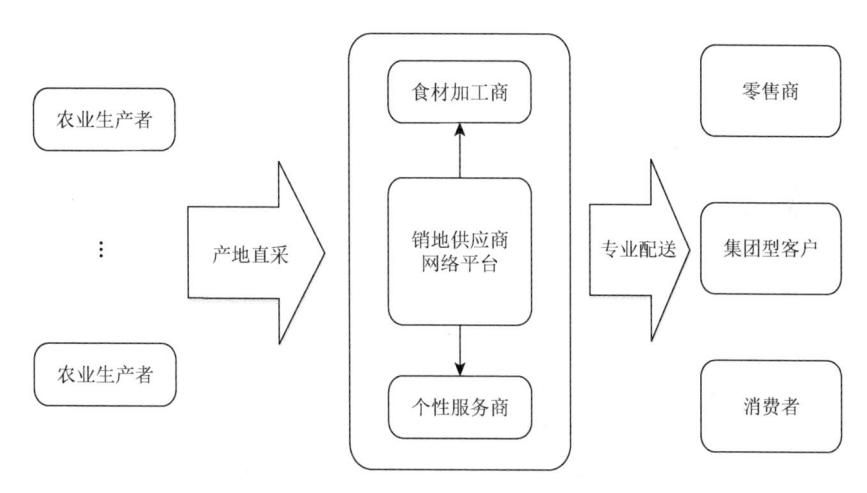

图 5.5 销地供应商"互联网+"转型后供应链示意图

图 5.5 中，销地供应商的"互联网+"转型及供应链形成分三个层次逐步进行，具体体现如下。

1）搭建网络平台，规模化整合需求端客户资源并实现产地直采销售模式

与产地供应商搭建网络平台的作用相似，销地供应商搭建网络平台同样是先将传统的线下业务转移到线上进行集成。但不同的是，销地供应商直接面对各类零售商和消费者，相对远离农业生产者，因此在"互联网+"环境下，销地供应商

搭建网络平台的主要目的是汇总需求信息，扩大需求端客户数量规模，并进一步形成规模经济效应。同时，销地供应商相比产地供应商面对更加广泛的需求端客户资源，其中最主要的区别在于销地供应商在地理位置上更靠近终端消费者，依托城市配送体系，销地供应商既可以为社群消费者提供生鲜农产品也可以为普通零散消费者提供生鲜农产品。

另外，销地供应商通过网络平台收集的订单信息对本地客户偏好和需求进行分析，在此基础上，绕开供应链上游供应商直接寻找农业生产者进行合作，采取产地直采的模式直接向农业生产者采购大宗生鲜农产品来满足零售商、集团型客户、消费者等群体的需求。为了降低产地直采模式下的难度和保持稳定数量的供给，销地供应商应该尽可能寻找大型农业生产者如农民合作社、农业生产基地等上游客户进行合作，避免同中小农业生产者进行多点采购产生的高成本。

通过搭建线上运作平台并选择合适的合作对象，销地供应商同样能够通过规模效应获得相对更大的利益。同时，由于销地供应商根据订单采取生鲜农产品产地直采的方式，因此相比图5.3的传统生鲜农产品供应链结构，图5.5的供应链结构也去掉了不少中间环节，有着明显的优化和改变，能够减少过多中间环节给销地供应商带来的利益损失。

2）跨界整合利益相关企业，满足个性化需求

当销地供应商通过网络平台聚集需求端客户并获取相关偏好与需求信息之后，通过大数据分析可以对需求与偏好信息进行分类整理，拓展其散货功能，不仅配送生鲜农产品，还设计合适的产品形式满足客户的个性化需求，创造新的利益增长点。

现代人们的生活节奏不断加快，需求端客户对于生鲜农产品的需求已不再局限于产品的自然物理形式，而是有着更多的要求。例如，消费者既然已经选择通过网络渠道购买生鲜农产品，必然对购买生鲜农产品及其处理具有高便利性的要求。因此销地供应商在分析这类消费者的偏好和订单信息后，可以通过网络平台将生鲜食材加工商和专业配送商整合进来，将生鲜农产品根据消费者订单要求加工成易于烹饪处理的生鲜食材，并由专业配送商进行配送。该方式同样适合于超市等零售商及集团型客户，目的在于缩短零售商或集团型客户采购生鲜农产品后再进行加工的时间，而由销地供应商整合生鲜食材加工商进行加工处理，会由于规模效应的存在而具有相对更低的成本。加上需求端客户愿意为易于处理的生鲜食材支付相对更高的价格，销地供应商能够从中获取更高的经济利益。

通过跨界整合利益相关企业，结合已搭建的线上运作平台，销地供应商进一步拓展散货功能，不但销售和配送生鲜农产品，同时也销售和配送生鲜食材，实现向生鲜农产品/生鲜食材综合型供应商的转型，并从中获得更大的经济利益。

3）提供基于生鲜农产品/生鲜食材的增值服务，创造全新价值

经过上述两个层次的建设，考虑到终端客户的多样性，销地供应商还可以充分分析和挖掘终端客户的潜在偏好和需求，进一步拓展散货功能，即销地供应商在向终端客户提供生鲜农产品/生鲜食材销售的基础上，进一步提供能够满足终端客户潜在偏好和需求的增值服务，从而在获取产品经济价值的基础上创造全新的服务价值，实现自身的可持续发展。

销地供应商在销售生鲜农产品/生鲜食材的基础上，可以围绕产品的附加效用，整合个性服务商来为终端客户提供个性化增值服务。例如，对于类似于餐厅、企业、学校等的集团型客户，销地供应商提供生鲜农产品或生鲜食材，由个性服务商提供不同档次、不同规模的餐饮搭配的整体解决方案；或者销地供应商通过网络平台整合与之合作的农业生产基地，打造"生产基地 + 中央厨房 + 餐饮门店"模式；对于普通消费者，则向其提供食材搭配、烹饪等个性化技术指导，等等。通过这些跨界融合的方式，销地供应商最终可以依托生鲜农产品/生鲜食材的销售，向终端消费者提供各种类型的增值服务，以规模化客户资源降低运营成本，进而创造全新的价值。

通过上述三个层次的建设，销地供应商可以实现"互联网+"转型。其中，散货功能是销地供应商实现规模效应以及实施转型的基础；网络平台是销地供应商实现产地直采、减少供应链中间环节和优化供应链结构的保障；将生鲜农产品加工为生鲜食材、提供更多个性化增值服务，是销地供应商通过跨界方式创造全新价值的关键。抓住每个层次的价值创造，销地供应商同样可以实现更好的发展。

3. 集散型供应商"互联网+"转型策略

传统集散型供应商的功能是对产地供应商和销地供应商进行生鲜农产品的集散和中转，同时起到生产信息和需求信息的互换作用，由于其影响范围一般具有较大的区域性，甚至可能是不同区域生鲜农产品进行跨区域流通的关键节点，在传统生鲜农产品供应链中具有非常重要的作用，同时也难以在生鲜农产品供应链结构优化中被淘汰。然而在"互联网+"环境下，产地供应商的直销模式与销地供应商的直采模式逐步发展，将从整体上降低对集散型供应商的依赖。因此在"互联网+"环境下，集散型供应商为了保证自身可持续发展，更应该充分发挥其巨大的集散和中转功能以及规模效应，向区域性生鲜农产品智慧物流中心转变，此时的供应链结构如图 5.6 所示。

图 5.6 中，集散型供应商的"互联网+"转型及供应链形成分两个层次逐步进行，具体体现如下。

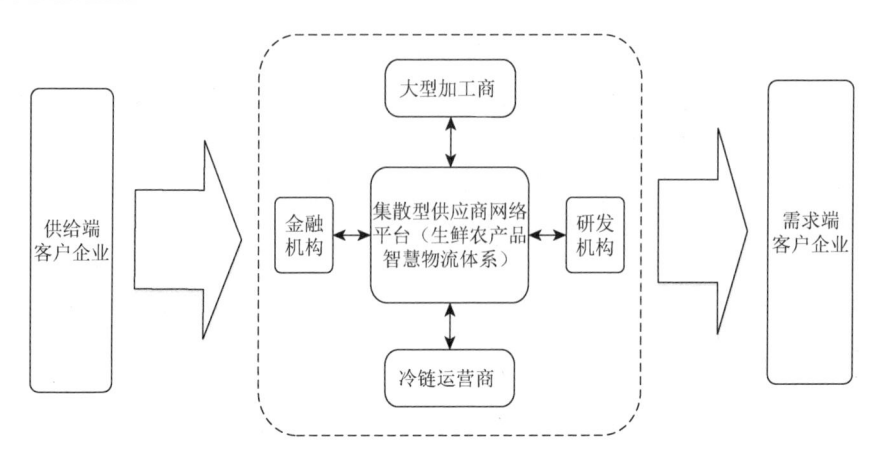

图 5.6　集散型供应商"互联网+"转型后供应链示意图

1）整合利益相关企业，建立智慧物流体系

传统集散型供应商主要面向产地供应商和销地供应商，发挥着大宗生鲜农产品的集散和中转功能以及供应链中生鲜农产品供需信息的传递功能。由于近年来国内电子商务发展迅速，因此集散型供应商一般都已经建立了网络平台，通过平台发布供需信息并实现部分线上交易功能。在"互联网+"环境下，集散型供应商应该完善其网络平台的所有功能，并以此为基础向生鲜农产品智慧物流中心转型。

在这个过程中，集散型供应商首先需要改变原先仅同产地供应商与销地供应商进行合作的局面，充分利用网络平台和移动互联技术，直接同大型农业生产者以及大型零售商或需求端客户进行合作，将其分类为供给端客户企业与需求端客户企业。通过这种方式，既能提高网络平台和服务的覆盖面，也能进一步扩大客户企业资源和数量，形成更大的规模效应。与此同时，集散型供应商利用网络平台将冷链运营商和相关研发机构整合进来，由冷链运营商对生鲜农产品的运输、储存、配送、装卸等物流过程进行全程监控并进行全程冷链体系建设，由研发机构研发适合生鲜农产品的 RFID 技术与传感器网络，不但实现各节点企业间物与物的互联互通，而且将各个企业的物流系统、生产系统、采购系统与销售系统进行智能融合，促进农业智慧化生产与智慧供应链的融合，建立生鲜农产品智慧物流体系。

通过一系列的措施，集散型供应商集中与生鲜农产品利益相关的各处客户资源、物流资源进行整合，充分发挥整体优势和规模优势，形成完善的生鲜农产品智慧物流体系，降低改进后生鲜农产品供应链运营成本和费用支出，获得规模效益。

2）跨界拓展服务，创造全新价值链

除了在生鲜行业推动智慧物流体系的建设，集散型供应商还可以通过大宗生鲜农产品集散和中转聚集起来的规模效应，进行跨界发展。利用由网络平台收集和获取的需求端偏好大数据，集散型供应商可以整合大型加工商，对生鲜农产品进行定制化精加工处理。与产地供应商或销地供应商对生鲜农产品的加工处理不同的是，集散型供应商对生鲜农产品的加工范围更加广泛。例如，产地供应商主要是在产地对生鲜农产品直接加工，使其成为具有地方特色的生鲜食品，而集散型供应商可以聚集跨区域的生鲜农产品，将不同类型生鲜农产品加工成各类生鲜食品再推入消费端市场；另外，销地供应商主要是根据订单信息进行个性化处理加工，满足消费者个性化需求，而集散型供应商是对生鲜农产品进行大规模的定制化精加工，满足各类行业和市场需求。总体而言，集散型供应商从原有关注生鲜农产品的产品价值拓展到关注上下游客户的客户价值，从满足客户价值的角度出发来对生鲜农产品进行特色加工，创造新的价值。

此外，进行大宗生鲜农产品集散与中转以及进行大规模的加工处理，集散型中转商还可以从以下两个方面提供跨界服务：一方面，针对生鲜农产品流通标准化的关键问题，集散型供应商可以整合相关研发机构与政府质检部门，联合对生鲜农产品、生鲜食材等产品制定质量等级标准以及对冷链物流、定制化精加工等服务制定服务标准，并促进这些标准成为行业标准，从而进行推广和实施。另一方面，针对农业相关企业、冷链物流经营企业等可能存在的资金困难，集散型供应商可以利用大宗生鲜农产品的数量、部分高价值生鲜农产品的经济价值、数量庞大的上下游客户资源以及利用智慧物流体系中对生鲜农产品的保存等多方面的整体优势，整合金融机构，为生鲜农产品流通和交易过程中急需资金的企业提供仓单质押、存货质押等金融服务，从而创造更高的客户服务价值。

通过以上措施，集散型供应商进行的跨界拓展服务，创造了"互联网+"环境下基于生鲜农产品的全新价值链，既能够保障自身的可持续发展，也能够对生鲜农产品供应链结构性改革起到推动和促进作用。

5.2.3 以蒲江特色水果现代农业产业园和重庆双福国际农贸城为例

为了说明上述转型策略的有效性，接下来通过两个实际案例的说明和分析来进一步对不同类型供应商的转型发展提供管理启示。通过作者的实际调查获取的一手数据以及通过企业官方网站所获取的二手数据，选择成都蒲江特色水果现代农业产业园和重庆双福国际农贸城进行分析。

1. 成都蒲江特色水果现代农业产业园案例分析

根据 2018 年所得数据，成都市蒲江县特色水果现代农业产业园总面积

316.28平方公里，合计47.44万亩，占全县面积的54%。园区主导产业为柑橘和猕猴桃的种植，总面积18万亩，占园区种植业面积的90%，其中柑橘面积13万亩；猕猴桃面积5万亩。2016年，园区总产值89.84亿元，农业总产值34.77亿元，其中主导产业产值63.52亿元，占园区总产值的70.7%；加工业年产值49.07亿元，旅游收入6亿元，二、三产业占园区总产值的61.30%。园区主导产业突出、产业布局合理、组织方式先进、配套功能齐全、综合效益显著，是全国优质晚熟柑橘基地、国家级猕猴桃标准化示范区、国家出口猕猴桃示范区，也是省级现代农业示范区和成都市首批成片推进的产业综合示范基地。

据了解，尽管成都蒲江的水果形成了特色产业园，然而农业生产者（农户/合作社）都并未直接通过互联网同终端消费者或是零售商进行直接交易，而是通过企业或中间商（经纪人）与农业生产加工企业进行合作与对接，再通过线上平台或是线下渠道与销售端进行对接。同时，在蒲江县相关政府部门的大力推动下，依托蒲江特色农副产品资源由成都新朝阳作物科学股份有限公司建设"鲜农纷享"农产品电子商务平台，并且相继在天猫开设了"蒲江猕猴桃（地标）官方旗舰店"，为全国第一家在天猫开设的生鲜农产品地标旗舰店，在京东平台开设"蒲江特色馆"，在苏宁易购平台开设了"中华特色蒲江馆"，在萌店平台开设了"地道中国蒲江馆"等，通过这些网上销售平台进行特色农副产品和水果等产品的网络销售。在销售的过程中，依托于京东、天猫等线上旗舰店，凡是符合蒲江猕猴桃地理标志农产品使用条件的商家都可以入驻，以自己的品牌在旗舰店向消费者销售，但相关企业在获取线上经营权时必须由政府部门进行认证、授权及监管，从而扶持有实力的企业提高蒲江猕猴桃品质并维护蒲江猕猴桃品牌。

此外，蒲江县的不少供应商除了发挥农产品集货功能，还开始呈现出多元化跨界转型发展模式。例如，蒲江县设置专门的种植经纪人负责获取产品来源、提供货源信息、承担对车辆组织的联系、对接加工分选场地及组织民工等；至诚川供农业科技有限公司专门从事优质农产品收购和通过线上线下多个渠道直接与销售端对接的企业来进行销售，从而完成供应商对产地农产品的集货与直销功能；成都顶匠农业科技有限公司定位于社会化服务平台，提供农资与农机等产品服务、农业生产销售大数据信息传递服务和农村金融业务等社会化服务。

在该案例中明显可以发现，蒲江县的农产品供应商，不再仅仅局限于对农产品集货和向下游发货的传统作用，而是在"互联网+"环境下进行了向产地直销形式的转型发展，在转型过程中具有以下特点：①供应商通过种植经纪人和移动互联网对接优质货源、拓宽生产端客户资源，通过自建网络平台或是第三方平台拓宽销路资源；②供应商通过"互联网+"技术实现跨界融合转型，例如整合冷链运营商为生鲜农产品提供冷链服务，提供农业生产技术服务和金融服务等；③最重要也是最核心的是，形成特色化的产地品牌，例如蒲江猕猴桃地理标志品牌可以同其他企业品牌合作，建立联合品牌，在尽量产生差异化和避免自营品牌竞争的基础上尽量推广产地品牌。

2. 重庆双福国际农贸城案例分析

重庆双福国际农贸城由重庆物流集团建设并运营管理，是重庆市三级农产品现代流通体系中的龙头市场，被农业农村部确定为定点配套市场，被商务部确定为全国农产品批发骨干市场。双福国际农贸城以保障鲜活农产品供应为主，规划占地2455亩，主要布局蔬菜、水果、冷链等八大业态，汇聚蔬菜、水果、粮食、食用油、干货、副食、肉类、水产、蛋品、冻品等26个类别，现已建成主体交易区35万平方米，其中蔬菜交易区15万平方米，其余20万平方米。双福国际农贸城开业运营以来，农产品交易维持了量足价稳、购销两旺的局面，保证了全市农产品供应，带动了全市"三农"经济发展，助推了农民增收致富，并已辐射四川、云南、贵州、陕西、甘肃、湖北等多个省份，农产品日均入场量达万余吨，其中蔬菜9000吨、粮油800吨、干副600吨、水果3000余吨，入场农产品每天均可到达各区县和周边省市，进入各大超市，保障了农产品新鲜供应。

由于双福国际农贸城同时起到保证重庆市农产品供应以及辐射四川、云南、贵州等多个省份的作用，因此处于其中的供应商主要有两大类：一类起到销地供应商的作用，主要为农产品销售地提供充足的农产品保障；另一类则起到中转集散作用，利用重庆较为发达的交通运输枢纽，形成区域性的农产品集散中转中心。两类不同供应商的转型发展也略有不同，以下分别进行描述。

一方面，销地供应商以"一站式采购"为主要特色，通过深度整合和服务农产品供应链上下游企业，借用农贸城提供的农产品产地信息服务，从农产品原产地直接进行采购并对重庆市全市进行产品供应。产品品类不仅有蔬菜、水果、水产等鲜活产品，也包括经过加工之后的食材冻品与干副产品等类型。此外，供应商还借助农贸城内设置的大型冷库，为客户提供农产品的仓储配送，从而充分发挥对农产品的散货功能。同时在该案例中不难发现，销地供应商的"互联网+"转型发展，具有以下特点：①利用网络平台进一步拓展上游生产商资源和下游零售商资源，在规模化的基础上为下游零售商或消费者提供"一站式采购"服务；②农产品品种齐全，整合生鲜食材加工商与专业配送商，提供各类增值性服务，尽可能满足客户的个性化需求。

另一方面，无论是农贸城本身还是其中的部分供应商，都起到了农产品中转、集散的作用。据了解，农贸城相关供应商企业为了扩大交易规模，同全国各地多家生产基地建立了对接关系，直接采购生产基地的生鲜农产品，在保障重庆市全市消费的基础上辐射周边省市。同时，双福国际农贸城正在建设和完善市场交易管理系统，实现对进场农产品的产地信息采集、农残快检及公示、市场量价信息采集，以及对进出场车辆管理、市场费用集中结算、冻库经营管理、信息快速展示发布等市场主要功能，并配套建设了覆盖全市场的安全监控体系，打造智慧农贸平台体系，促进供应商转型升级。进而在梳理已有资源的基础上，推进农产品质量标准化、信息服务网络化，升级经营管理模式，实现线上线下对接；打造集商贸批发零售、仓储配送、装卸搬运、认证检测、流通加工、商品展示、信息服务及供应链金融服务等功能于一体的智慧化增值服务，从而跨界拓展服务和创造全新价值链。不难发现，集散型供应商的"互联网+"转型发展，具有以下特点：①依托规模，直接将农业生产基地和生鲜农产品销地对接起来，打造区域性智慧物流体系，更好地实现大宗农产品的集散和中转；②拓展服务，不局限于传统的生鲜农产品集散、中转，还提供农产品质量认证检测、流通加工和供应链金融服务等增值性服务，创造全新的价值。

5.2.4 对策建议

传统生鲜农产品供应链供应商数量较多，一方面容易导致生鲜农产品的流通环节更多而出现变质腐烂和经济损失的问题，另一方面供应商自身的发展也面临诸多问题。而"互联网+"环境也给供应商的发展带来巨大的挑战，供应商亟须选择合适的转型发展策略。因此，本节首先分析了传统生鲜农产品供应商在供应链中的作用以及在"互联网+"环境下的转型驱动因素，并由此提出了供应商"互联网+"转型的战略和思路为扩大供应商对生鲜农产品集散和中转功能形成的规模优势来进行转型。进一步，利用"互联网+"跨界与融合的思想，以拓展生鲜农产品集散和中转功能为基础，提出了适合不同类型供应商的"互联网+"转型策略，以期为供应商和生鲜农产品供应链的发展提供借鉴与参考。

在"互联网+"环境下进行生鲜农产品供应商的转型发展，既充满机遇也面临巨大的挑战。面对转型过程中可能出现的问题，对相关利益主体提出如下对策和建议。

（1）不同类型生鲜农产品供应商需根据自身特点选择合适的转型策略。尽管对不同类型生鲜农产品供应商而言，总体的转型思路是充分发挥供应商拥有的庞大上下游客户资源和专业大宗农产品中转、集散功能的竞争优势，并利用"互联网+"技术进一步扩大规模效应提升优势竞争能力。但不同类型供应商应该根据自身特点寻找合适的转型策略。例如，产地供应商应该尽可能拓展生产客户规模，以生鲜农产品产地直销和销路拓展为核心，基于产地特色构建和打造品牌来提升差异化竞争力；销地供应商应该尽可能拓展销售客户规模，以满足客户特色化和个性化需求为核心，基于生鲜农产品的使用价值提供增值服务和创造全新价值；集散型供应商则尽可能整合更多利益相关企业，建立智慧物流体系并跨界拓展多样化的服务，创造全新价值链。

(2) 生鲜农产品个体供应商的"互联网+"环境转型必须理顺思路。一方面，虽然减少生鲜农产品供应链中间环节是大势所趋，但根据我国国情加之供应链运作的基本要求，生鲜农产品供应链结构的优化并非完全去除所有的供应商，转型过程不必过急和盲目跟风，因此个体供应商应该根据自身的条件和资源选择合适的转型策略。另一方面，所提到的转型策略并非所有个体供应商都能实施，实际上转型的过程本身也是不少个体供应商相互进行整合的过程，必然导致部分个体供应商发展壮大而部分个体供应商被淘汰，因此个体供应商的转型也并非完全依赖自身的资源和条件，而是可以选择和同类型其他个体供应商进行合作与共同发展。

(3) 生鲜农产品供应商的转型需要各级政府和相关部门的支持。一方面，生鲜农产品供应商的"互联网+"转型，也是推动生鲜农产品供应链结构优化和农业供给侧结构性改革的重要组成部分，需要各级政府从财政支持、人才培养和基础性服务等方面加大扶持力度，并且在适当的时候进行合理的引导以推动生鲜农产品供应商的"互联网+"转型。另一方面，生鲜农产品供应商在"互联网+"环境下进行跨界转型，需要整合许多属于不同行业但具有利益关系的企业，这必然存在跨行业的竞争。这不但依赖于企业之间的合作能力，更需要相关政府部门从整体发展的思路出发进行协调，促进共同发展。

5.3 基于产品增值的生鲜农产品生产者"互联网+"转型策略

作为生鲜农产品供应链中最为重要的组成要素，农业生产者（包含农户或农民合作社）的转型发展，既关系到农业产业链供应链的整体升级发展，也直接关系到农业生产者增收空间的拓展。但是长期以来，农产品的单品经济价值相对较低，品牌化建设不足，在市场上的同质化现象较为严重；加之农产品在流通过程中具有易损耗与易腐特性，都使得农业生产者难以获得更高的收益。因此，有必要对促进农业生产者转型升级发展进而实现拓展增收空间目标的有效途径进行研究。为此，本节从价值延伸视角出发，对生鲜农产品生产者"互联网+"转型的案例进行深入分析，提出了可供农业生产者选择且有效的"互联网+"转型路径，以期为我国农业生产者探索"互联网+"转型路径及升级发展提供有益参考。

5.3.1 农业生产者"互联网+"转型案例的研究设计

1. 研究方法

基于价值延伸视角的农业生产者的"互联网+"转型研究，需要对农业生产者是如何从传统仅考虑提高农产品品质实现价值提升，逐步转变为利用"互联网+"

工具与目标消费者群体进行不断深入的互动交流和价值对接形成供需双方价值共创的全过程进行研究和探讨。这种对于过程类的研究，比较适合采用案例研究的方法，通过对案例进行细致的过程描述，清晰地解释"如何"和"为什么"的问题，揭示农业生产者利用"互联网+"工具技术通过价值延伸最终实现增收目标的转型过程。

此外，由于一般的价值提供或价值提升是供需双方通过产品或服务交易来产生的，而价值共创是供需双方通过直接交互以及联合行动来实现的，这就意味着供需双方都有可能产生价值。由于农业生产者通过提供农产品或相关服务来产生价值，消费者则通过获得产品或服务来实现价值，因此价值延伸有可能从产品或服务的角度来延伸，也有可能从消费者的角度来延伸，因此为了从两个方面深入挖掘农业生产者的"互联网+"转型路径，进而归纳现象特征和提炼理论，采取双案例研究的方法进行研究，通过对不同类型的农业生产者"互联网+"转型过程的比较来剖析其转型过程及特征。

2. 样本选取

1) 抽样原则

根据上述两种角度的描述，结合典型性原则和理论抽样原则，选择两种类型的农业生产者进行案例研究。在对众多案例进行初步考察后，将遵循以下原则进行案例筛选：①所选案例在发展初期必须以农业生产和农产品销售为主营业务，且具有良好的发展势头和较为完整的信息以供研究；②所选案例在研究问题上具有典型性，具有代表性特征，符合理论抽样性；③所选企业正在利用"互联网+"思维进行转型发展并且已经取得一定的经营业绩。经过层层筛选，最终选择又见炊烟有机农场与重庆载禾农业发展股份有限公司（以下简称载禾农业）两种类型农业生产者进行研究。

同时，为了进行案例之间的对比分析，两个案例中的农业生产者选取也充分考虑了其在价值延伸转型方面存在的共性和差异性。一方面，两个农业生产者的共性表现在：双方的成立时间相差不大，且最初通过提高农产品品质形成差异化来实现价值提升。此后，双方逐渐开始利用"互联网+"思维和技术开展基于价值延伸的转型，转型过程中都充分考虑了与群体消费者进行交互和合作。在转型之后，两个农业生产者都成功地建立了与消费者形成长期互动与合作的价值共创模式。另一方面，双方的差异性主要表现在：①两个农业生产者在具体转型路径的选择上存在一定的差异，又见炊烟有机农场主要依托微信公众号、大众点评等各种类型移动互联网平台联系消费者，并最终与学校或群体家庭用户形成稳定的合作关系；载禾农业则是利用自建的载禾优生活网站和微信公众号联系消费者，并采取会员制方式与消费者形成黏性。②两个农业生产者提供的产品或服务存在差异，又见炊烟有机农场最初提供优质的有机农产品并通过网络渠道进行销售,最终转变为以提供亲子游为主的生态旅游服务,通过联合学校开展家庭亲子游服务或是针对家庭用户开展农家乐生态游服务,形成服务提供为主+农产品提供为辅的产品服务体系;载禾农业则以提供各类优质农产品销售和配送给会员消费者为主要形式,随后也以家庭会员为基础,打造农家文化生态系统,形成产品与服务的双引擎生态系统。因此,上述差别为深入分析为什么二者会有不同的价值共创模式提供了研究的情景。两个农业生产者的代表性特征描述如表 5.2 所示。

表 5.2 案例农业生产者代表性特征描述

异同	维度	又见炊烟有机农场	载禾农业
共性	转型情景	提供优质有机农产品,实现单品价值提升,市场占有率较低	提供优质土鸡产品,实现单品价值提升,会员规模不大,且会员购买频率不高
共性	转型前特征	向消费者提供优质有机农产品,没有明确的目标客户群体	向会员消费者提供优质土鸡产品,产品形式相对单一
共性	转型后特征	通过"互联网+"技术与工具与消费者群体进行深入互动,围绕优质农产品及相关服务,以深度定制化为特点,实现供需双方价值共创	通过"互联网+"技术与工具与会员消费者群体进行深入互动,围绕会员消费者的多样化需求,以全方位生活服务体系为特点,实现供需双方价值共创
差异	产品服务类别	客户定制化的农产品服务体系	优质农产品与全方位生活服务体系构成的双引擎生态系统
差异	消费者类型	以学校、企业与有孩子的家庭为主的群体消费者	会员制群体消费者
差异	互动方式	开展生态游服务、定制服务和主题农家乐服务吸引消费者并与之形成沟通互动	重点针对会员消费者提供优质农产品配送与生活服务并与之形成沟通互动

2) 案例概况

又见炊烟有机农场位于重庆市巴南区石龙镇,是由重庆市重农种业有限公司于 2016 年投资打造的一家为消费者提供休闲度假服务的有机生态农场。该农场建立初期对土壤进行三年休耕,选择自然农法种植,借助时间醇化,将有机营养转化积累并且摒弃传统采用的化肥、农药、除草剂和激素等种植方法而改用专业有机种植方法,专业生产高品质的有机蔬菜并进行配送。此后,该有机农场逐渐开始向消费者提供现场体验、住宿、观光、采摘、餐饮和手工 DIY(do it yourself,自己动手)等个性化服务,其中最主要的特色为特色客栈与亲子游为主的生态旅游服务,最终发展成为一家基于原生态和有机蔬菜的生态农业旅游基地。

载禾农业成立于 2014 年,是重庆本地一家采用 O2O 模式专业从事绿色生态农产品销售的公司,其前身为重庆土鸡在线。近年来先后投入巨资采取控股、参股、收购、联营等多种方式建设了土鸡、绿色蔬菜、冷水鱼、土猪、蜂蜜、兔子等十几个基地,合作成立了乡村生态游基地,已形成一条立足本地的从基地种植、养殖,到采摘、粗加工、预包装,再到配送到家的鲜活农产品供应链,核心服务对象为会员制消费者群体。此后,载禾农业利用"互联网+"跨界思维搭建了由优质农产品与全方位生活服务体系构成的双引擎生态系统,以"享绿荟生鲜宅配""五品嘉生活服务平台""阡陌行乡村生态游"三个服务品牌全面覆盖会员的生活服务。

3. 数据收集

本书为了尽可能得到客观的结果,坚持采用开放的态度,从多种渠道收集数据,包括一手数据和二手数据。具体如下。

一手数据是研究资料的重要组成部分,具体来源如下。①实地调研。对两个样本企业,作者都是以5~10人规模的研究团队前往实地进行了调研,深入了解样本企业在农业生产和农产品销售方面的经营情况。②人员访谈。对样本企业的相关人员进行了非结构式访谈与交流,特别是同两家企业的高层管理人员和部分一线人员进行非结构式访谈与交流,尽可能获取较为全面的一手资料和数据。另外,研究人员还对部分企业消费者进行了跟踪与访谈。案例访谈数据收集情况如表5.3所示。③参与式观察。研究人员作为顾客到样本企业进行消费与体验,现场感受农产品消费及相关服务带来的体验,如前往又见炊烟有机农场现场体验农产品种植和生态游活动,前往载禾农业企业总部和销售网点体验实际的产品并通过网络渠道了解生产环节实时动态等。

表5.3 案例访谈数据收集情况

案例企业	访谈次数	访谈时间	访谈人次	访谈对象	访谈内容
又见炊烟有机农场	3	300分钟	10	企业负责人(1)、客服人员(2)、运营人员(2)、消费者(5)	主题活动、服务项目、经营现状、发展历程、文化建设、网络平台运营方式、消费意愿等
载禾农业	2	260分钟	9	企业负责人(1)、销售人员(2)、运营人员(1)、消费者(5)	服务项目、业务范围、发展历程、文化建设、网络平台运营方式、消费意愿等

二手数据对一手资料起辅助作用,具体来源如下。①网络媒体资料。对于样本企业,可以从网络上搜集到大量媒体新闻、专题访谈等内容,本书对该部分资料进行了收集与整理。②企业提供的官方资料。样本企业拥有其官方网站和微信

公众号等社交运营账号，主动公开企业资料和各类型消费者的反馈和互动，本书对这些资料进行了系统的梳理。③文献搜集。查阅知网、万方等中文文献数据库中样本企业的相关文献，本书提取文献的相关内容，作为重要研究资料。

为确保研究的效度和信度，必须保证数据的可靠性，遵循"三角验证"原则（Yin, 2014），因此研究人员将不同渠道收集到的所有资料汇合在一起进行了交叉验证。

4. 数据编码与分析

为降低案例研究结论的主观性，本书根据质性研究的规范性原理与过程处理数据，将数据处理过程分为数据缩减、数据陈列、结论及验证三个阶段。

（1）数据缩减阶段。由于初始数据量庞大，不利于后续的编码工作，研究团队对所有的一手数据和二手数据进行整理与分类，将两个案例企业的数据归为Y、Z两类，又见炊烟有机农场的一手资料为Y1，二手资料为Y2；载禾农业的一手资料为Z1，二手资料为Z2。基于分类数据，研究团队简化并提炼出与研究相关的数据内容，共同讨论确定编码规则，同时将团队成员分为3组，每组2人，采用背靠背方式各自编码。编码时，编码人员首先对简化后的数据进行概念化和初始编码，并根据"转型前→转型过程→转型后"的框架将初始编码归入不同的范畴，形成企业转型发展的过程性形式。

（2）在数据陈列阶段，将不同编码小组形成的编码汇总进行比对，相互讨论以不断修正编码，直至形成最终的编码结果，使得编码、案例数据与研究主题三者达到最优匹配。其中，讨论的形式分为组内讨论和组间讨论，团队成员对意见不一致的部分反复商榷，请第三方人士进行评判，最终达成一致意见。通过多方讨论，研究团队确定了最终编码，对这套编码进行比较分析后得出的研究结论更具信度和效度。

（3）在结论及验证阶段，研究团队根据最终形成的初始编码与范畴，对两个案例企业在从价值拓展到价值共创的农业生产者"互联网+"转型过程的"转型前""转型过程""转型后"进行比较，从而得出研究结论，提出研究命题。最后，对研究过程进行检视和验证，不断修正理论，在反复与迭代下达到理论饱和。

5.3.2 基于价值延伸视角的"互联网+"转型路径

1. 基于农产品价值延伸视角的"互联网+"转型路径

又见炊烟有机农场的"互联网+"转型经历了从产品价值提升到定制化价值共创的纵向价值延伸流程，每个阶段的具体特征如图5.7所示，以下将根据"转型前→转型过程→转型后"的逻辑顺序进行描述。

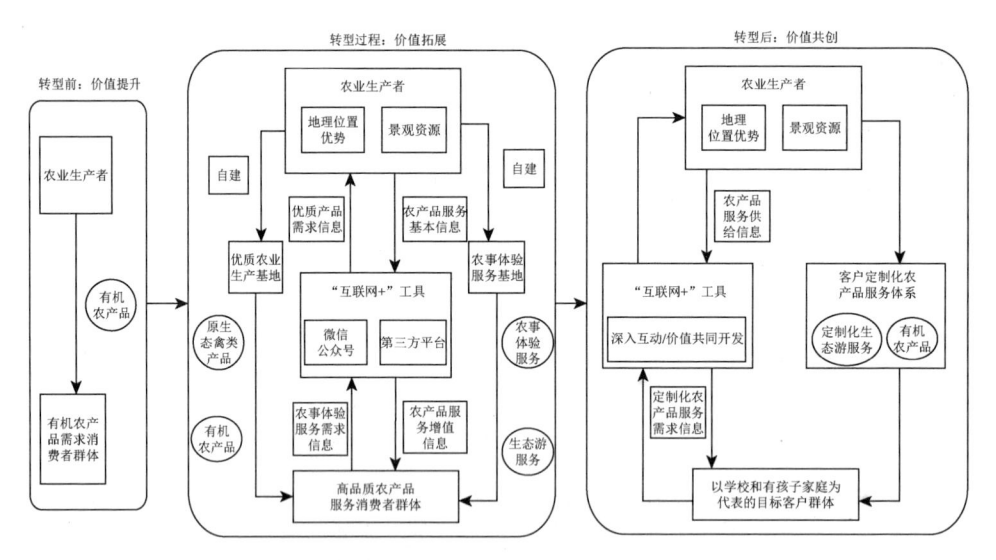

图 5.7 基于农产品价值延伸视角的"互联网+"转型路径

1）转型前：针对高品质生活需求消费者群体提供有机农产品实现价值提升

通过案例数据的分析发现，为了能够实现与市场上同类型农产品的差异化并实现增收的目标，又见炊烟有机农场在转型前进行了以蔬菜为代表的农产品有机化生产和定位特殊消费者群体，通过满足这部分消费者的需求来实现价值提升，具体表现如下。

（1）提供有机农产品来实现特色与差异化。发展之初，又见炊烟有机农场经营者首先将土地进行了长达三年时间的休耕与有机醇化改良，让土壤自行降解有害物质，逐渐恢复活力和营养成分，从种植条件上首先保障无污染、无公害。并在三年之后按照有机农产品认证的标准开始种植有机农产品，在种植过程中严格按有机标准种植，人工除草、物理除虫，禁止使用任何化肥、农药和一切人工合成添加物，确保最终种植收获的农产品健康、安全，具有有机特性，形成与市场上通过常规种植方式收获的一般农产品不同的产品特色和差异化。

（2）定位于高品质生活需求消费者群体。又见炊烟有机农场提供的以有机蔬菜为代表的有机农产品，种植周期相对较长，产出相对较低，有较高的生产成本，对这类有机农产品的定价相对市场上其他一般同类型农产品的价格更高，比如有机蔬菜大致是市场上同类型蔬菜价格的 2~3 倍。考虑到市场上的大众消费者对于蔬菜类农产品的价格较为敏感，为了确保经济利益以及打造自身的有机特色和高端品牌，农场将目标客户群体定位于具有高品质生活需求的消费者群体。

由此，又见炊烟有机农场实现了两方面的价值提升，一是对农产品进行有机化转换生产来提升产品价值，同时将农场自身打造为比较高端的品牌而提升了品牌价值；二是定位高品质生活需求消费者群体，在满足目标客户群体需求的同时实现了客户价值。这种价值提升使得又见炊烟有机农场的特色逐渐获得了市场的认可，形成了比较良好的品牌效应。但是，价值提升并未给农场带来经济收益上的更大提升，正如又见炊烟有机农场的负责人所说："尽管有高收入消费者群体购买高品质的有机农产品，但这些有机农产品从产地运送到市场，总体来说还是可能会面临亏损，有时候基本上是往外运一斤[①]就亏一斤。"究其原因，一方面农产品本身具有易变质特性，因此即使有机农产品能够在一定程度上提升单品价值，但不能像其他工业产品那样以打造成为"奢侈品"的形式来稳定高价值；另一方面，总体来说市场上的高品质生活需求消费者群体规模相对较小，难以形成规模效应来降低有机农产品生产销售和流通诸多环节中的高成本，加之有机农产品的有机特性相对不易观察和认知，在进行市场推广时面临不少困难。在这样的现实背景下，又见炊烟有机农场开始探索适合自身特色的"互联网+"转型路径。

2）转型过程：依托有机农产品打造生态游与农事体验服务实现价值拓展

又见炊烟有机农场的"互联网+"转型过程在探索如何实现价值拓展，目的是拓宽价值来源。整个过程分为三个阶段，分别是对目标消费者群体的深层次价值需求进行识别和分析、结合自身资源进行价值设计、使用"互联网+"技术和工具进行价值传递。具体表现如下。

（1）对目标消费者群体的深层次价值需求进行识别和分析。通过调查和分析可以发现，除了有机蔬菜等优质农产品，农场的目标消费者群体具有三类最为主要的价值需求：首先，目标客户群体希望农场能够提供种类更加丰富的高品质农产品，同时能够提供对各类有机农产品的家庭处理和营养搭配等信息；其次，目标客户群体希望能够到又见炊烟有机农场所拥有的农业生产基地进行实地的农事活动体验，享受生态旅游或农家乐服务；最后，目标客户群体希望能够有更多直观和便利的产品购买与体验方式，并且希望能够提升对农产品有机特性的直观认识，加深信任度。

（2）结合自身资源进行价值设计。又见炊烟有机农场对自身所拥有的资源进行分析。又见炊烟有机农场具有以下特点：一是拥有属于自己的生产基地，目前尚未全部开发利用但总体范围有限，前期对种植条件的有机转化和改造已经付出了较大的成本；二是农场拥有较好的山水田园自然风光，有一定的旅游价值；三是农场位于重庆市巴南区石龙镇，距离巴南区政府所在地仅有近50公里路程，且位于包茂高速公路附近，具有较为便利的交通条件。由此，农场结合自身资源对目标消费者群体的需求进行价值设计。首先，完善有机农产品生产

[①] 1斤=500克。

种植条件，同时小规模地增加鸡、鸭等家禽类动物有机养殖，形成有机农产品为主和有机养殖业为补充的多样化农产品生产体系，拓展高品质农产品线，部分满足群体消费者的多样化产品需求。其次，提供三类农事相关的服务满足群体消费者的体验服务和信息获取需求。一是针对有机农产品本身的体验服务，一方面向消费者提供对有机农产品生产过程的现场考察和产品试吃服务，并且提供相关农产品的现场下单购买和自带服务，在解决销售问题的基础上还能够省去有机农产品的流通过程和减少流通损耗；另一方面为消费者提供对有机农产品种植、采摘等农户活动的体验服务，让消费者更加贴近农户的田园生活，同时增强对农场所提供的有机农产品的信任度。二是生态游服务，农场加大投入进行娱乐设施规划和建设，提供完善的娱乐设施和相关服务，使消费者能够在农场参与露营、垂钓和烧烤等服务，体验回归大自然的休闲时光。三是品牌与文化感知服务，为实现有效的价值延伸，农场从"又见炊烟"品牌宣传与文化建设以及尽可能留住消费者出发，专门建设具有农家特色的住宿环境，设计了十余间各有特色的原生态客房，供前来进行乡村游或体验农产品的顾客住宿，尤其是让消费者在居住后感受清晨的袅袅炊烟所带来的在喧嚣的城市中久违的乡村安宁生活与农耕文化。

（3）使用"互联网+"技术和工具进行价值传递。由于需要将所设计的价值传递给群体消费者，并且能够更加便利地获取群体消费者的价值需求，又见炊烟有机农场使用各类"互联网+"技术和工具进行价值双向传递。首先，农场与大众点评网、携程网及马蜂窝网等第三方消费点评网站或是旅游网站进行合作推广品牌以吸引消费者的注意，而这些平台共同的特点是具有点评功能且有较大影响力，能够让消费者从第三方的角度获取农场的相关信息，能够减少消费者搜索相关信息的成本；同时，农场在这些平台上都提供了消费者进行线上预订旅游客房的功能，给消费者带来了较大的便利性，也有助于农场获取潜在消费者资源。其次，农场通过建立微信公众号与消费者实现深入交流。在微信公众号中，除了对农场的基本文字简介，还提供了360度VR（virtual reality，虚拟现实）全景以便消费者能够从手机上直接观察农场的航拍景色，以及外景、采摘区、育苗区、草坪、稻田区和科普大棚等农场内部景区特色，让消费者对农场有更加直观的了解，同时公众号还提供了定位导航服务方便游客前往。此外，公众号还集成了微店平台使得消费者在线上渠道下单购买有机农产品，并且还提供了线上评价、民宿预订、农家菜推荐等服务，以及定期推送农场的活动信息等。

在整个"互联网+"转型过程中，又见炊烟有机农场经历了价值识别、价值设计和价值传递三个环节，最终依托优质农产品及相关的生态游与农事体验服务实现了价值拓展，也为与群体消费者的进一步深入互动和形成价值共创奠定了基础。

3）转型后：打造客户定制化农产品服务体系实现价值共创

在实现价值拓展的基础上，又见炊烟有机农场进一步使用"互联网+"技术和工具与客户消费者群体进行更加深入的交流与互动，通过打造客户定制化的农产品服务体系从而最终实现了价值共创。具体表现如下。

（1）进一步识别具有更高价值的目标客户群体。农场通过对已有的客户群体不断深入沟通和识别，发现相比较于购买各类有机农产品，客户群体更多将生态游服务和农事体验服务当成是客户价值的主要实现形式，往往在体验之后顺便购买各类有机农产品并保持多次重复购买的习惯。其中，尤其是学校、企业或是有孩子的家庭为主的消费者群体更加青睐于现场体验，并对各种主题类的体验服务有较高的要求。因此，农场将这类消费者群体作为最主要的高价值目标客户群体。

（2）与目标客户群体进行价值共创。农场利用"互联网+"技术和工具与目标客户群体进行深层次沟通，打造客户定制化农产品服务体系。一方面，又见炊烟有机农场根据收集的各种信息设计不同形式的各类主题体验活动服务形式，并通过微信公众号发布相关信息，供各种不同类型的目标客户群体根据自己的偏好和兴趣选择。目标客户群体根据价值需求，同样可以通过微信公众号与农场进行联系，双方共同完善各类生态游、农家乐或农事体验服务类型。另一方面，目标客户群体也可以主动与农场进行联系并提出其前往农场举办各类活动的需求，再由双方共同进行各类活动的设计，从而形成客户定制化的农产品服务体系。

通过上述方式，供需双方最终形成了价值共创，其中目标客户群体在参加各类定制化体验服务满足物质价值需求的同时还可以促进群体之间的交流和联系并增进感情，满足其更深层次的心理价值需求；同时农场也能够获取更高的收益，从而实现自身增收的目的。经过"互联网+"转型和一段时期的发展，中央电视台财经频道《交换空间》栏目曾对又见炊烟有机农场进行过特别报道，极大地增强了其社会影响力。

4）基于农产品价值延伸的"互联网+"转型路径分析

从上述转型各阶段的特点（表 5.4 列举了主要特征及证据举例）不难发现，又见炊烟有机农场的"互联网+"转型过程所具备的特点是：在价值提升阶段，农场主动通过提供有机农产品来提升产品价值；在价值拓展阶段，农场一方面适当拓宽优质农产品的产品线，另一方面以有机农产品种植为基础打造农事相关服务来实现基于农产品的价值拓展；在价值共创阶段，农场则是针对目标消费者群体的深层次需求与其在深入互动和沟通的基础上共同开发定制化的农产品服务体系。这个转型过程实际上是不断地将农产品的价值进行拓宽，并将目标客户群体对于农事体验服务的价值需求也融入农产品的价值体系中，因此是基于农产品价值的延伸过程。遵循"转型前→转型过程→转型后"的逻辑框架，通过上述分析，得到以下命题。

表 5.4　基于农产品价值延伸视角的"互联网+"转型路径主要特征及证据举例

阶段	维度	主要构念	证据示例（典型援引）
转型前：价值提升	农产品	产品特性	我们对土地进行了长达三年时间的休耕与有机醇化改良，按照标准改用专业有机种植方法进行有机农产品的种植生产，确保农产品的有机特性和健康、安全（Y2）
		产品价格	市场上同类型蔬菜价格一般是 3 元左右一斤，我们的有机蔬菜价格差不多是其 2~3 倍的样子（Y1）
	目标消费者	消费者特性	主要还是那些对高品质生活有追求的人群（Y1）
	价值体现	品牌价值	消费者消费我们的有机农产品之后，还是比较认可我们的品牌价值的（Y1）
		转型动因	单品价格上去了，但是总体来说还是可能会面临亏损，有时候基本上是往外运一斤就亏一斤，主要还是因为客户群体规模小了。不过消费者认可有机农产品的价值，我们得想其他方法（Y1）
转型过程：价值拓展	消费者需求	产品需求	消费者对有机农产品的需求不仅只是有机蔬菜，他们觉得原生态散养的禽类产品也是潜在的消费对象（Y1）
		服务需求	很多客户对农家特色的生态游、农家乐服务和农事体验服务都有较大的兴趣，想来体验（Y1）
		信息需求	市场上其他消费者对我们的品牌还是不太熟悉，尤其是有机农产品的有机特性，可能并不太能够确认（Y1）
	供给资源	资源条件	农场是自营的，具有良好的山水风光资源（Y2）
		交通条件	农场位于重庆市巴南区石龙镇，距离巴南区政府所在地仅有近 50 公里路程，且位于包茂高速公路附近，具有较为便利的交通条件（Y2）
		产品线扩充	在原有基础上增加了小规模的鸡、鸭等家禽类动物的有机养殖（Y1）
		体验服务提供	消费者可以对有机农产品生产过程进行现场考察和产品试吃，如果满意可以现场下单购买和自带离开（Y1）
		生态游服务	消费者能够在农场体验露营、垂钓和烧烤等服务，体验回归大自然的休闲时光（Y2）
		品牌与文化感知服务	我们专门设计了十余间各有特色的原生态客房，客户周末来参观旅游，选择感兴趣的房间居住，感受乡村安宁生活，这个在城市里是感受不到的（Y1）
	"互联网+"技术与工具	第三方平台	农场与大众点评网、携程网及马蜂窝网等第三方消费点评网站或是旅游网站进行合作推广品牌（Y2）
		自营平台	你可以关注下我们的微信公众号，里面能够看农场的简介和全景，还有各种产品和服务预订服务（Y1）
	价值体现	价值拓展	相比以前，我们的收入提高了很多，特别是各种服务拓宽了收入来源，而且客户实地体验后也认可我们的产品和服务，愿意来消费（Y1）

续表

阶段	维度	主要构念	证据示例（典型援引）
转型后：价值共创	消费者需求	目标客户需求识别	我们发现像学校、企业或者有孩子的家庭特别愿意来体验，而且往往会提出他们对体验服务的特殊要求（Y1）
	供给资源	需求满足	农场会举办一些主题文化活动，农户和消费者可以在活动中增强互动，消费者之间也增进了感情（Y2）
	"互联网+"技术与工具	供需双方互动	客户可以在线上和我们进行沟通，双方共同进行定制化产品服务设计，我们也会不定期发布一些主题方案看看客户的反馈（Y1）
	价值体现	价值共创	形成客户定制化的产品服务体系，客户价值能够很好地得到体现和满足，我们的收入也能够进一步提高，算是在共同创造价值吧（Y1）

命题1：基于农产品价值延伸视角的农业生产者"互联网+"转型路径为：依托农产品品质提高实现价值提升→围绕农产品打造农事相关服务实现价值拓展→基于客户定制化农产品服务体系实现价值共创。

2. 基于客户价值延伸视角的"互联网+"转型路径

载禾农业的"互联网+"转型经历了从产品价值提升到多元化价值共创的横向价值延伸流程，每个阶段的具体特征如图5.8所示，同样将根据"转型前→转型过程→转型后"的逻辑顺序进行描述。

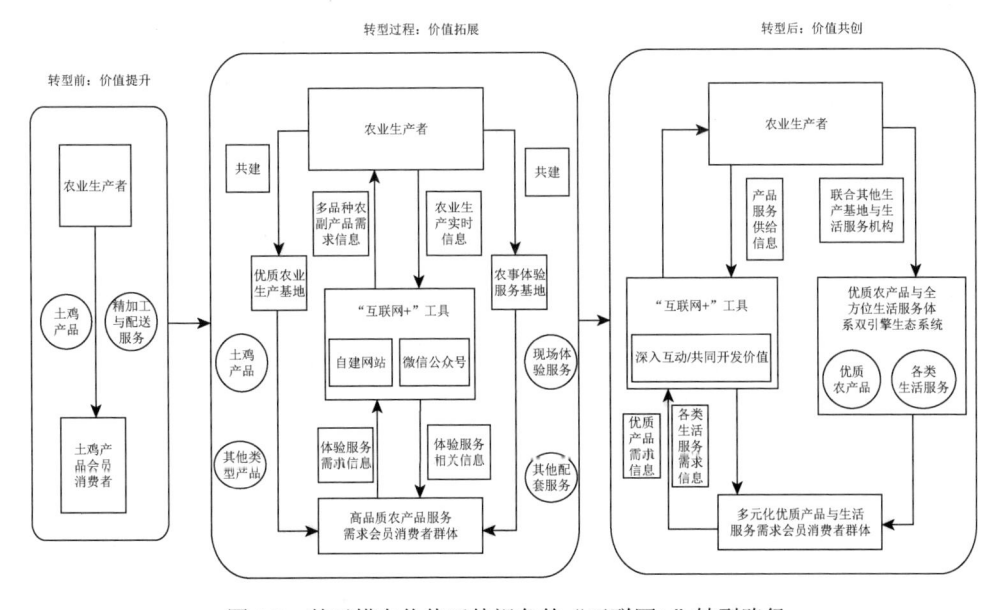

图 5.8　基于横向价值延伸视角的"互联网+"转型路径

1) 转型前：针对会员消费者群体提供优质土鸡产品及配套服务以实现价值提升

通过案例数据的分析发现，为了能够与市场上其他提供鸡肉类产品的农业生产者形成差异化和特色并实现增收的目标，载禾农业在转型前的主要核心业务是向其会员消费者群体提供优质的土鸡产品和精加工与配送等配套服务，在满足会员消费者群体需求的基础上实现价值提升，具体体现如下。

（1）提供以优质土鸡产品为代表的高品质食材实现特色和差异化。载禾农业在发展之初则是以"土鸡在线"的品牌进行经营和发展，最主要的业务是在重庆市部分郊县建立土鸡养殖基地进行土鸡的养殖。与其他常见的养鸡场不同，载禾农业的土鸡养殖基地对土鸡采取自然散养的养殖方式，尽可能保证土鸡在养殖过程中的原生态特性。进一步，考虑到消费者对于购买活鸡以及进行鸡肉产品的食材转化过程可能存在不便利的情形，载禾农业还提供对土鸡进行宰杀精加工和直接配送到家服务，保证土鸡从养殖地到餐桌全流程的高品质和食品安全，与市场上较为普遍的养鸡场养殖和生产鸡肉产品形成了差异。

（2）专门服务于会员消费者群体。由于载禾农业推出的土鸡在进行宰杀等精加工之后的食材成品价格是市场上同类鸡肉产品价格的 2 倍左右，且通常情况下消费者对于鸡肉类产品的消费频率比对蔬菜或猪肉等常见农产品的消费频率更低，也就意味着载禾农业在推出土鸡产品时必须定位于具有高品质生活要求、对价格敏感性相对较低并且能够在一定时期内形成消费规模的客户群体。因此，载禾农业采取会员购买制方式销售土鸡产品，即潜在消费者必须缴纳一定的入会会费并承诺每年消费数量之后才能购买土鸡产品。当会员消费者通过土鸡在线电话发送土鸡肉类食材产品的消费需求信息时，载禾农业专门为其提供标准的精加工处理和及时配送上门服务。

由此，载禾农业也实现了两方面的价值提升。一是土鸡产品的高品质以及精加工处理与配送到家服务，满足了会员消费者对该类产品本身以及购买和处理便利性的需求，实现了客户价值。二是该方式也使得载禾农业树立了良好的品牌价值，会员制的方式在一定程度上稳定了需求规模并带来了相对其他鸡肉类产品更高的收益。然而，对于载禾农业而言，提供优质土鸡产品以及精加工与配送服务的价值提升对其收益增加的作用相对有限，主要原因在于土鸡产品的单品价格较高以及土鸡产品的养殖和精加工处理过程无法直观观察，降低了潜在消费者群体的购买意愿，从而使得会员规模无法快速扩大以形成更好的规模效应。同时，主要提供土鸡产品销售和配套服务，形式比较单一，难以提升会员消费者的消费频率进而产生更高的收益。因此，单纯以提供优质土鸡产品及配套服务的价值提升方式并不能满足载禾农业的进一步发展需求，使得载禾农业逐渐开始开展符合自身特色的"互联网+"转型。

2）转型过程：针对会员消费者群体多样化需求形成价值拓展

与又见炊烟有机农场相似，载禾农业的"互联网+"转型过程同样具有三个比较典型的重要环节，分别是会员消费者群体需求和价值识别与选择、围绕会员消费者多样化需求进行价值设计，以及使用"互联网+"技术和工具进行价值传递。具体表现如下。

（1）会员消费者群体需求和价值识别与选择。通过调查发现，公司的会员消费者群体除了对土鸡产品有需求之外，还在以下几个方面表现出需求和价值要求。首先，由于土鸡产品本身主打的是地方特色和原生态，因此会员消费者希望公司能够提供更多其他类型具有地方特色的高品质农产品。其次，由于土鸡的养殖和加工处理一般位于重庆市各区县，与消费者市场可能存在一定的距离，且会员消费者大多数情况下工作比较繁忙，因此希望公司对其他高品质农产品同样能够提供精加工处理和配送到家服务以满足购买和加工处理的便利性需求。最后，对于现有的会员消费者与潜在可能成为会员的消费者而言，特别希望能够直观观察土鸡等优质农产品的生产养殖过程，增强其对这些产品在生产或养殖过程中具备高标准的信任度。

（2）围绕会员消费者多样化需求进行价值设计。载禾农业对自身资源进行分析，具有以下特点：一是具有一定规模且消费能力较强的会员消费者群体，即拥有较为稳定的价值来源；二是最初以电话热线的方式与会员消费者群体进行联系，同时为会员消费者提供土鸡产品的精加工和送货上门服务，具备了较为完善的与市场对接和传递信息与服务的渠道。由此，载禾农业围绕会员消费者的多样化需求进行价值设计。首先，载禾农业采用控股、参股、收购、联营等多种合作方式建设了十几个产品供应基地，产品类型从原有的土鸡产品扩充到禽类和蛋类，之后又逐渐扩充到猪肉、牛羊肉和兔肉等冷鲜肉类产品，各种菌类、高山蔬菜和时令水果等蔬果山珍类产品以及各类水产海鲜类产品，从优质农产品提供方面扩大产品线，满足会员消费者对优质农产品多样化的需求。其次，载禾农业还采取了跨界方式扩充产品线，即向会员消费者提供调料调味、米面杂粮、健康好油、南北干货等粮油干副类产品，以及果汁牛奶、冲调饮品和美酒佳酿等乳品酒水类产品，在肉类和蔬菜等主要农产品提供的基础上拓展到其他生活类食品或食材的提供，既能够给会员消费者带来更多的农副类产品购买选择，也提升了会员消费者购买各类日常食品或食材的便利性。最后，载禾农业紧密围绕会员消费者的需求和已有的农业生产基地资源，推出了基地展示、四季乡游和团建定制服务，并为会员消费者提供载禾礼盒、餐饮定制、节日礼券、体验专区等载禾礼品服务，即向会员消费者提供基于优质农产品的直接配套服务。

（3）使用"互联网+"技术和工具进行价值传递。载禾农业采用各种"互联网+"技术与工具实现与会员消费者之间的双向价值传递，具体如下。首先，载禾农业以原有的购物热线电话号码申请注册"载禾优生活"网上商城,以更加直观的方式向会员消费者提供产品信息并确保会员消费者能够更加方便地进行各类产品选购和四季乡游与团建活动等类型服务的了解与购买。其次,载禾农业创建微信公众号,主要向消费者提供载禾农业的公司发展、产品品控和服务体系等基本内容的简介;并集成了"禾苗商城"服务以便消费者能够直接通过手机移动端注册会员或是直接选购各类商品以提升其购买便利性。同时,公众号还通过"定向商城"服务提供线下实体体验店或各实体扶贫专馆的地址和线上购买服务,以便消费者既可以到线下门店进行实际的体验或产品购买也能够直接通过线上商城进行购买,从而实现了线上线下融合的O2O销售与体验模式。最后,由于生产基地大多位于重庆市区县,因此对于不太愿意或不太方便到其生产基地进行实地体验的会员消费者,载禾农业还在线下体验门店中提供了各类农产品种植或禽类动物养殖的实时网络观看服务,会员消费者可以较为直观地观察到各类农产品的生产过程,从而提升消费者的信任度和购买积极性。

由此,载禾农业经历了价值识别、价值设计和价值传递三个环节,从线上和线下两个渠道为消费者提供了诸多便利性和更高品质的服务,尤其是对会员消费者而言增加了可信任度,实现了围绕会员消费者多样化需求的价值拓展,同时也为后续的价值共创奠定基础。

3)转型后:打造产品服务双引擎生态系统实现价值共创

在实现价值拓展的基础上,载禾农业以充值会员制进一步筛选目标消费者群体并增强客户黏性,打造优质产品与全方位生活服务体系构成的双引擎生态系统,从而最终实现价值共创。具体表现如下。

(1)进一步深入挖掘会员客户群体的价值需求。通过"互联网+"技术和工具与会员客户群体进行深层次沟通,载禾农业发现其会员客户群体将现有的土鸡等各类优质农产品和农事相关服务当成其高品质生活需求的一部分,希望公司能够提供会员客户群体在其他高品质生活方面所需的服务。对此,载禾农业不再局限于农产品及服务范畴,而是拓展到会员消费者所需要的各种优质产品和生活类服务。

(2)与目标会员客户群体进行价值共创。通过与会员客户群体进行深入沟通与互动,载禾农业筛选出会员消费者需求最大的几项生活类服务,分别是健康服务、家政服务、投资理财服务和文化娱乐服务。考虑到自身并不能直接提供相关服务,因此载禾农业联合其他相关服务机构来向会员消费者提供上述生活类服务。同时载禾农业仍然坚持向会员消费者群体提供原有的优质农产品及其相关服务,从而打造优质产品与全方位生活服务体系构建的双引擎生态系统,满足会员消费者对优质产品和各类生活服务的需求。

由此,供需双方最终形成了价值共创,其中会员消费者的多样化需求得到满足并实现客户价值,载禾农业也获得了更高的收益并不断扩大品牌价值和社会影响力。2018年，载禾农业已经成为5万追求品位生活家庭的持续选择，为其提供优质产品和生活服务；同时，载禾农业还同位于重庆市的多家银行、高校、企业等企事业单位进行合作，为其提供专业的集团采购解决方案，整体价值不断得到提升。

4）基于客户价值延伸的"互联网+"转型路径分析

从上述转型各阶段的特点（表 5.5 列举了主要特征及证据举例）不难发现，载禾农业的"互联网+"转型过程所具备的特点是：在价值提升阶段，载禾农业考虑的是会员消费者群体对于土鸡这一类农产品品质的需求；在价值拓展阶段，载禾农业根据会员消费者的多样化需求，在产品线上进行了多样化的扩充，并增加了与农产品相关的各类服务；在价值共创阶段，载禾农业不再局限于优质农产品和各类涉农服务，而是从拓宽客户价值的角度出发，在与会员消费者群体进行深入互动和沟通的基础上提供多元化的优质产品和全方位服务体系。这个转型过程虽然最初是将优质农产品作为出发点吸引会员消费者，但逐渐转变为将优质农产品当成会员消费者高品质生活追求的一种实现方式，进而围绕客户多样化需求来不断拓宽价值实现方式，因此是基于客户价值的延伸过程。遵循"转型前→转型过程→转型后"的逻辑框架，通过上述分析，得到以下命题。

表 5.5 基于客户价值延伸视角的"互联网+"转型路径主要特征及证据举例

阶段	维度	主要构念	证据示例（典型援引）
转型前：价值提升	农产品	产品特性	土鸡在位于重庆市部分区县的养殖基地完全散养，保证原生态（Z2）
		附加服务	消费者下单后，我们对土鸡进行宰杀和精加工处理，并直接配送上门，保证全过程的高品质和食品安全（Z2）
		价格	精加工后的土鸡肉产品是市场上其他鸡肉产品价格的 2 倍左右（Z1）
	目标消费者	消费者特性	具有一定收入和消费能力且对优质土鸡产品有需求的消费者成为企业的会员（Z2）
	价值体现	品牌价值	土鸡在线具有一定的影响力（Z1）
		会员价值	只要成为会员，即可获取土鸡产品的精加工和配送上门服务，让会员在享受优质产品的同时能够省去自行加工处理的麻烦（Z1）
		转型动因	会员数量和规模不够大，土鸡的消费频率也不算高，所以整体收益不够高，需要有新的收益获取方式（Z1）
转型过程：价值拓展	消费者需求	产品需求	会员认为产品形式比较单一，希望能够有其他类型的高品质产品（Z1）
		服务需求	平时工作比较忙，希望其他产品也能够和土鸡产品一样有精加工和配送服务（Z1）
		信息需求	土鸡都在区县养殖基地进行养殖，不知道是不是真的完全散养（Z1）

续表

阶段	维度	主要构念	证据示例（典型援引）
转型中过程:价值拓展	供给资源	资源条件	通过控股、参股、收购和联营等多种方式建设了十几个农产品供应基地（Z2）
		产品线扩充	最初增加了禽类和蛋类产品，之后逐渐扩充到各种肉类产品、菌类、高山蔬菜、时令水果、水产海鲜类产品；并且进一步跨界扩充了其他生活类食品或食材（Z2）
		拓展服务	推出了基地展示、四季乡游和团建定制服务，并为会员消费者提供载禾礼盒、餐饮定制、节日礼券、体验专区等载禾礼品服务（Z2）
	"互联网+"技术与工具	自营网站	以购物热线电话号码申请注册了"载禾优生活"网上商城，介绍各类产品和服务信息（Z2）
		移动商城	在移动客户端建立微信公众号并集成"禾苗商城"供消费者了解和购买各类产品服务（Y1）
		线下体验	在线下体验门店中提供了各类农产品种植或禽类动物养殖的实时网络观看服务，会员消费者可以较为直观地观察到各类农产品的生产过程（Z1）
	价值体现	价值拓展	针对会员消费者多样化的农产品服务需求，增加了会员的消费项目和消费频次，让会员体验到更加便利和优质的产品服务，也拓宽了我们的收入来源（Z1）
转型后：价值共创	消费者需求	需求拓展	会员不仅对优质农产品服务有需求，对于其他生活服务也有需求，所以我们拓宽了思路，决定围绕会员的全方位生活服务需求进行拓展（Z1）
	供给资源	需求满足	联合其他服务机构，分别向会员消费者提供健康服务、家政服务、投资理财服务和文化娱乐服务类型（Z2）
	"互联网+"技术与工具	供需双方互动	通过网站或者移动客户端，与会员不断深入地进行联系和交流，挖掘他们所需要的生活服务需求类型（Z1）

命题2：基于客户价值延伸视角的农业生产者"互联网+"转型路径为：针对特殊客户群体提供优质农产品实现价值提升→围绕客户群体多样化需求扩充农产品服务线实现价值拓展→基于客户群体全方位需求构建多元化产品服务体系实现价值共创。

5.3.3 农业生产者"互联网+"转型的实施基础

1. 农业生产者"互联网+"转型资源基础——优质农产品及相关服务

1）优质农产品提供是价值延伸的基础条件

即使"互联网+"思维包含了跨界与融合发展的内涵，但由于农业生产者的主营业务是农产品种植与销售,也就意味着农业生产者的转型发展不能完全脱离农业生产和提供农产品。此外,通常情况下不同农业生产者提供的农产品对于消费者而言并无太大的差异性,并且"互联网+"技术和工具给消费者带来的选择多样化和便利性更是加剧了无差异性农产品市场的竞争,因此提供优质农产品,有助于农业生产者打造品牌价值,吸引具有高品质生活要求且具有较高购买能力的消费者群体,为进一步的价值提升和"互联网+"转型创造良好的基础条件。

2)提供相关服务是价值延伸的有效方法

即使能够提供优质农产品,农业生产者仍然面临两大难题:一是单品价格提高会压缩潜在客户群体规模,二是农产品或者食材本身具有易腐性使其价值不易保存。这就意味着,仅通过提高农产品的品质来实现价值提升,效果比较有限,不一定能够给农业生产者带来更大的增收空间。因此,农业生产者要实现基于农产品的价值延伸,必须转换思路,紧密围绕其主营业务即农业生产来创造和提供满足消费者需求的相关服务。案例中消费者群体对农业相关服务的需求主要体现在更多类型的农产品以及农事体验服务等,考虑到农产品的多样化有可能受到生产条件的限制,因此提供农事相关服务更加易于成为价值延伸的有效方法。

2. 农业生产者"互联网+"转型市场基础——群体消费者及其多元化需求

1)群体消费者能够带来稳定的规模效应

无论是前期通过品质提升实现农产品的价值拓展,还是后期进行新价值获取以及与消费者的价值共创,农业生产者都会付出相对更高的成本,这就意味着农业生产者必须具有一定数量的群体消费者才能产生规模效应以降低单位成本。此外,优质农产品及服务也意味着产品或服务的单品价格更高,对消费者的购买能力有更高要求,会降低潜在需求,因此农业生产者必须能够拥有对其提供的产品和服务进行重复购买和消费的稳定群体消费者。案例中,又见炊烟有机农场最终将目标客户确定为以学校与有孩子的家庭为主的群体消费者,载禾农业则将目标客户确定为会员制消费者群体,其根本原因在于这些消费者群体既有一定的规模性,同时也对优质农产品及相关服务有重复购买和消费的意愿。

2)群体消费者的多元化需求能够拓宽价值来源

由于对优质农产品有需求且有购买能力的消费者群体在整个市场中的规模有限,且消费者对单一的有机蔬菜或者禽类产品的消费频率并不是特别高,这就会导致农业生产者仅通过品质提升实现农产品的价值拓展效果有限,必须探索更多的价值来源。因此,深入挖掘群体消费者的多元化需求,能够拓宽价值来源,在此基础上通过供需双方的价值对接从而实现最终的价值共创。案例中,又见炊烟有机农场重点挖掘群体消费者对农事活动、原生态旅游等在优质农产品消费以外的需求，载禾农业则重点挖掘会员消费者对其他原生态禽肉产品或者土特产的需求，以及附带的各种高品质生活服务的需求。两家农业生产者对群体消费者的这些多元化需求进行满足，既能够避免单一产品服务可能给消费者带来的边际消费满意度降低，增加群体消费者的重复购买和消费意愿；又能增强群体消费者对农业生产者的品牌认知和消费黏性，避免客户群体的流失。

3. 农业生产者"互联网+"转型能力基础——"互联网+"技术和工具的对接与协同能力

1)"互联网+"技术和工具能够有效促进供需双方对接

通常情况下，农产品是否优质或者是否具有有机特色，并不像工业产品那样比较容易判断，也就意味着群体消费者对农业生产者提供的优质农产品可能存在信任度不高的问题。此外，农业生产者提供的各种涉农体验服务，也不像其他类型服务那样让群体消费者有易获取性，因此这就需要农业生产者利用各种"互联网+"技术和工具与群体消费者进行对接。案例中，两家农业生产者无论是自建网站还是利用微信公众号联系群体消费者，都能够更加容易与群体消费者进行对接，传递较为真实的产品服务信息和农业生产信息。此外，网上商城也给群体消费者购买农产品提供了较大的便利性，增强了群体消费者对农业生产者的品牌认知度和信任度，从而为满足群体消费者价值以及最终实现价值共创打下了良好的基础。因此，对于农业生产者而言，越会应用"互联网+"技术和工具，也就越容易与群体消费者达成对接，从而实现价值的提升。

2)"互联网+"技术和工具能够极大提升供需双方协同

在协同价值共创阶段，农业生产者与群体消费者之间的互动与沟通非常重要，只有及时进行信息的互相传递，才能够确保群体消费者主动向农业生产者提供深层次需求信息，帮助农业生产者在资源约束条件下提供相对更加多元化和定制化的服务，进而帮助农业生产者在传统通过优质农产品销售获取价值之外以提供更多跨界服务类型来获取更大的价值。在案例中，两家农业生产者都利用各类互联网工具实现信息的相互传递，群体消费者能够利用"互联网+"工具主动参与到农业生产者的价值创造中，提出自身的生态游服务、农事体验服务及其他生活服务需求，帮助农业生产者合理结合自身所具有的资源优势推出各种针对性的优质农产品和相关服务。在这个过程中，群体消费者通过获取各类优质农产品和相关服务实现自身的客户价值，农业生产者通过群体消费者的重复购买与消费来获取更高的经济价值。因此，农业生产者应用各类"互联网+"技术和工具的能力越强，越容易让群体消费者参与到价值共创中来，从而保障供需双方都能够实现价值提升。

5.3.4 对策建议

现代农业发展最为关注的目标之一就是如何促进农业生产者增收，然而由于农产品同质化现象严重且价值不易保存，因此，从价值延伸视角来探索农业生产者通过其他方式获得更高价值从而实现增收的目的。通过对两家案例企业进行研究发现，农业生产者可以采用从价值提升到价值共创的"互联网+"转型路径，其中基于农产品价值延伸的"互联网+"转型路径为：依托农产品品质提高实现价值提升→围绕农产品打造农事相关服务实现价值拓展→基于客户定制化农产品服务体系实现价值共创。基于客户价值延伸的转型路径为：针对特殊客户群体提供优质农产品实现价值提升→围绕客户群体多样化需求扩充农产品服务线实现价值拓展→基于客户群体全方位需求构建多元化产品服务体系实现价值共创。前者侧重于围绕农产品和服务来实现价值延伸，后者侧重于围绕客户多样化需求来实现价值延伸。同时，农业生产者"互联网+"转型必须以优质农产品及相关服务作为资源基础，以群体消费者及其多元化需求作为市场基础，以"互联网+"技术和工具的对接与协同能力作为能力基础。

贡献主要在于两个方面：一是"互联网+"转型过程中，农业生产者实现价值提升到价值共创的过程分为两类，一类是针对农产品及相关服务的价值延伸，即紧密围绕农产品及服务进行客户定制化来深化价值；另一类是围绕客户多样化需求的价值延伸，即紧密围绕客户多样化需求进行跨界融合来扩展价值，丰富了农业生产者基于价值延伸视角进行转型发展的理论。二是所提出的两种转型路径以及对转型基础的讨论，有助于农业生产者根据自身特色选择合适的转型方式，实现增收的目标。

案例中的两家农业生产者在"互联网+"转型过程中所取得的经验具有一定的参考和借鉴意义，对于其他农业生产者探索符合自身特色的"互联网+"转型路径具有以下对策建议。

（1）充分利用自身资源打造特色化和差异化的产品服务竞争优势。农业生产者提供特色化和差异化的农产品及相关服务有助于自身在农产品同质化现象较为严重的市场上获得一定的竞争力并进而提升其经济收益，但是这种特色化和差异化一定要充分利用自身的资源而不是完全照搬其他农业生产者的经验。在两个案例中，表面看来两家农业生产者都提供了优质农产品，也都提供了生态游和农事体验的相关服务，但二者的侧重点略有不同：又见炊烟有机农场充分利用了农产品的价值，是基于客户对优质农产品及相关服务的高价值需求推出定制化产品服务；而载禾农业充分利用了客户价值，是将农产品及其相关服务当成会员消费者的高品质生活需求内容之一而不断提供多元化产品和生活服务。因此，对于其他农业生产者而言，充分利用已有资源，在此基础上探索适合资源价值提升的"互联网+"跨界业务，才能为后续的价值拓展与价值共创创造有利条件。

（2）有效鉴别细分市场并打造稳定的市场需求。农产品及其服务最大的特点就是差异化不明显，一旦进行特色化和差异化也就不可避免地产生成本和提高价格，由于整个市场需求总体而言对于价格比较敏感，因此要想使特色化与差异化能够成功创造更高的价值，农业生产者就必须有效鉴别细分市场并打造稳定的市场需求。案例中的两家农业生产者，都只针对部分有较高生活品质需求的消费者群体，本质上就是对市场进行了细分。只有明确了细分市场，才能有针对性地设计和传递客户价值，并且能够持续吸引客户形成稳定的市场需求。

（3）合理应用互联网平台和技术工具。当前农产品电商虽然看起来比较红火，但依然存在诸多问题，其中最典型的问题就是认为只要把农产品放到网上拓宽销售渠道就足够了。事实上，单靠线上渠道做不到"眼见为实"，冷链长途运输的问题还没能得到很好解决，加之农产品同质化现象严重，未必能够带来价值提升。因此，合理地应用互联网平台和技术工具，意味着农业生产者不能仅依赖于线上渠道，不是只要自建网站、建了微信公众号、加入了各类第三方购物或点评网站就足够了，而是要从线上和线下两个渠道向消费者传递信息，促进消费者主动参与到价值共创中，这样才能使群体消费者强化对农业生产者品牌的认知和信任感，并愿意提供更有价值的深层需求信息。

第6章 生鲜农产品供应链全渠道转型与发展路径

"互联网+"环境下，生鲜电商迅速发展，消费者需求和购买习惯发生改变，在一定程度上对线下生鲜实体店造成了冲击。生鲜实体店如何在原有线下渠道基础上快速、高效地建立全渠道参与竞争成为研究的重要问题。此外，在销售端加速全渠道转型的同时，不论是生鲜实体店还是生鲜电商都面临着上游供应链合作企业大多运作较为传统的难题，上游供应链的后继乏力使得销售端全渠道转型难以持续稳定发展。在此背景下，本章通过典型案例分析，从销售端和供应链两个方面研究"互联网+"环境下生鲜实体店全渠道转型路径和生鲜农产品供应链全渠道发展路径，以期为实现销售商和供应商的协同演化，向全渠道销售端持续输出优质的产品和服务提供有益指导。

6.1 生鲜实体店全渠道转型路径

消费者需求和市场环境的改变促使传统生鲜实体店开始在线下渠道基础上构建、整合线上渠道，向以满足消费者渠道便利性需求为中心的全渠道零售模式转变。对于计划尝试渠道转型的传统生鲜实体店而言，多渠道、全渠道转型的不同阶段采取何种措施，如何实现各阶段渠道的高效运作，即如何构建互联网环境下生鲜实体店全渠道转型路径正成为诸多企业共同面临的难题。在此背景下，本节拟探讨生鲜实体店传统线下渠道转型为全渠道零售的转型路径及机理，并以生鲜连锁实体店深圳百果园实业（集团）股份有限公司为典型案例，分析其渠道转型过程，提出生鲜实体店全渠道转型路径及实现机理的理论框架。

6.1.1 生鲜连锁实体店百果园案例的研究设计

1. 方法选择

本书采用纵向单案例研究方法对渠道转型过程进行分析。原因在于生鲜农产品线下实体店渠道转型路径和背后机理研究，属于回答"怎么样"和"为什么"的过程类和机理类问题。同时需要对渠道转型过程进行描述分析，着重通过细致的过程描述解释、揭示转型过程中渠道主体间的复杂关系，以剖析隐藏在复杂现象背后的理论联系，因此适合采取案例研究方法。此外，由于对生鲜实体店渠道转型过程和动态变化因素还未系统解答，需要收集丰富的案例资料进行纵向深入描述和剖析，针对具有启发性和新颖性的案例现象进行捕捉和追踪，因此采用单案例研究方法更有助于提炼出解释复杂过程型案例现象的理论和规律。

2. 样本选择

根据典型性原则和理论抽样原则，选取百果园作为案例研究对象，企业的典型特征与研究问题契合。第一，百果园自成立以来，经历了我国生鲜农产品渠道转型的几次重要时间节点，面临线下生鲜零售商都存在的销售渠道单一、生鲜电商渠道冲击、技术范式升级等渠道问题，此类问题在生鲜实体店渠道转型中具有较强代表性，也是企业关注的重点问题。第二，百果园从2008年尝试渠道转型以来，经过了单渠道、多渠道组合零售、跨渠道零售等渠道转型阶段，由原来单一线下水果连锁店发展成为"PC电商+线下连锁店+移动电商"的多渠道模式，构建了以百果园为中心的渠道平台，已实现线上渠道规模化营利，发展历程与研究渠道转型过程问题吻合。第三，作为水果专营连锁业态开创者，百果园门店数量超过3000家，遍布全国40多个城市，并自主开发APP，开设微信微店和网页网店，与第三方即时配送平台合作。百果园线下线上渠道规模为研究问题提供了足量的案例证据支撑，比其他生鲜企业更具代表性价值。

3. 数据收集与分析

案例主要资料来源包括用户访谈、客服访谈、媒体报道、企业文本资料、企业官网、APP微店、相关书籍、相关期刊论文等。研究者对百果园进行了近3年的追踪，实时观察其销售渠道转型过程，实地走访了百果园线下实体店体验企业渠道转型成果，并获得了企业一手资料，对纵向分析百果园转型前后的变化及过程提供了数据支持。此外，收集了第三方公布的相关资料，如企业官方认可的新闻媒体报道、论文资料等，多种收集数据的方法能够避免或者弥补单一数据来源带来的主观性，由此通过多种途径收集确保数据的充分性和准确性，形成"三角验证"。

资料分析阶段由小组不同研究者对多来源案例资料进行分析编码，以提高研究的信度。通过结合一手数据、二手数据，识别企业渠道转型动因、转型行为和转型结果，通过丰富的案例证据建立证据链，寻找企业构建渠道转型的内在逻辑。然后，采用双盲方式对资料进行编码，通过编码将收集到的案例证据归纳成概念，将这些概念归类并分配到相关构念中去。证据来自同一来源的相似表达记为1条条目，并将编码结果用表格的方式呈现。编码时，根据资料来源对案例证据进行一级编码。首先，识别出企业渠道转型动因、转型行为和转型结果的主要阶段与关键事件。其次，通过研究框架指引，"动因"部分，针对企业不同阶段的外部转型压力、外部渠道资源进行概念化编码;"行为"部分,针对企业不同阶段的渠道转型战略、采取的措施和资源能力进行概念化编码;"结果"部分,则针对不同阶段渠道转型结果进行概念化编码,形成二级条目库。双盲式编码完成后,两组编码人员一起核对编码结果,对于编码不一致的条目,请双方研究者交流讨论,并保留最终达成一致的编码结果。这种基于团队讨论得出的编码结果,不但能保证获取信息的完整性,而且能减少由个人偏见和主观性导致的结论片面性。

6.1.2 百果园渠道转型路径

基于案例资料分析,下文以"动因—行动—结果"的逻辑对百果园渠道转型路径展开研究。

1. 阶段一:聚焦新增渠道自主创新的多渠道组合零售阶段(2008~2012年)

百果园成立之初确立了水果连锁店的经营业态,但经过几年线下渠道扩张,逐步显现出渠道单一、跟随者模仿等问题,同时生鲜农产品领域电商渠道的快速崛起和发展,促使百果园开始思考渠道转型问题。在转型压力和外部新兴资源的双重作用下,该阶段百果园制定了聚焦新增渠道自主创新的多渠道组合零售战略,通过学习自主建设并列渠道。

转型初期,面对自身电商渠道技术资源短板,百果园模仿学习外部优质生鲜电商的渠道建设模式,同时主动整合内部组织资源,如抽调IT团队骨干成员成立线上运营小组等,在此基础上强化企业组织学习能力,自建电商渠道,为后续的多渠道组合培育和渠道产品服务创新提供资源能力支持。以资源能力为依托,百果园开展多渠道组合培育,采用渠道组合策略开发线上新渠道,每条渠道分离、互不交叉,独立完成销售所有环节。线上开放多种创新性渠道形式,包括自建运营的网店"线上百果园"、入驻天猫旗舰店等,最大可能拓宽新渠道覆盖范围以增加销量和消费者接触点。同时,通过资源整合和能力培养,百果园具备了产品服务创新的能力,百果园基于市场调研获取消费者的渠道便利性需求,从双方价值创造角度将不同渠道特性与产品服务属性结合起来,既能够满足消费者渠道便利性需求,如接入便利性、搜索便利性、交付便利性和沟通便利性等,又能够实现企业销量增加、覆盖消费者范围扩大、市场空间拓展的目的,实现渠道产品服务价值创造。

多渠道组合培育为后续产品服务提供了可创新的环境空间,产品服务创新满足了消费者渠道需求,优化了产品服务输出,也进一步巩固了多渠道组合的发展。因此在渠道组合和产品服务创新的良性互动中,形成了两者相互促进、互为支撑的多渠道组合零售路径,有利于扩大市场空间和提升渠道便利性。新渠道的建立使得百果园销售渠道、模式升级,转型前存在的渠道单一、跟随者模仿连锁店模式的问题得到解决。为支撑上述分析，在表 6.1 中列举了本阶段案例相关构念和典型证据，并基于案例证据和过程分析，将聚焦新增渠道自主创新的多渠道组合零售阶段路径进行绘制，如图 6.1 所示。

表 6.1 阶段一的相关构念和典型证据举例

形成基础	构念	范畴	典型证据举例
动因	渠道转型压力	线下渠道单一	2001 年百果园成立，次年第一家生鲜特许连锁店营业，2015 年，百果园生鲜实体店超 1000 家
		跟随者模仿	董事长余惠勇建立第一家水果生鲜实体店后，在行业内带动了新风潮，引来跟随者竞相模仿，当开到第四家店时，初步估计类似的品牌有 30 多个
	外部资源	生鲜电商渠道	2005 年易果网出现，2008 年沱沱工社成立。这段时间，食品安全事件的频发使消费者对生鲜农产品提出了新鲜度和安全性的双重要求，企业看到了生鲜这块拥有巨大的市场潜力，于是 2008 年到 2012 年之间，大批生鲜电商瞄准市场机会积极扩张
行动	资源整合重构	内部资源整合	深圳市百果数联科技有限公司总经理徐永剑高薪聘请人才，组建公司内部 IT 团队，成立线上运营小组，搭建起公司的 IT 系统和网页网店的骨架
		内部组织学习能力	董事长余惠勇说："2008 年到现在，从未中断过对互联网业态模式的探索，各种路子都走过。"2008 年 12 月学习生鲜电商渠道建设，自主推出电商销售平台"网上百果园"
	多渠道组合培育	渠道分离	线上电商渠道和线下生鲜实体店渠道分离平行，两条独立、完整的销售渠道独自完成销售的购买前交流、生鲜农产品展示、说服购买、收付款、包装送货及售后服务等功能
		线上渠道模式创新	董事长余惠勇说："不断摸索线上渠道模式，尝试代客送货、开天猫旗舰店、对接大客户等。"
	产品服务创新	消费者需求导向	消费者对生鲜农产品提出了品质化、品牌化、多样化的需求，在对果品品质提出更高要求时，同时希望购买水果能更方便
		渠道产品服务价值	副总经理焦岳说："线上虚拟店丰富了销售场景和顾客选择，客群更加年轻化，单店收入得以拉升，给消费者带来了更丰富的产品和服务。"
结果	多渠道组合零售	扩大市场空间	新增渠道市场扩大的收益主要来源于虚拟商圈拓展的市场空间，增强了市场渗透力
		提升渠道便利性	深圳的消费者可以在线上下单，第三方同城配送，也可以电话订购或者在我们店里采购，可以通过多种方式与消费者进行沟通

2. 阶段二：聚焦差异化渠道资源互补的跨渠道零售阶段（2012～2016 年）

多渠道组合零售后期，电商渠道和生鲜实体店渠道产品服务不一致、渠道功能重复造成资源浪费等弊端开始显现，同时，企业核心能力刚性制约和京东等新竞争者的进入，使百果园自主建设的多渠道组合零售带给企业和消费者的价值越发有限，加之生鲜农产品零售领域移动互联网的普及和生鲜 O2O 等新型模式的出

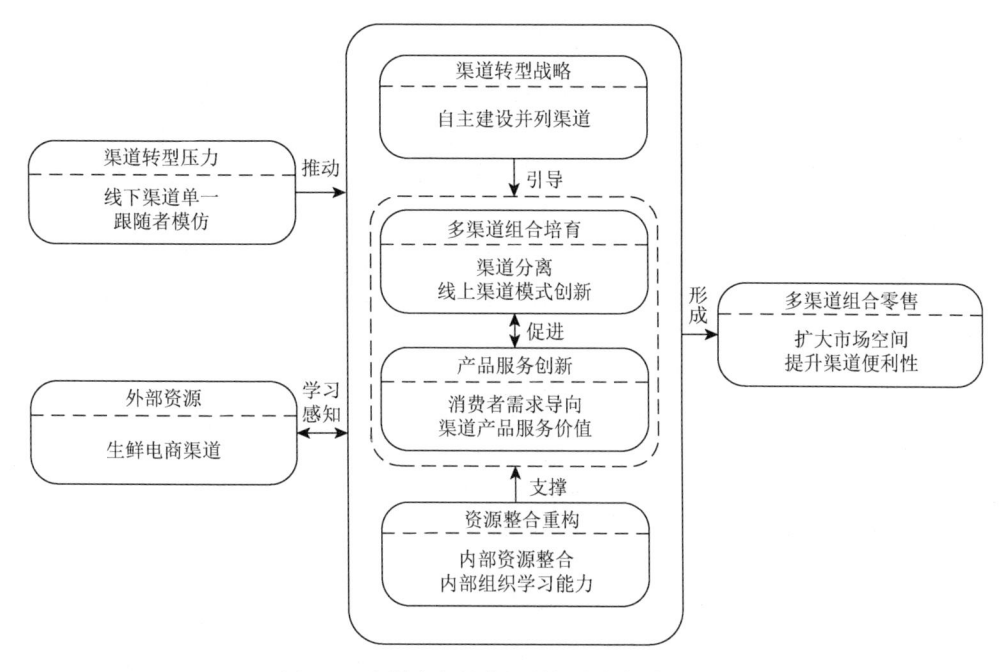

图 6.1 生鲜农产品多渠道组合零售阶段路径

现,使得百果园再次面临渠道转型问题。与第一阶段渠道并行独立不同,百果园在此阶段提出聚焦差异化渠道资源互补的跨渠道零售战略,与不同电商平台合作进行渠道部分整合。由于生鲜农产品的易腐难储性、消费即时性等特征,与大多数非腐型零售商跨渠道零售阶段选择淘宝、京东等综合性电商平台合作不同,百果园选择了相对规模较小的 O2O 生鲜电商平台和美团外卖、饿了么等第三方外卖平台合作,因为这部分平台可以快速送货,保证生鲜产品配送途中不会变质,配送质量相对更好,也能满足消费者产生的即时性生鲜农产品消费需求。

转型初期,百果园向外部新兴渠道资源寻求合作,先后联合了 O2O 生鲜电商、第三方外卖平台美团等不同零售商渠道,优势不同的渠道间合作,旨在重新优化渠道资源配置,形成差异化渠道资源互补,并在此基础上培养与合作方渠道专业资源共享的能力,为后续跨渠道整合和渠道协同提供资源能力支撑。以资源能力为依托,百果园制定跨渠道标准和流程协同方案推动跨渠道合作,将自身线下渠道和合作方线上渠道拆分重构为一条完整渠道完成销售全部功能,其中线上或线下渠道仅完成销售部分功能,消费者在不同购买流程会接入不同的零售商渠道。在此过程中,百果园自身渠道价值和合作方渠道价值交互,通过渠道间的差异性互补有效激发出渠道间的协同效应,既能提升消费者满意度和感知价值,从而产生更高的购买意愿和消费频率,又能放大渠道价值为消费者带来更大的总体效用,达到"1+1>2"的升值效果。

研究发现，百果园一方面凭借流程协同、建立多渠道标准手段确保跨渠道合作，实现渠道交互价值；另一方面跨渠道合作的深入发展不断推进和改善企业渠道协同能力，因此在多渠道整合和渠道协同的良性互动中，形成了两者相互促进、互为支撑的跨渠道零售路径，有利于渠道优势互补。百果园与拥有电商渠道资源的第三方平台整合线上线下渠道，增强了市场竞争力，借助合作方能力克服了自身核心能力刚性问题，开始转变思维，同时跨渠道整合也避免了多渠道组合零售阶段存在的渠道功能重叠问题。为支撑上述分析，在表 6.2 中列举了本阶段案例相关构念和典型证据，并基于案例证据和过程分析，将聚焦差异化渠道资源互补的跨渠道零售阶段路径进行绘制，如图 6.2 所示。

表 6.2 阶段二的相关构念和典型证据举例

形成基础	构念	范畴	典型证据举例
动因	渠道转型压力	企业核心能力刚性	董事长余惠勇说："企业的特质或者说基因是存在的，内部孵化的团队所体现的特质跟电商行业的特质很难契合，需要从电商领域挑选一家优秀的企业来进行联姻、补足。"生鲜实体店的优势反而成了阻挡其前进的劣势，传统实体店的基因太难改变，它们与生鲜电商在思维模式、管理运营等方面都大相径庭，这种情况下转做线上难度很大
		多渠道组合零售弊端	渠道功能重叠造成资源浪费，虽然线上线下两条独立渠道优势不一样，但是都还保留着完整的渠道环节，渠道弱势环节投入较多的资源造成一定的浪费；渠道间产品服务差异扩大，因为那时候技术还不是很成熟，线上和线下独立运行，产品和服务都有差异。消费者收到线上下单的产品与店里进行比对，心理落差就出现了
		新竞争者进入	新阶段开始，京东、小米、阿里巴巴等新竞争者进入到生鲜农产品领域，市场上不确定因素增多
	外部资源	技术范式转变	移动互联网工具的普及，在满足消费者利用碎片化时间购物的同时，也为生鲜企业提供了更多的选择
		新型销售模式	生鲜领域各企业积极尝试 B2C、C2B 和 O2O 等各种新型销售模式，各种模式层出不穷
行动	资源整合重构	差异化渠道资源互补	不同于科技、媒体和通信行业互相并购重组，以求扩大市场规模和用户数量，百果园更看重资源互补
		渠道专业资源共享能力	董事长余惠勇说："百果园具有 15 年的品牌沉淀和线下零售经验，第三方 O2O 平台具有互联网思维和 O2O 电商经验，双方优势上的强强联合，能实现 1+1＞2 的效果。"
	渠道协同	流程协同	百果园使用系统工具支撑流程再造。未开发线上渠道之前，生鲜实体店拥有一整套经营流程，但生鲜电商的接入迫使生鲜实体店进行流程再造，将线上经营流程和线下实体店的经营流程融合在一起
		建立跨渠道标准	第三方 O2O 生鲜电商能够向生鲜实体店输出其在商品、包装等方面的标准，线上线下做到生鲜农产品品质、会员系统、促销、售后服务等一致，同时对生鲜实体店的进货、销售和存货进行数字化管理，使线上线下渠道具有标准化的商品品质和服务质量

续表

形成基础	构念	范畴	典型证据举例
行动	多渠道整合	跨渠道合作	百果园与多家O2O生鲜电商平台合作，包括京东到家、小美快购等。电商渠道和生鲜实体店渠道整合，各渠道分工执行销售的售前沟通、生鲜农产品展示、说服与刺激购买、收付款、包装送货及售后服务等功能，每条渠道只完成其中部分功能
		渠道价值交互	生鲜实体店主打"望、闻、问、切"的体验式服务，电商渠道利用自建APP"百果园"和第三方O2O平台为生鲜实体店周边3公里的消费者提供送货上门服务，包括"到家"和"到店"两种服务模式
结果	跨渠道零售	渠道间优势互补	单一的生鲜实体店线下渠道会被淘汰，而没有线下实体店支撑的电商渠道也无法长久，电商要实现价值需要往线下延伸。多渠道整合后，各渠道价值被放大，除了生鲜农产品品质提升，还包括服务体验升级，让消费者获得了更好的实体店体验，而线上服务能让购物体验更加方便，跨渠道便利提高了消费频率

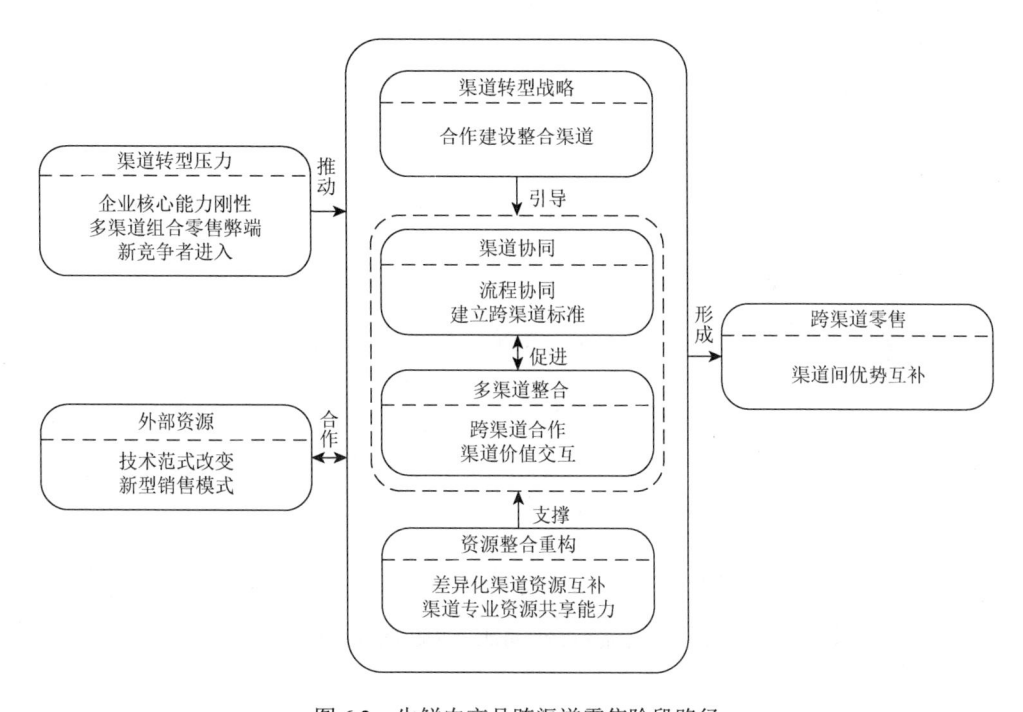

图6.2 生鲜农产品跨渠道零售阶段路径

3. 阶段三：聚焦产业链平台建设的全渠道零售阶段（2016年至今）

跨渠道零售后期，不同零售商渠道间渠道冲突问题严重，同时，互联网消费升级、竞争升级等市场的转变，使百果园与第三方合作建设的跨渠道零售难以为继，加之生鲜农产品领域开发产业链资源趋势，使得百果园面临第三次渠道转型问题。与第二阶段整合部分渠道不同，百果园在此阶段提出聚焦产业链平台建设的全渠道零售战略，联合产业链上下游实现渠道间完全融合。由于生鲜农产品通常标准化程度低，从跨渠道零售到全渠道零售往往会遇到渠道合作伙伴标准和信息不统一的问题。百果园不仅要打破渠道壁垒，实现与全渠道利益相关者的共同发展，而且要突破产业边界，推动果品全产业链互联，对上游投入更多的资源以实现标准化和信息化。

转型初期，为打破渠道间壁垒实现全渠道融合，2016年百果园并购O2O生鲜电商一米鲜，原一米鲜团队加入百果园主导全渠道建设。同时，百果园整合外部资源和内部资源打造了面向全渠道产业链伙伴开放的标准化种植平台、交易平台和供应链平台等产业平台，主动对外部渠道资源进行百果园渠道转型发展路径的适应性调整，完成资源的平台化重构和平台资源整合能力塑造。在资源能力支撑下，百果园在全球合作200多个水果种植基地，设立仓储配送中心，研发果品保鲜技术，推出自建的线上线下渠道，推进了品种培育、智能种植、技术研发、果品销售到终端服务为一体的果品生鲜农产品产业链布局，为全渠道架构提供产业链支撑，由此可知，全渠道零售的底层是果品生鲜农产品产业链的支撑。

为帮助产业链支撑下的全渠道零售更好地运作，百果园主导制定了全渠道生鲜标准体系，把品类系统标准从销售标准延伸到采后预冷标准、运输标准和种植标准，如成立广西智果科技有限公司，建立种植模型指导基地科学种植，建立采后检测标准、成品等级标准、果品存储单元标准等。在此基础上，百果园构建了全渠道产业价值链，推行全渠道共建，具体做法包括为其他生鲜企业提供平台型支持，输出百果园的渠道、培训、标准和服务，构建一个以百果园为核心、百果园特有渠道资源为基础的产业链全渠道平台，实现百果园由单纯输出产品服务价值向输出渠道平台价值转变，掌握特有的渠道资源，促进企业核心能力持续提升。

百果园以构建全渠道产业价值链为基础，与企业内外部的相关者共建全渠道零售，持续推进全渠道架构的完善。同时，全渠道架构的不断完善也为渠道共建提供了必要的条件，因此在全渠道架构和全渠道共建的良性互动中，形成了两者相互促进、互为支撑的全渠道零售路径，有利于建立产业链基础上的全渠道系统竞争优势，实现产业链相关者共赢，使同一消费者在任意渠道都能获得一致的购物体验和服务，可以选择任意渠道完成任意购物环节，渠道壁垒消失后无缝切换满足全天候、多空间和个性化的消费体验需求。百果园建立产业链平台聚集产业资源以应对竞争升级，满足互联网环境下消费升级带来的更高需求，同时并购O2O生鲜电商自建全渠道也克服了跨渠道阶段的不同零售商间渠道冲突问题。为支撑上述分析，在表6.3中列举了本阶段案例相关构念和典型证据,并基于案例证据和过程分析,将聚焦产业链平台建设的全渠道零售阶段路径进行绘制,如图 6.3 所示。

表 6.3 阶段三的相关构念和典型证据举例

形成基础	构念	范畴	典型证据举例
动因	渠道转型压力	互联网消费升级	《2016 中国互联网消费生态大数据报告》指出 7.1 亿网民将成为潜在互联网消费者。互联网消费升级会使市场拥有更大发展空间,这也是百果园加速渠道转型的驱动力
		产业链资源竞争	副总经理焦岳说:"生鲜农产品零售业已由企业间竞争上升到产业化、体系化之争。百果园目前最大的挑战不是来自外部市场,而是来自上游供应链,乃至整个产业链。"
		跨渠道零售弊端	跨渠道零售阶段,百果园和 O2O 生鲜电商平台一米鲜之间存在一种既合作又竞争的关系,双方需要彼此资源,但又需要为自身利益考虑。消费者在渠道之间来回横跳转移的行为正越来越普遍地发生
	外部资源	产业链资源	百果园与全球 230 多个水果种植基地签约合作,同时开放加盟渠道,邀请生鲜农产品产业链组织与各类企业加盟,吸引产业链资源聚集
行动	资源整合重构	资源平台化重构	百果园建立以促进产业互联为目的的七大平台,推动全渠道融合。其中最具代表性的是"优果联交易平台",水果供应商能在该平台上采购、报价、查询质检标准等,平台促使上下游供需对话,从销售端到种植端互联,改变了原有的资源交互方式,由线下少量双向交互变为平台多方互联
		平台资源整合能力	董事长余惠勇说:"优果联的核心能力在于平台资源整合能力。"
	全渠道架构	全渠道融合	百果园并购一米鲜,代表百果园将全渠道融合交给拥有资源和经验的 O2O 生鲜电商来管理。全渠道融合只依靠与第三方平台合作是不行的,百果园需要一支拥有线上渠道运营经验、对市场反应敏感的自有生鲜电商团队
		产业互联网支撑	在打通供应链上游供应商的同时,又能在下游生鲜实体店增加与消费者的接触点,才能在实现全渠道销售时一气呵成。从产业链角度来看,零售只是生鲜农产品产业链的其中一环,我们寻求的是一条生鲜农产品持续发展之路,于是开始尝试打通产业链上下游,从上游水果种植直到下游实体店销售
		全渠道生鲜标准体系	把生鲜农产品品类标准从销售等级标准扩展到采后检测标准、物流运输标准和生产种植标准,建立百果园的生鲜农产品体系标准
	全渠道共建	相关者共建	欢迎志同道合的同行和百果园一起成长,推动生鲜农产品产业向好发展。常务副总裁袁峰说:"2018 年,百果园正式开始特许加盟行动,计划通过加盟,在全国新开店 1200 家,开拓 5 个新区域。"
		全渠道产业价值链	总裁徐艳林说:"产业链下的生鲜农产品供应体系、全渠道生鲜标准体系、人才培养体系、连锁实体店管理体系,支持生产基地和销售渠道运营,为产业链成员和消费者带来整体性的价值提升,实现全产业链联合增值。"
结果	全渠道零售	渠道系统竞争优势	产业链支撑下的全渠道降低了流通中间环节成本,如运输费和损耗费等,能给消费者提供更具竞争力的价格,所以百果园在坚持提供当季水果的同时,同样级别的生鲜农产品价格比市场上其他商家低 5%到 10%

续表

形成基础	构念	范畴	典型证据举例
结果	全渠道零售	相关者共赢	百果园选择与产业链伙伴合作发展，通过以百果园为核心的分工和运营，发挥产业链各方优势，创造产业链企业各取所需、消费者需求得到满足的多方共赢局面

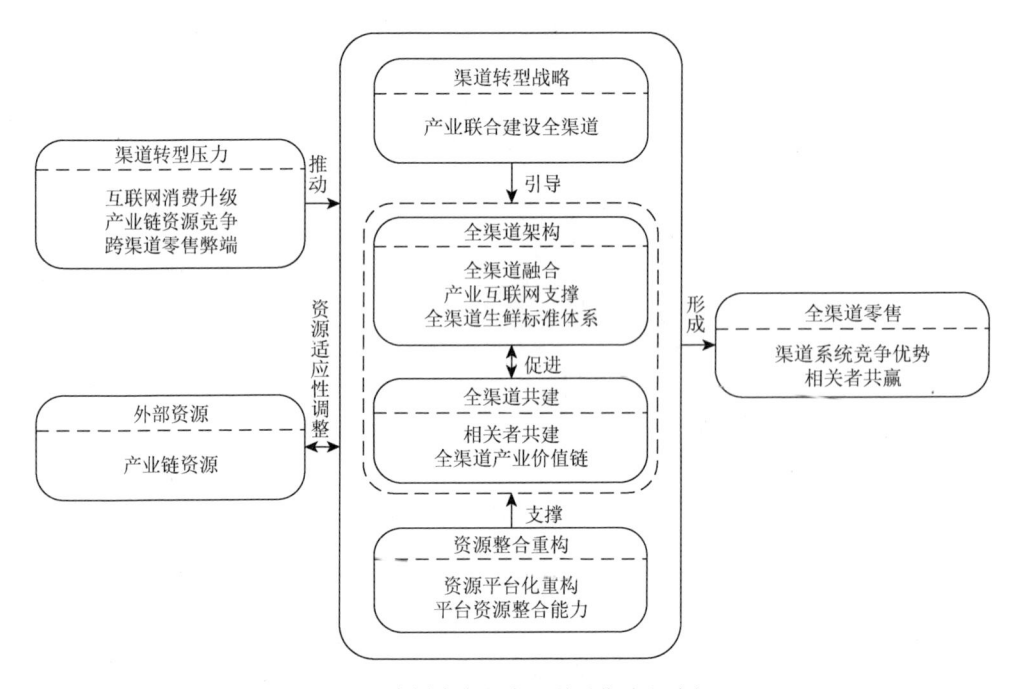

图 6.3 生鲜农产品全渠道零售阶段路径

6.1.3 生鲜实体店全渠道转型路径及机理研究

1. 生鲜实体店全渠道转型路径

研究表明，互联网环境下生鲜农产品渠道资源和消费者渠道需求发生根本性改变，面对渠道创新和渠道转型的机遇与挑战，生鲜实体店向全渠道零售的转型历程可分为多渠道组合零售阶段、跨渠道零售阶段和全渠道零售阶段。多渠道组合零售阶段，在转型压力和外部渠道资源刺激下，资源整合重构方式为内部资源整合，转型核心能力为内部组织学习能力，新型渠道价值创造方式为渠道产品服务价值输出。本阶段生鲜企业根据消费者需求，将生鲜农产品和服务拓展到独立电商新渠道，渠道产品服务创新和多渠道组合培育相互促进形成多渠道组合零售，带来更大范围的渠道产品服务价值输出。

跨渠道零售阶段，在转型压力和外部渠道资源刺激下，资源整合重构方式为差异化渠道资源互补，转型核心能力为渠道专业资源共享能力，新型渠道价值创造方式为渠道价值交互。本阶段生鲜企业围绕自身线下渠道主动与外部互补性渠道合作，跨渠道整合和多渠道协同相互促进建立跨渠道零售，实现渠道间优势互补，并且与非腐品零售企业在跨渠道建设时选择天猫、京东等第三方综合性平台进行跨渠道合作不同，生鲜实体店比较适合选择垂直类O2O生鲜电商平台或第三方外卖平台作为跨渠道合作对象。因为考虑到生鲜农产品易腐难储、即时性消费的特点，垂直类O2O生鲜电商平台和第三方外卖平台相比综合性电商平台时效性更强、运输质量更佳、配送人员更专业，可以保证在消费者产生即时性的生鲜农产品消费需求时1小时配送上门，保持生鲜农产品的口感品质和消费者消费欲望，发挥线上线下渠道互补优势，可以发现综合性电商平台"几日达"的配送时效与生鲜农产品特征及消费者需求并不契合。

全渠道零售阶段，在转型压力和外部渠道资源刺激下，资源整合重构方式为资源平台化重构，转型核心能力为平台资源整合能力，新型渠道价值创造方式为全渠道产业价值链。本阶段特点在于生鲜企业联合产业相关者对全渠道平台进行架构和培育，全渠道共建和全渠道架构相互促进下建立全渠道零售，达到形成渠道系统竞争优势和相关者共赢的目的。相比于非腐品零售企业全渠道建设，生鲜零售企业在全渠道转型过程中对渠道间融合和产业链整合的投入力度更大、范围更广、程度更深。因为生鲜农产品通常标准化程度低，同一批次的不同水果从大小、甜度、脆度等不同标准判断可能差异巨大，要使消费者在不同渠道享受相同品质的产品和服务，就需要生鲜企业不仅要像传统零售企业那样打破渠道壁垒实现渠道协同，帮助消费者进行完全的跨渠道购买，也要突破企业边界向上游种植商、供应商、加工方寻求深入合作，牵头搭建产业平台实现多方交互，成立产业组织建立统一的生鲜农产品体系标准，利用科学的种植方法、检测方法、选品方法最大程度地提升生鲜农产品标准化程度，支撑全渠道零售的实现，不然不同渠道间产品差异化程度增加会使全渠道消费者产生落差，最终不仅使得全渠道零售难以为继，也会长远地影响生鲜企业品牌价值。相反，大部分非腐品标准化程度较高，所以非腐品零售企业在全渠道转型过程中对上游的标准输出和掌控力度相比于生鲜零售企业较弱。生鲜实体店全渠道转型路径及机理如图6.4所示。

2. 生鲜实体店全渠道转型机理

基于上述分析，可以发现生鲜实体店从线下渠道向全渠道零售转型是一个感知外部渠道变化趋势、调整渠道转型战略，通过不断对外部新兴渠道资源进行主动识取和内部配用，促使核心能力进阶并最终实现新型渠道价值创造的过程。通过分析得到生鲜实体店渠道转型机理包括资源前提、能力基础和价值创造三方面，

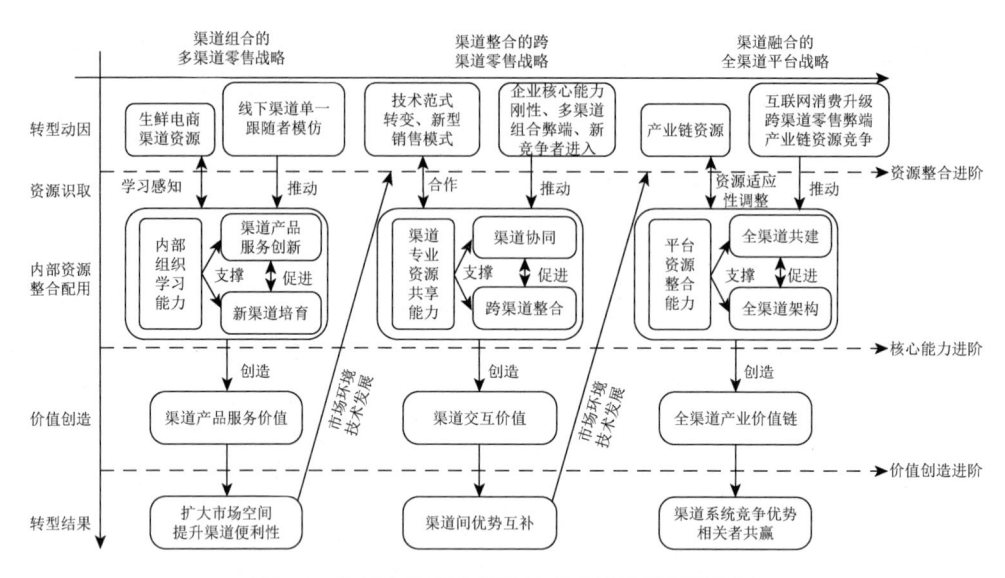

图 6.4 生鲜实体店全渠道转型路径及机理示意图

首先,每阶段企业对外部资源的识取和配用构成了推动转型实现的资源前提;其次,每阶段企业形成的核心能力构成了推动转型实现的能力基础;最后,每阶段企业创造的渠道价值构成了推动转型实现的价值创造。

1)**渠道转型过程中渠道布局演化:从多渠道组合零售到全渠道零售**

通过案例分析发现,生鲜实体企业的线上新渠道建立方式可分为自建电商平台、与第三方电商平台合作两种,案例中的多渠道组合零售阶段属于自建线上渠道模式,跨渠道零售阶段则属于合作、借用第三方线上渠道模式。在此背景下,生鲜实体企业需要根据自身面临的转型压力、外部资源、具备的资源能力等具体情况选择线上新渠道建设方式。规模较大的生鲜超市和生鲜连锁企业,初期可选择自建电商渠道的多渠道组合零售模式,培育内部电商团队、分析电商渠道数据、增强内部组织学习能力。同时,大型生鲜实体企业在进行多渠道组合零售时也可以进行跨渠道零售,如百果园在建立自有线上网店"网上百果园"时也入驻了天猫旗舰店等第三方平台,拓宽线上渠道布局范围。小型的生鲜实体企业可以选择与自身条件契合的第三方平台合作,放弃多渠道组合零售直接进行跨渠道零售,在付出较低成本的条件下利用合作方流量入口优势实现渠道间的优势互补。通过分析发现,对大型生鲜企业而言,多渠道组合零售与跨渠道零售相辅相成,互为补充。多渠道组合零售帮助企业掌握更大的信息话语权、培养自有队伍、形成长期资源能力,但是存在资源浪费等问题。跨渠道零售可以帮助企业快速、高效拓宽渠道,建立短期竞争优势,但是也存在合作渠道间渠道冲突、渠道稀释、争夺信息话语权的问题。因此,大型生鲜企业在开展两种渠道布局时可依据具体情况分两阶段进行,也可以同时开展,达到多渠道组合零售和跨渠道零售间组合最优。

全渠道零售阶段,小型生鲜实体企业缺乏相应的产业链资源和能力开展全渠道建设,于是仅考虑大型生鲜实体企业建设情况。大型生鲜实体企业较难从单渠道或多渠道组合零售阶段直接发展至全渠道零售阶段,因为初期生鲜企业仅依靠内部学习探索电商知识,不具备电商相关的资源和能力,虽然通过多年线下深耕对上游具有一定的话语权,但是上游与下游生鲜企业依旧按照传统模式运行,如果在短时间内对整个产业链进行全渠道转型,难度大、成本高且无经验,成功概率较小。但是经过跨渠道零售阶段,生鲜企业与具备电商渠道资源的生鲜O2O电商平台合作,通过试点的方式摸索渠道转型路径,利用生鲜O2O电商平台的电商产品、包装、运输、仓储、标准等经验逐渐实现渠道、产业链的电商化转型,再通过内部培养、外部并购的方式建立自有电商团队,最终建立自有的全渠道零售平台。

2)渠道转型过程中资源整合进阶:从感知学习到资源适应性调整

渠道资源整合重构包括生鲜实体店主动识取外部渠道资源并进行资源内部配用两部分,是支撑企业进行渠道转型的资源前提。面对不同的市场环境和企业所处转型阶段,企业的资源整合分为三个维度:一是自主学习模仿,此时企业尝试自主建立独立的线上渠道,开始学习模仿外部新兴技术资源,通过以企业为核心的内部资源整合尝试进行新渠道建设;二是寻求异质资源合作,此时企业希望与资源拥有方建立联系,实现资源间匹配优化,加强资源间协调度;三是主动调整外部资源适应企业渠道发展,此时企业在产业链上拥有一定的话语权,可实现对产业链资源的聚集和调用,从产业全渠道平台的视角重新配置资源适应企业发展。通过上述分析,发现转型的生鲜企业资源整合配用方式呈现由内到外、由点到面的发展趋势,从内部资源整合到产业资源聚集,涉及的资源整合范围逐步扩大,企业拥有更大的话语权,资源整合配用方式的进阶,也为企业后续核心能力的提升提供了可能。

3)渠道转型过程中渠道核心能力进阶:从线下运营能力到渠道平台整合能力

渠道核心能力是保证生鲜实体店实现渠道转型的能力基础,面对不同的市场环境和企业所处转型阶段,企业的核心能力进阶分为三个维度:一是内部组织学习能力,生鲜实体店考虑自主建立线上渠道时,企业从单纯的线下渠道运营进阶为多渠道并行设计和管理,需要培养组织重构能力,重组内部既有资源,同时主动学习并掌握新技术。原有的规模化线下门店为线上渠道拓展提供了实体组织载体,而新增的线上服务也有利于增强实体店整体优势;二是渠道专业资源共享能力,传统生鲜门店考虑通过与第三方平台合作引入线上渠道时,渠道模式由传统线下渠道升级为跨渠道整合,需要培养与合作方交互合作、共享的能力,建立以渠道协同为依托的企业竞争优势;三是平台资源整合能力,企业考虑建立无壁垒渠道快速响应消费者在任意渠道完成任意消费环节的便利性需求时，渠道模式进阶为产业链支撑的全渠道零售平台，企业渠道核心能力进阶为渠道平台整合能力，企业联合产业链上下游相关者参与竞争，确保企业获得系统化的渠道竞争优势。通过上述分析，发现转型的生鲜企业渠道核心能力呈现由低阶个体学习到高阶平台管理的变化趋势，具备的核心能力竞争力逐步增强，为企业后续渠道价值输出奠定了基础。

4）渠道转型过程中价值创造演化：从渠道产品服务价值到产业链全渠道价值

渠道价值创造是推动生鲜实体店进行渠道转型的原生动力，面对不同的市场环境和企业所处转型阶段，企业的渠道价值创造分为三个维度：一是渠道产品服务价值，对企业而言，推出新增渠道能够作为已有渠道的补充，拓宽了市场空间和消费者接触点，能够增加企业销量。对消费者而言，新渠道的加入增强了服务产出组合，使得产品和服务更多样化，接入渠道的便利性也随之提升，帮助消费者降低信息搜索成本、简化购买流程、提高可信度等，受益的是消费者和企业；二是渠道交互价值，相比并列多渠道，企业与不同渠道零售商合作输出整合后的渠道，使消费者能在多种渠道间相对自由地选择与切换，通过渠道间的差异性互补激发出渠道间的协同效应，渠道之间协同互补能够提升消费者满意度和消费者感知价值，从而使消费者产生更高的购买意愿，实现优势互补，使得合作双方和消费者都能从中获益；三是产业链全渠道价值，企业不仅向消费者提供产品与服务价值，也开始寻求向产业链上游合作者输出渠道价值，开放加盟通道，为产业链合作者提供开放的平台、服务、管理、培训等，从产品源头上保证合作达到最优。相比其他渠道模式，消费者能够在任意渠道自由地完成任意购物环节，渠道切换不再受到渠道壁垒的阻碍，实现随时、随地、随心的购物体验，企业从源头上把控产业链布局，既能高效、快速响应，也能缩短中间环节，避免不必要浪费，最终受益的是产业链相关企业和消费者。通过上述分析，发现转型的生鲜企业渠道价值由单纯输出产品服务价值向输出产品服务价值、渠道平台价值的综合性价值输出变化，企业在产业链中的不可替代性逐步增强。

6.1.4　对策建议

通过对国内大型连锁生鲜企业百果园的纵向案例研究，从资源整合重构、核心能力进阶和渠道价值输出视角探讨了实体生鲜企业从单渠道到全渠道零售的转型过程，提出了实体生鲜企业渠道转型路径的理论框架。研究表明，企业对内外部渠道资源的整合重构，包括对外资源识取和对内资源配用，构成实体生鲜企业渠道转型的资源前提；资源整合重构过程中形成的企业核心能力，构成实体生鲜企业互联网渠道转型的能力基础，具体包括内部组织学习能力、渠道专业资源共享能力和平台资源整合能力;渠道转型后重塑的价值创造方式,构成实体生鲜企业渠道转型的价值来源,支撑企业持续探索渠道转型路径。通过剖析资源整合过程和核心能力构建过程,揭示了实体生鲜企业互联网渠道转型路径和内在机理,初步打开了互联网环境下生鲜企业成功实现从单渠道到全渠道零售转型的黑箱,丰富了企业渠道转型理论。由于生鲜农产品的易腐性、难储性及消费即时性,相较于非腐品零售企业,生鲜企业渠道转型过程中更加强调时效性、高配送质量和专业性的跨渠道合作对象。同时,由于生鲜农产品的标准化程度低,生鲜企业要实现全渠道转型需要投入更多资源搭建产业平台,建设产业链标准体系,联合相关者共赢共建,才能支撑生鲜农产品全渠道零售的实现。实践中,互联网环境下实体生鲜企业如何借助外部异质渠道资源重塑竞争优势,如何创新渠道价值创造方式,均为当前企业面临的难题。对于很多迫切希望进行互联网渠道转型的企业,研究提供了从资源整合、核心能力和价值输出视角描述的转型路径,在转型理论框架指导下实体生鲜企业要时刻保持对外部新兴渠道技术资源的敏感性,通过资源共享、资源整合及资源调用等方式识取外部资源。但是整合的资源具有时效性,实体生鲜企业还要着重培养持久的、能够迅速适应外部环境变化并为企业带来持续竞争优势的核心能力,形成整体渠道系统化的竞争优势,输出渠道价值,有效突破企业存在的核心能力刚性问题。

6.2 生鲜农产品供应链全渠道发展路径

相比于销售商销售渠道"上线"进程的加快,支撑销售实现的生鲜农产品供应链却显得后继乏力,大多数生鲜销售商合作的供应链上游节点企业依旧按照传统方式运作,已不能满足销售端消费者多样化的产品和服务需求。在此背景下,本节从满足互联网环境下销售端多样化需求和促进生鲜农产品供应链发展的角度出发,通过对典型企业百果园和北京每日优鲜电子商务有限公司(简称每日优鲜)进行双案例研究的方式,对"互联网+"环境下生鲜农产品供应链创新和转型进行研究,为传统生鲜农产品供应链在原有基础上对基本结构形式进行互联网转型升级、向以支撑全渠道下消费者需求为中心的供应链新模式转变提供理论基础和实践指导。

6.2.1 生鲜农产品供应链全渠道发展案例的研究设计

1. 研究方法选择

本书采用双案例研究方法对生鲜农产品供应链全渠道发展过程进行分析。原因在于:①"互联网+"环境下生鲜农产品供应链升级路径研究,属于回答"为什么"和"怎么样"类型的问题。同时,需要对供应链全渠道发展过程进行细致的过程分析,以揭示升级过程中供应链主体间的复杂关系,剖析隐藏在复杂现象背后的理论联系,因此适合采取案例研究方法。②通过观察案例企业实践活动,发现不同生鲜企业会根据自身条件采取不同的生鲜农产品供应链全渠道发展路径,通过双案例对不同路径进行对比分析发现共性和差异,可以更好地揭示"互联网+"环境下生鲜农产品供应链全渠道发展的普遍规律。

2. 典型案例选择

根据样本典型性原则和理论抽样原则,选取百果园和每日优鲜作为案例研究对象,两家企业的典型特征与研究问题吻合,同时在供应链全渠道发展上存在异同,便于比较分析。共同点在于:第一,百果园作为生鲜实体连锁企业,每日优鲜作为生鲜电商,"互联网+"环境下供应链全渠道发展都面临着传统生鲜农产品供应链信息化水平不高、供应商供货水平参差不齐、生鲜农产品标准化不足等问题,此类问题具有较强代表性,也是生鲜企业转型过程中关注的重点问题;第二,随着企业规模扩大,百果园和每日优鲜都树立了拓展上游产地市场的目标,制订了重塑供应链产业链的企业发展计划,并且成功实现生鲜农产品供应链升级。两家企业都经历了相应的渠道发展和转型过程,并且百果园已实现线上线下规模化营利,每日优鲜已实现一线城市区域内营利,更具代表性意义。差异点在于:第一,百果园以生鲜实体店为业务核心,与其供应商都是传统企业类型;每日优鲜以线上 APP、微信微店为业务核心,自身为生鲜电商,供应商为传统企业,两家企业供应链模式代表了大部分生鲜零售商和供应商合作模式。第二,实践表明百果园和每日优鲜选择的供应链全渠道发展路径不同,对二者的共同点和差异点进行深入对比分析,对不同类型的生鲜农产品供应链全渠道发展更具代表性意义。

3. 数据收集与分析

案例资料主要来源包括对服务人员进行访谈、消费者反馈信息、企业认可的媒体报道、企业文本资料、企业官网、APP 数据、微信微店小程序数据、相关期刊论文等,多方数据来源形成了"三角验证"。研究者对案例企业百果园和每日优鲜进行了近 3 年的追踪调查,实时观察其"互联网+"环境下供应链全渠道发展过程,实地走访百果园线下实体店、线上购买每日优鲜生鲜产品,体验企业供应链发展成果,在此过程中获取了两家案例企业一手资料,对分析百果园和每日优鲜供应链全渠道发展前后的变化及过程提供了案例资料支持。

资料分析阶段由研究者对两个案例进行跨案例聚类研究。首先对每个案例单独编制文档表格进行分析,依照动因—行为—结果的思考逻辑组织案例资料,建立完整证据链。这种陈列布置便于研究者分析探讨不同案例的资料是否有相似之处,是否可以作为同一类型案例的个案(复制),或者这些个案的资料差异颇大,可以将其作为对比个案。通过这种方式寻找两家案例企业在"互联网+"环境下进行供应链全渠道发展的内在逻辑,发现相似性和差异性。资料分析阶段,小组内不同研究者对多来源案例资料进行分析编码,建立案例研究资料库,以提高研究的建构效度、内在效度、外在效度和信度。通过结合一手数据和二手数据,识别两家案例企业"互联网+"环境下供应链全渠道发展动因、发展措施和发展结果。其次,采用双盲方式分别对两家企业资料进行编码,使用编码将案例资料提炼成概念,将概念归类并分配到相关构念中去,并将编码结果用表格的方式呈现。编码时,根据思考逻辑对案例证据进行一级编码。首先识别出企业供应链全渠道发展动因、发展措施和发展结果的主要阶段和关键事件。其次,通过文献指引,"动因"部分,针对两家企业不同的供应链网络结构、组织学习方式进行概念化编码;"行为"部分,对两家企业不同的资源能力交互方式进行概念化编码,形成两条不同的发展路径;"结果"部分,则对两家企业不同的供应链发展产出价值进行概念化编码,形成二级条目库。双盲式编码结束后,两组编码人员一起核对编码结果,然后交流讨论编码不一致的条目,并保留最终达成一致的编码结果,保证获取案例资料的完整性,减少由个人偏见和主观性导致的结论片面性。

6.2.2 生鲜农产品供应链的共建式与引领式全渠道发展路径

通过对百果园和每日优鲜案例资料进行编码分析,围绕"生鲜零售商供应链全渠道发展路径"这一核心问题展开研究。

1. 百果园供应链的共建式发展路径

百果园在实施供应链升级前,主要为线下水果专营连锁业态,门店分布于全国 40 多个城市。自 2002 年成立第一家门店起,百果园便着手自建物流供应链,拥有多家城市仓储中心和小型配送中心,物色并投资了多家种植基地,与其签订合约形成了较为稳固的合作关系,与供应商也建立了较为深入的合作关系。但是其上游供应商主要为种植基地,运作方式较为传统,百果园与其零售商都缺乏支撑供应链全渠道发展的异质性线上资源,于是百果园选择与供应商共同进行探索和学习,形成"互联网+"环境下共建式的供应链发展路径。

遵循探索式研究方法的编码思路,采取开放式编码形式对案例企业的数据进行分析。小组编码人员对文档进行阅读和分析,从中提炼主要概念。通过梳理主要概念之间的逻辑关系来对编码结果进行比对分析。针对编码结果不一致的地方进行充分讨论,不断进行验证和补充,修正或推翻原有观点,直到研究成员达成一致意见。围绕"互联网+"环境下供应链的共建式发展路径问题,将数据编码与分析过程分为数据缩减、构念构建、构念关系分析三个部分。

1) 数据缩减

对"互联网+"环境下百果园的供应链发展路径有关素材信息进行编码,通过不断地分解与提炼使之概念化,在编码过程中,最终引入 35 个概念,缩减后概念如表 6.4 所示。

表 6.4 共建式发展路径编码引入的概念

项目	内容
概念	消费升级、需求产品品质升级、提升用户体验、顾客购物反馈、产品体验好、布局门店、自建冷链物流、门店配送、布店布仓、ERP 系统、内部结算系统、布局种植基地、采购公司、产业互联网平台、产业信息化共建、标准化生产、生产预测、种植数据、合并生鲜电商团队、中高端产品定制化生产、联合第三方外卖平台、联合无人货架公司、种植专家、产量预测模型、产业资源对接、产销一体化、供应链智能协同、信息化基础协同作业、科学管理理念、供应链管理系统、优果联产业整合、种植数据模型、智能化种植、定制化生产流程、精准预测

在完成数据缩减后,结合研究主题对各类缩减后概念进行概括,通过对原始资源的进一步分析、提炼、整合,归纳出与核心议题紧密相关的概念并得出相关范畴,最后一共得出 35 个概念(b1~b35)和 17 个范畴(B1~B17),如表 6.5 所示。

表 6.5 共建式发展路径编码范畴

典型证据	概念	范畴
随着消费升级,消费者对高品质果品的需求逐渐增加,中国普通果品产能过剩,大量滞销;但进口果品的数量却在增加,我国的水果贸易顺差明显减少。人们开始关注水果的品种和水果的安全性等问题	b1 消费升级	B1 升级产品品质
	b2 需求产品品质升级	
好是指产品体验好,用一切方式,包括产品手段、服务手段、互联网手段等来提升用户的体验,我们非常在意顾客的体验,如果纯粹做线下,要想获得顾客的购物反馈是非常不容易的	b3 提升用户体验	B2 升级服务体验
	b4 顾客购物反馈	
	b5 产品体验好	
百果园自建冷链物流完成水果配送,降低水果损耗,节约配送时间。超过 3000 家门店遍布 40 多座城市,现在平均每天新开 4~5 家门店,百果园既是在开店,也是在布仓,门店成为配送团队的配送站点,提升了百果园固定资产的利用率	b6 布局门店	B3 门店物流资源
	b7 自建冷链物流	
	b8 门店配送	
	b9 布店布仓	
使用北京奥想科技有限公司开发的 ERP 系统,企业 IT 团队搭建起内部的结算系统等	b10 ERP 系统	B4 信息系统资源
	b11 内部结算系统	
百果园布局了近 230 个水果种植基地。百果园也拥有采购公司,如王品果业实业发展(深圳)有限公司	b12 布局种植基地	B5 直采资源
	b13 采购公司	

续表

典型证据	概念	范畴
徐永剑重新组建了IT队伍,搭建起产业互联网模式的公司构架。百果园打造以产业互联网为核心的七大平台,即标准化种植平台、金融平台、交易平台、供应链平台、营销服务平台、销售平台及商务智能数据分析平台,目标是实现产业信息化共建	b14 产业互联网平台 b15 产业信息化共建	B6 产业互联网资源
百果园联合广西慧云信息技术有限公司成立合资公司广西智果科技有限公司,建立"气候、土壤、农事、生物技术"四位一体的标准化生产与预测模型,实现对种植基地果品产量与品质的精准预测及管理,把农业生产逐步从以人为中心过渡到以数据为中心	b16 标准化生产 b17 生产预测 b18 种植数据	B7 生产指导数据资源
2016年百果园对O2O生鲜电商一米鲜进行收购,一米鲜总经理焦岳出任百果园副总裁,负责电商创新业务,一米鲜近百人的团队也一同加入	b19 合并生鲜电商团队	B8 供应链技术人才资源
百果园联合种植基地和广西智果科技有限公司彻底打通供应链,实现中高端果品的定制化生产	b20 中高端产品定制化生产	B9 定制化生鲜农产品资源
除门店、开发自营APP、与第三方外卖平台合作外,百果园联合七只考拉、好品、蜘蛙等发起"大百果联盟",宣布进军无人货架行业	b21 联合第三方外卖平台 b22 联合无人货架公司	B10 全渠道触及消费者资源
种植专家可以随时对种植过程问题进行答疑,同时基于大数据的产量预测模型,还可以对一个基地的产量进行评估与预测	b23 种植专家 b24 产量预测模型	B11 种植技术资源
智果科技公司无缝对接优果联交易平台,实现产业资源的协同对接,为种植户打通市场销售、金融保险及农资供应等渠道,实现产销一体化联动,以达到全产业链的高效协作	b25 产业资源对接 b26 产销一体化	B12 产业信息资源
标准化种植平台、数据与智能平台、交易平台等,这几大平台搭建的目的就是实现产业互联互通和智能协同,从水果的种植开始到采摘、仓储、物流、终端销售都用信息化的手段连接起来,各环节之间的节点可以有效互联,前后穿透,实现信息化基础的协同作业,利用最新的物联网技术推动产业智能化、科技化	b27 供应链智能协同 b28 信息化基础协同作业	B13 供应链信息化共建能力
百果园强调水果销售中的管理流程,导入了科学管理理念,通过实施商业连锁供应链管理系统,实现百果园连锁分销配送体系中的物流、资金流和信息流的融合	b29 科学管理理念 b30 供应链管理系统	B14 供应链信息化管理运营能力
优果联的核心能力在于产业整合能力	b31 优果联产业整合	B15 产业链资源整合能力
借助广西智果科技有限公司的物联网系统,在种出好水果的同时,还将获得相应数据,并针对不同品种结合实际情况对数据模型进行差异化调整,从而通过智能化的种植方式实现多类果品的智能化生产	b32 种植数据模型 b33 智能化种植	B16 智能化生产能力
种植基地对果品产量与品质进行精准预测,并将果品种植生产的每个环节归纳为定制化生产流程,提升产品品质	b34 定制化生产流程 b35 精准预测	B17 产品信息化管理能力

2) 构念构建

在完成范畴提炼后,以一定的逻辑对初始范畴进行重新组合和归纳,探究范畴之间的某种联系或共通性。结合原始资料和范畴的对比分析，最终将所得到的初始范畴分别归纳到 6 个构念之中，如表 6.6 所示。

表 6.6 共建式发展路径编码构念

初始范畴	构念
B1 升级产品品质	BB1 消费者价值诉求改变
B2 升级服务体验	
B3 门店物流资源	BB2 零售商原有资源
B4 信息系统资源	
B5 直采资源	
B6 产业互联网资源	BB3 零售商新资源获取
B7 生产指导数据资源	
B8 供应链技术人才资源	
B9 定制化生鲜农产品资源	
B10 全渠道触及消费者资源	
B11 种植技术资源	BB4 供应商新资源获取
B12 产业信息资源	
B13 供应链信息化共建能力	BB5 零售商能力培养
B14 供应链信息化管理运营能力	
B15 产业链资源整合能力	
B16 智能化生产能力	BB6 供应商能力培养
B17 产品信息化管理能力	

在具体编码过程中，每组编码成员会根据初步编码表进行构念识别。其中，部分关键构念来自现有文献，如消费者价值诉求改变等；部分关键构念可能在最初设计的研究框架中并未涉及，但在整体文本分析中又非常重要，因此会给予暂时命名，如"产业信息资源获取"，然后根据现有文献和理论再对新关键构念的命名进行修正，如将"产业信息资源获取"修正为"供应商新资源获取"等。

3）构念关系分析

通过数据编码得出的构念间具有一定的联系。为进一步探究和提炼构念间的逻辑关系，寻找统领各构念的"故事线"，遵从"动因—行动—结果"的思考逻辑，再次对百果园资料进行回顾、整合，结合现有理论研究进行构念间关系分析，回答"互联网+"环境下生鲜零售商供应链共建式发展路径形成问题。

"互联网+"环境下，百果园感知到消费者对产品高品质、服务体验升级的价值诉求后，决定利用互联网技术实现传统供应链的全渠道发展升级。于是百果园与上游供应商通过向外获取新资源实现技术共建，共同作用使传统供应链转型为"互联网+"环境下信息化、扁平化供应链。由于转型前百果园与其供应商都为传统线下企业，任一方都不具备明显的供应链信息技术领先优势，于是决定采取多方合作、共同探索的方式实现供应链升级。然而，百果园与其供应商应该采取什么行动实现供应链升级及其与供应商间的合作关系应该如何转变是接下来需要关注的重点问题。

百果园与其供应商在供应链全渠道发展进程中，聚焦供应链信息化资源的获取和交互。升级初期，百果园作为老牌生鲜连锁实体企业，拥有自建冷链物流资源和合作种植基地直采资源，还包括多年布局的线下连锁门店资源等，信息系统方面与北京奥想科技有限公司合作建立了企业 ERP 系统，拥有了企业内部信息系统资源。上游供应商以种植基地为主，拥有种植生产所需的农业资源。但是百果园与其供应商面对着供应链信息资源欠缺的短板，为实现消费者对生鲜农产品品质和体验的更高要求，百果园联合种植基地、信息技术公司成立广西智果科技有限公司，通过物联网、人工智能与种植过程的融合建立标准化生产与预测模型，获取指导生产的数据资源以指导生产者种植，实现对种植基地果品产量与品质的预测及优质果品的定制化生产。同时百果园联合同业和异业相关企业成立优质果品产业联合会搭建线上交易平台、供应链信息平台和数据分析平台等多个产业平台，获取产业互联网资源对供应链进行信息化共建；通过并购 O2O 生鲜电商一米鲜引入供应链技术人才资源指挥升级过程。销售端，百果园与美团等外卖平台合作，与无人零售企业合作成立大百果联盟无人货架等，由此获取触及消费者的全渠道资源。供应商在原有资源基础上，通过与百果园技术共建获得了新资源，包括种植技术资源和产业链信息资源，与百果园合作后在科学种植和预测模型指导下实现了生鲜农产品生产种植的定制化，以及共建产业链平台，与百果园和消费者直接对接获取了更多的产销信息。但是资源面临着时效性的问题，随着复杂环境的变化，资源会失去其竞争优势，为了供应链长远发展，企业需要发展自身面对环境变化的动态核心能力，于是百果园联合其供应商在资源获取基础上培育了供应链信息化共建能力、供应链信息化管理运营能力和产业链资源整合能力，培育了上游供应商智能化生产能力和产品信息化管理能力，生产数据使得种植过程随时可控，产出定制化产品。进一步将"互联网+"环境下共建式生鲜农产品供应链全渠道发展路径进行绘制，如图 6.5 所示。

2. 每日优鲜供应链的引领式升级路径

每日优鲜实施供应链升级前，主营生鲜电商业务，具备一定的供应链升级资源，但还不足以支撑整个供应链实现升级。其上游供应商主要为种植基地和养殖基地，运作方式都较为传统，并且每日优鲜与供应商间"银货两讫"类的短暂交易居多，大多情况下只是根据采购标准挑选供应商进行采购，合作伙伴关系较为

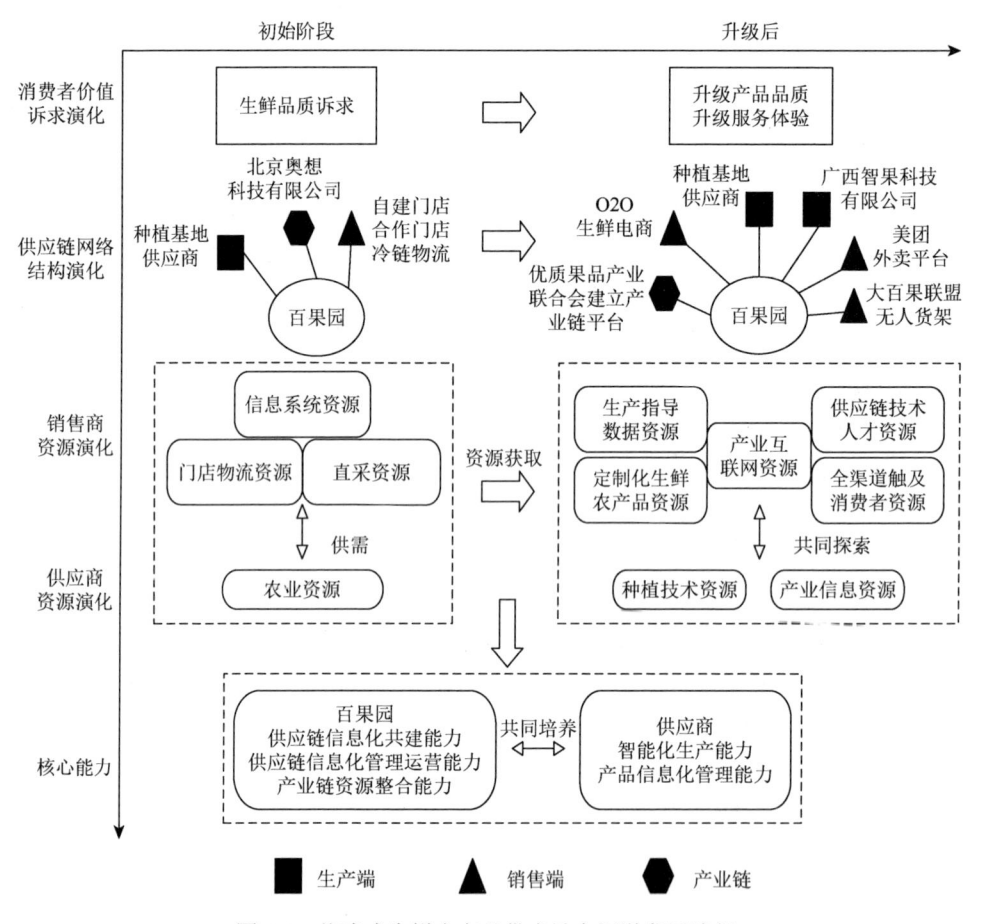

图 6.5 共建式生鲜农产品供应链全渠道发展路径

不稳固,同时物流配送方面与第三方冷链物流公司合作实现次日达,导致产品损耗大、消费者体验价值低。在此背景下,每日优鲜由于具备电商经验,相比上游供应商具有一定的互联网技术优势,于是选择以自身发展需求倒逼上游供应商升级的引领式供应链发展路径。

遵循探索式研究方法的编码思路,采取开放式编码形式对案例企业的数据进行分析。小组编码人员对文档进行阅读和分析,从中提炼主要概念。通过梳理主要概念之间的逻辑关系来对编码结果进行比对分析。针对编码结果不一致的地方进行充分讨论,不断进行验证和补充,修正或推翻原有观点,直到研究成员达成一致意见。围绕"互联网+"环境下引领式供应链发展路径问题,将数据编码与分析过程分为数据缩减、构念构建、构念关系分析三个部分。

1) 数据缩减

对"互联网+"环境下每日优鲜的供应链发展路径有关素材信息进行编码,通过不断地分解与提炼使之概念化，在编码过程中，最终引入 35 个概念，缩减后概念如表 6.7 所示。

表 6.7　引领式发展路径编码引入的概念

项目	内容
概念	品质化商品、便捷购物渠道、即时送达、第三方冷链配送、微信流量、官方网站、官方 APP、集中采购、专业买手、运营管理人才经验、O2O 前置仓、大数据补货、大数据团队、准确补货、产业链核心节点控制、重构产业链、技术人才开发、便利购无人货架、线下触及消费者、自有采购标准、标准输出、培养供应商、提供管理模板、前端数据反馈、连接销售端和供应端、人工智能、智能补货、智能定价、用户智能分层、供应链信息化管理、产业平台整合、上游精准化生产、定义标准、100% 质检、合作优质供应商

在完成数据缩减后，结合研究主题对各类缩减后概念进行概括，通过对原始资源的进一步分析、提炼、整合，归纳出与核心议题紧密相关的概念并得出相关范畴，最后一共得出 35 个概念（c1~c35）和 18 个范畴（C1~C18），如表 6.8 所示。

表 6.8　引领式发展路径编码范畴

典型证据	概念	范畴
通过观察生鲜消费需求变化升级，我们看到了一个行业双重的变化，也就是说渠道端和内容端同时在变化，用户需要更便捷的购物渠道和即时送达，以及更加品质化的商品	c1 品质化商品	C1 升级产品品质
	c2 便捷购物渠道	C2 升级服务体验
	c3 即时送达	
每日优鲜刚开始做生鲜电商时，采取的是第三方快递配送的方式，时间长、损耗高	c4 第三方冷链配送	C3 第三方冷链配送资源
微信小程序、官方微信群、官方网站和 APP，特别是微信背后有着巨大的人口红利，这些都是每日优鲜的流量入口	c5 微信流量	C4 销售平台资源
	c6 官方网站	
	c7 官方 APP	
每日优鲜精选全品类 SKU，单品量大且集中采购，重点聚焦和培育全球优质产地，专业买手团队进行产地直采	c8 集中采购	C5 直采资源
	c9 专业买手	
徐正曾任联想佳沃水果事业部总经理，并负责业务战略、投资并购和运营管理，这段经历使其更懂农业	c10 运营管理人才经验	C6 电商技术人才资源
每日优鲜以城市分选中心（中心仓）为依托，再根据订单密度在商圈和社区建立前置仓，利用大数据补货、配送，覆盖周边半径 3 公里的区域	c11 O2O 前置仓	C7 前置仓大数据配送资源
	c12 大数据补货	
物流环节，每日优鲜专门成立大数据团队，根据日量、时间节点、社区属性、天气等因素进行测算，准确掌握每个微仓、每款商品的补货时间和补货量，以确保货品的足量供应，最大限度地降低损耗。通过规模优势和对产业链核心节点的控制建立长期竞争力，这不仅有利于连接产业链，更能够有效重构产业链	c13 大数据团队	C8 产业互联网资源
	c14 准确补货	
	c15 产业链核心节点控制	
	c16 重构产业链	

续表

典型证据	概念	范畴
徐正是数学专业出身,根据生鲜的行业特点和运营数据,开发了新的算法和补货模型,能够将常规商品的库存周转天数做到1天,分仓缺货率降低到10%	c17 技术人才开发	C9 供应链技术人才资源
除线上销售平台外,每日优鲜还建立了便利购无人货架,深入线下触及消费者	c18 便利购无人货架	C10 全渠道触及消费者资源
	c19 线下触及消费者	
有别于以往"所产即所销"的传统方式,每日优鲜会派专门的买手团队前往农产品原产地,对于农产品生长的环境、周期等进行充分了解,等到农产品成熟之际,会将自有采购标准提前给到供应商,供应商按照相关标准出货	c20 自有采购标准	C11 标准化生鲜农产品资源
	c21 标准输出	
每日优鲜找到了一些相对有进取心的加工厂,他们都想尝试做毛利更高的冷鲜肉,形成自己的品牌,结束粗放加工时代,鲜肉是最检验工厂的加工工艺的,供应商其实尝试过,但没有外力帮助,过去做得不成功,现在每日优鲜的介入为其提供了管理模板	c22 培养供应商	C12 管理资源
	c23 提供管理模板	
每日优鲜已经开始把客户的数据和反馈向后端传递,使得种植端能够生产出来更多的、符合中国老百姓消费升级需要的商品	c24 前端数据反馈	C13 产业信息资源
	c25 连接销售端和供应端	
每日优鲜也一直在做人工智能、深度学习方面的研究,如智能补货、智能定价、用户智能分层等,这些技术对于生鲜品损耗率的降低和对于用户的精准营销都有着积极意义	c26 人工智能	C14 供应链信息化赋能能力
	c27 智能补货	
	c28 智能定价	
	c29 用户智能分层	
对供应链重点环节制定标准,每日优鲜向供应商提出了全产品标准化生产的方案,对供应链重点环节进行信息化管理	c30 供应链信息化管理	C15 供应链信息化管理运营能力
每日优鲜后端的供应链、物流、数据平台在满足销售端消费者需求的时候,经过整合后形成了规模化效应	c31 产业平台整合	C16 产业链资源整合能力
每日优鲜已基于核心能力成立生态基金,用以助力上游精准化生产,并携手地方政府做精准农业模式的新探索,指导上游更精准地生产用户需要的商品。每日优鲜已经开始把销售数据向生产后端传递,逆向输出标准,并开始改变一些商品的包装、规格、定义,以及探讨种植端、养殖端的优化	c32 上游精准化生产	C17 标准化生产能力
	c33 定义标准	
走访加工厂时,就问供应商有没有提升鲜肉供应能力的意愿,然后看他们的生产线有没有拓展的可能,卫生条件如何,再看看他们有没有自己安全、稳定的猪源供应,最后才是建立合作,且每批次产品到大仓都会100%质检,不合格的会被直接退回加工厂	c34 100%质检	C18 产品品质升级能力
	c35 合作优质供应商	

2) 构念构建

在完成范畴提炼后,以一定的逻辑对初始范畴进行重新组合和归纳,探究范畴之间的某种联系或共通性。结合原始资料和范畴的对比分析,最终将所得到的初始范畴分别归纳到6个构念之中,如表6.9所示。

表 6.9　引领式发展路径编码构念

初始范畴	构念
C1 升级产品品质	CC1 消费者价值诉求改变
C2 升级服务体验	
C3 第三方冷链配送资源	CC2 零售商原有资源
C4 销售平台资源	
C5 直采资源	
C6 电商技术人才资源	
C7 前置仓大数据配送资源	CC3 零售商新资源升级
C8 产业互联网资源	
C9 供应链技术人才资源	
C10 全渠道触及消费者资源	
C11 标准化生鲜农产品资源	
C12 管理资源	CC4 供应商新资源升级
C13 产业信息资源	
C14 供应链信息化赋能能力	CC5 零售商能力进阶
C15 供应链信息化管理运营能力	
C16 产业链资源整合能力	
C17 标准化生产能力	CC6 供应商能力进阶
C18 产品品质升级能力	

在具体编码过程中，每组编码成员会根据初步编码表进行构念识别。其中，部分关键构念来自现有文献，如消费者价值诉求改变等；部分关键构念可能在最初设计的研究框架中并未涉及，但在整体文本分析中又非常重要，因此会给予暂时命名，如"产品品质升级能力"，然后根据现有文献和理论再对新关键构念的命名进行修正，如将"产品品质升级能力"修正为"供应商能力进阶"等。

3）构念关系分析

通过数据编码得出的构念间具有一定的联系。为进一步探究和提炼构念间的逻辑关系，寻找统领各构念的"故事线"，遵从"动因—行动—结果"的思考逻辑，再次对每日优鲜资料进行回顾、整合，结合现有理论研究进行构念间关系分析，回答"互联网+"环境下生鲜零售商供应链引领式发展路径形成问题。

随着市场需求变化，每日优鲜感知到消费者对产品高品质、服务体验升级的价值诉求后，决定利用互联网技术实现传统供应链的全渠道发展升级。每日优鲜利用其生鲜电商信息技术资源优势对供应链进行信息化赋能，其中每日优鲜为线上电子商务企业，其供应商为传统线下企业，每日优鲜具备较明显的供应链信息技术领先优势，供应链升级时每日优鲜对其供应商起到了引领作用。然而，每日优鲜与其供应商该采取什么行动实现供应链升级，以及其与供应商间的引领关系应该如何转变是下一步关注的重点问题。

每日优鲜与其供应商在供应链升级过程中，关注供应链信息化资源升级与交互。升级前期，每日优鲜作为生鲜电商拥有一定数量的官方 APP、微信小程序等销售平台资源、与第三方合作的冷链配送资源和电商人才资源，支撑其前期以单一电商模式运行，其供应商以种植基地、养殖基地为主，具备生产必需的农业资源。但是每日优鲜信息技术资源主要围绕销售端建立，对供应链上游涉及较少，为实现消费者对生鲜农产品品质和体验的更高要求，每日优鲜利用自身已拥有的资源进行资源的升级、更新，由销售端向上游供应链信息技术发展。其中，第三方冷链配送短板明显，不利于掌握在途数据和满足消费者即时性的需求，于是每日优鲜在贴近消费者生活社区建立前置仓大数据配送资源，覆盖周边 3 公里内消费者，做到 1~2 小时配送到家，相比于次日达提高了配送效率，同时开发前置仓大数据智能补货，改良算法和补货模型，能够将商品的库存周转天数做到 1 天，分仓缺货率降低到 10%。生鲜农产品销售平台资源涉及销售端数据较多，对上游供应链把控不足，于是每日优鲜成立大数据团队进一步发展产业互联网资源，整合技术与数据平台逐步建立起核心优势，包括智能补货、智能定价、智能分析等方面的技术创新；每日优鲜内部的电商人才资源更多地投入到上游供应链建设，转型为供应链综合技术人才。在销售端每日优鲜建立便利购无人货架，在原有渠道基础上升级多渠道触及消费者的资源，使得与消费者的接触点增加，提高了配送效率。供应商在原有资源基础上，通过每日优鲜技术引导升级资源，包括管理资源和产业链信息资源，与每日优鲜合作后根据每日优鲜提出的标准改善生产，以及连接每日优鲜数据平台获取更多产销信息。但是资源面临着时效性的问题，随着复杂环境的变化资源会失去其竞争优势，为了供应链长远发展，企业需要发展自身面对环境变化的动态核心能力参与竞争。于是每日优鲜升级其供应链信息化赋能能力、供应链信息化管理运营能力和产业链资源整合能力，上游供应商升级其标准化生产能力和产品品质升级能力，比如根据每日优鲜的标准生产标准化生鲜农产品，经由受每日优鲜委托的第三方质检机构 100%质检合格后才能入库，无形中倒逼供应商提高了生产能力和品质升级能力。基于案例证据和过程分析，将引领式供应链全渠道发展路径进行绘制，如图 6.6 所示。

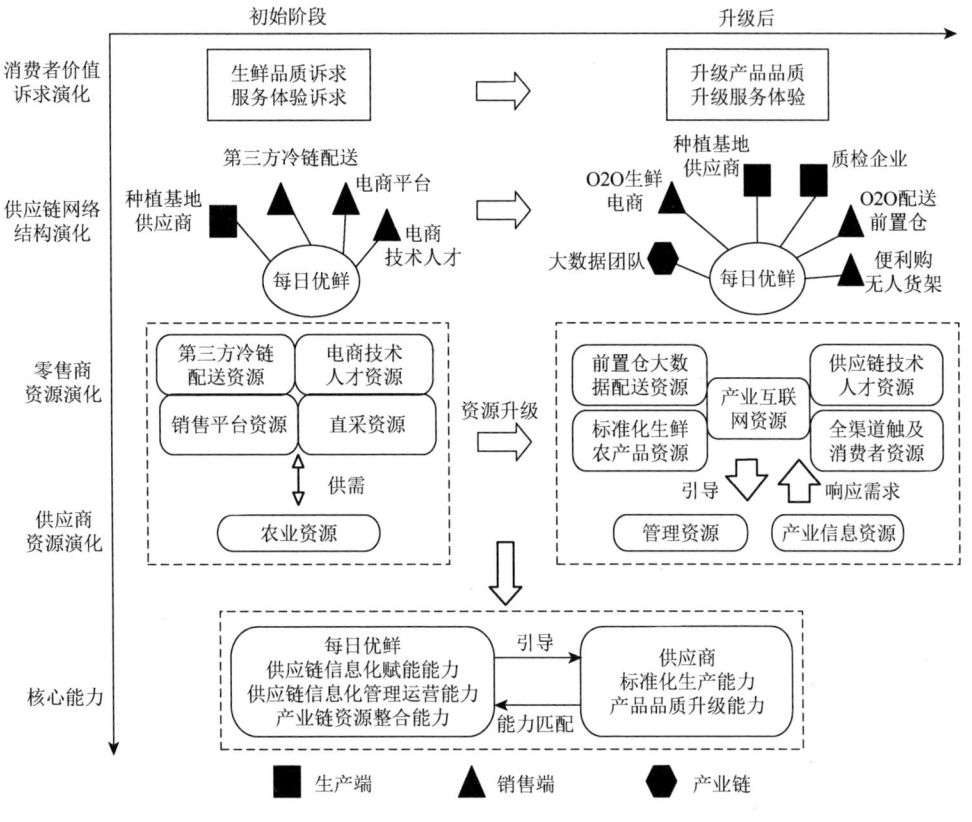

图 6.6 引领式供应链全渠道发展路径

6.2.3 生鲜农产品供应链全渠道发展机理

研究发现,在互联网消费升级背景下,面对消费者对生鲜农产品更高的产品品质和服务体验诉求,零售商自身所处供应链的网络结构是影响"互联网+"环境下零售商及其上游供应商选择不同生鲜农产品升级路径的主要因素,包括以生鲜连锁企业为核心的共建式供应链发展路径和以生鲜电商企业为核心的引领式供应链发展路径,两条路径都依照消费者价值诉求推动组织学习,组织学习推动资源发展,资源发展推动能力培养发展。其中采用共建式路径的生鲜实体零售商主要通过联合产业相关企业获取自身不具备的外部新资源更新核心能力参与竞争,引领式路径主要通过生鲜电商在原有资源基础上实现资源升级倒逼产业链相关企业升级实现核心能力的进阶参与竞争,如图 6.7 所示。

1. "互联网+"环境下生鲜农产品供应链全渠道发展驱动因素

通过研究发现,在相同的消费诉求改变背景下,零售商升级前所处的供应链

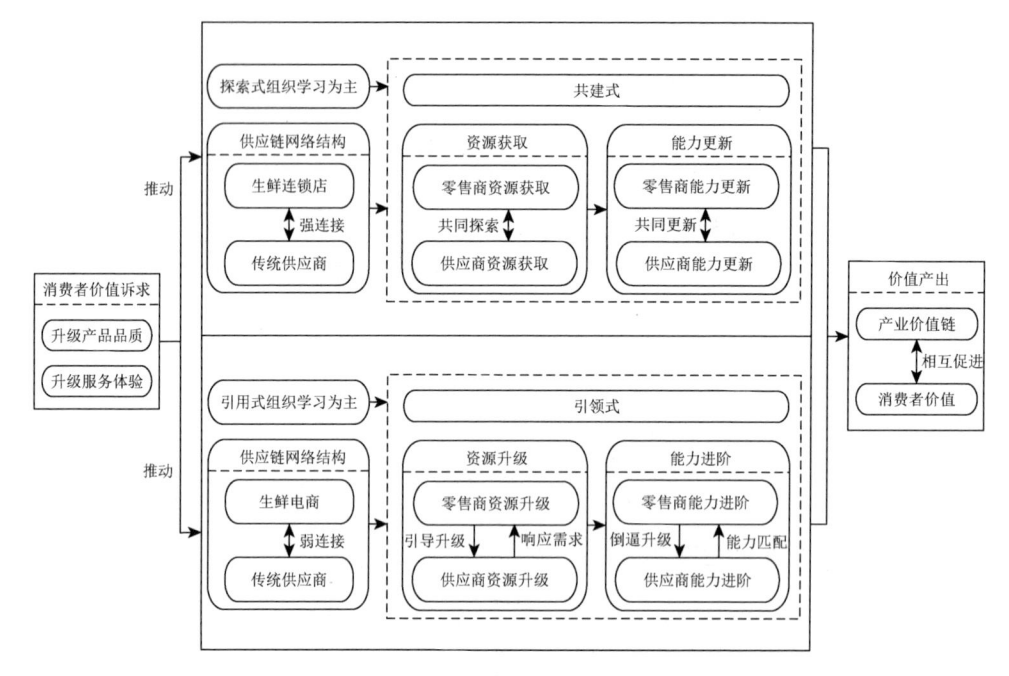

图 6.7 "互联网+"环境下生鲜农产品供应链全渠道发展路径

网络结构特征会导致零售商及其供应商选择不同的升级路径。供应链网络结构从网络主体和网络关系两方面考虑，共建式路径的网络主体包括生鲜连锁店与传统供应商，运行模式以线下为主，任一方都不具备较为先进的信息技术，并且生鲜连锁店线下物流、供应链建设较为完备，与传统供应商呈现强连接网络关系；引领式路径的网络主体包括生鲜电商和传统供应商，生鲜电商以线上运营为主，具备一定的供应链升级资源，但还不足以支撑整个供应链实现升级，同时由于生鲜电商对于线下物流供应链建设比较欠缺，与传统供应商呈现弱连接关系。另外，共建式和引领式两条路径企业内部的学习方式不同，选择共建式路径的生鲜连锁店自身不具备"互联网+"环境下生鲜供应链升级的相关资源，面临着企业较为坚固的核心能力刚性的限制，于是采取探索式组织学习方式，不断学习和融合外部自身不熟练、未接触过的新兴技术，达到新资源获取、能力更新的目的。选择引领式共建路径的生鲜电商本身具备一定数量的"互联网+"环境下生鲜供应链升级相关资源，核心能力对升级具有一定的辅助作用，于是采用引用式组织学习方式，对已较为熟练的技术进行深入的学习和升级，达到在原有基础上资源升级、能力进阶的目的。

2. "互联网+"环境下生鲜农产品供应链资源能力协同

供应链网络结构和组织学习方式的不同导致了供应链节点企业合作方式的不

同。从资源角度，共建式企业采取新资源获取方式，由于缺乏实现"互联网+"环境下供应链全渠道发展的线上资源，更倾向于与更多的产业链相关企业合作，共同探索，主动学习与获取尽可能多的新兴资源补齐资源短板，通过合作、投资和并购等手段实现新兴资源的获取和内化，促进后续适应新环境的核心能力的培养；引领式企业采取资源升级方式，由于已经具备部分"互联网+"环境下供应链升级资源，所以更倾向于采取在原有资源基础上升级的措施，以此对传统供应商形成倒逼，促使传统供应商为响应生鲜电商需求，提供符合标准的产品和服务进而升级供应商资源，为后续核心能力的进阶提供了可能。从动态核心能力角度，供应链核心能力的培养和进阶是保证生鲜农产品企业实现"互联网+"环境下供应链全渠道发展的能力基础，面对选择不同转型路径的企业，核心能力分为两种不同的情形，一是能力更新，共建式企业考虑全渠道销售时，从单纯的线下渠道运营进阶为全渠道并行管理，为支撑销售正常进行，需要联合传统供应商培育组织供应链信息化共建能力、供应链信息化管理运营能力和产业链资源整合能力，对应的传统供应商在与生鲜连锁店信息共建的同时，更新了智能化生产能力和产品信息化管理能力；二是能力进阶，引领式企业具备一定的供应链升级能力，生鲜电商需要在原有能力基础上升级供应链信息化赋能能力、供应链信息化管理运营能力和产业链资源整合能力，传统供应商需要升级标准化生产能力和产品品质升级能力，与生鲜电商形成能力匹配。可以发现升级后供应链具备的核心能力竞争力逐步增强，为企业后续渠道价值输出奠定了基础，同时生鲜电商在引导过程中实现自身能力进阶后倒逼传统供应商提高业务能力，保证供应商能力与零售商能力匹配。

3. "互联网+"环境下生鲜农产品供应链价值网络价值产出

价值网络价值产出是零售商和其供应商协同进行供应链全渠道发展的原生动力。采取共建式发展路径和引领式发展路径的生鲜零售商价值网络包括产业链价值和消费者价值两部分，两者之间产生交互，互相影响。消费者价值对应消费者在"互联网+"环境下产生的消费价值诉求，又分为产品价值和体验价值两部分。产业链价值方面，零售商通过与上游供应链节点企业的合作，各方持续输出价值交互，包括生鲜产品标准体系、人才培养体系、生鲜农产品供应体系、管理体系，为供应链成员带来整体价值的增加，实现 $1+1>2$ 的价值提升效果；还能依托信息化手段，为供应商制定营销策略，辅助供应商实现产品定制并改造流通模式，提升生鲜农产品品质，提高产品销量，从而实现整个产业链价值的增加。消费者价值方面，生鲜零售商联合上游生产者提升了产品的品质，对生鲜农产品种植进行数据化管理、制定产品生产高标准要求、精选品类、严格质检，为消费者提供了更高的产品价值；在消费者体验上，零售商与供应商合作，有了上游产品品质的保障，消费者在线下可以实现"望、闻、问、切"式的体验消费，线上也可实现及时达，产品品质一致，不同渠道体验一致，让消费者在不同渠道间实现无缝的转换，更加方便地获取产品和服务。

6.2.4 对策建议

通过对连锁生鲜企业百果园和生鲜电商每日优鲜的双案例研究，从路径发展驱动因素、零售商和供应商资源能力协同、价值网络价值产出的角度探讨了"互联网+"环境下生鲜零售商供应链全渠道发展过程，提出了"互联网+"环境下生鲜零售商供应链全渠道发展路径的理论框架，包括共建式供应链发展路径和引领式供应链发展路径。研究表明，驱动生鲜零售商选择不同发展路径的因素包括供应链网络结构、组织学习方式；资源能力协同包括资源获取、能力更新及在原基础上资源升级、能力进阶两种方式，分别对应共建式和引领式两种不同的供应链全渠道发展路径；价值网络价值产出包括零售商和供应商的产业链价值产出和消费者价值产出，两者形成了相互促进的良性互动。理论上，本节研究揭示了"互联网+"环境下生鲜零售商与供应商协同进行供应链全渠道发展的路径和机理，初步打开了"互联网+"环境下生鲜零售商实现供应链全渠道发展的黑箱，丰富了生鲜供应链转型理论；实践中，"互联网+"环境下生鲜零售商如何借助外部资源或自身优势改造上游供应链，均为企业面临的难题。对于很多迫切希望改造上游供应链的企业来说，本节提供了从前期驱动因素、资源能力协同和价值创造视角的发展路径，提出的供应链全渠道发展路径理论框架为企业进行供应链全渠道发展提供了借鉴和参考。

参 考 文 献

毕玉平. 2011. 山东生鲜农产品物流供应链模式研究[D]. 杨凌：西北农林科技大学.

曹磊，陈灿，郭勤贵，等. 2015. 互联网+：跨界与融合[M]. 北京：机械工业出版社.

曹晓宁，王永明，薛方红，等. 2021. 供应商保鲜努力的生鲜农产品双渠道供应链协调决策研究[J]. 中国管理科学，29（3）：109-118.

曹裕，李业梅，万光羽. 2018. 基于消费者效用的生鲜农产品供应链生鲜度激励机制研究[J]. 中国管理科学，26（2）：160-174.

陈金波，张俊，夏鹏萧，等. 2018. "农超对接"模式下农户心理契约、组织承诺与机会主义行为研究[J]. 农业经济问题，（12）：128-139.

陈一华，张振刚，黄璐. 2021. 制造企业数字赋能商业模式创新的机制与路径[J]. 管理学报，18（5）：731-740.

程艳红. 2014. 美国生鲜电子商务模式研究[J]. 世界农业，（8）：76-79.

但斌，刘墨林，邵兵家，等. 2017a. "互联网+"生鲜农产品供应链的产品服务融合商业模式[J]. 商业经济与管理，（9）：5-14.

但斌，吴胜男，王磊. 2021. 生鲜农产品供应链"互联网+"农消对接实现路径：基于信任共同体构建视角的多案例研究[J]. 南开管理评论，24（3）：81-93.

但斌，郑开维，刘墨林，等. 2016. 基于社群经济的"互联网+"生鲜农产品供应链C2B商业模式研究[J]. 商业经济与管理，（8）：16-23.

但斌，郑开维，邵兵家. 2017b. 基于消费众筹的"互联网+"生鲜农产品供应链预售模式研究[J]. 农村经济，（2）：83-88.

但斌，郑开维，吴胜男，等. 2018. "互联网+"生鲜农产品供应链C2B商业模式的实现路径：基于拼好货的案例研究[J]. 经济与管理研究，39（2）：65-78.

邓文浩，戴炳钦，简兆权. 2021. 基于价值适配的远程医疗平台智能化服务商业模式研究[J]. 管理学报，18（4）：512-520.

刁玉柱，白景坤. 2012. 商业模式创新的机理分析：一个系统思考框架[J]. 管理学报，9（1）：71-81.

丁景涛. 2013. 三年感悟：生鲜电商还得走O2O模式[J]. 成功营销，（10）：84-85.

丁静，张哲. 2015. 面向都市农业的城市居民消费需求分析与对策[J]. 农村经济，（11）：50-54.

丁宁. 2015. 流通创新提升农产品质量安全水平研究：以合肥市肉菜流通追溯体系和周谷堆农产品批发市场为例[J]. 农业经济问题，36（11）：16-24，110.

樊洪远. 2014. 我国R2C电子商务生鲜农产品冷链物流研究[J]. 安徽农业科学，42（22）：7653-7655.

樊西峰. 2013. 鲜活农产品流通电子商务模式构想[J]. 中国流通经济，27（4）：85-90.

范辰，张琼思，陈一鸣. 2022. 新零售渠道整合下生鲜供应链的定价与协调策略[J]. 中国管理科学, 30 (2): 118-126.

冯坤, 杨强, 常馨怡, 等. 2021. 基于在线评论和随机占优准则的生鲜电商顾客满意度测评[J]. 中国管理科学, 29 (2): 205-216.

冯颖, 李智慧, 张炎治. 2018. 零售商主导下 TPL 介入的生鲜农产品供应链契约效率评价[J]. 管理评论, 30 (3): 215-225.

冯颖, 刘真. 2017. TPL 参与的生鲜农产品供应链成本谎报行为分析[J]. 软科学, 31 (9): 133-137.

冯颖, 王远芳, 张炎治, 等. 2020. 随机产出下商务模式对生鲜农产品供应链运作的影响[J]. 系统工程理论与实践, 40 (10): 2631-2647.

冯颖, 吴茜, 张炎治, 等. 2019. VMCI 下基于剩余产品成本分摊的生鲜农产品供应链协调[J]. 系统管理学报, 28 (3): 579-586.

付豪, 赵翠萍, 程传兴. 2019. 区块链嵌入, 约束打破与农业产业链治理[J]. 农业经济问题, (12): 108-117.

甘小冰, 钱丽玲, 马利军, 等. 2013. 电子商务环境下两级生鲜供应链的协调与优化[J]. 系统管理学报, 22 (5): 655-664.

葛继红, 汪诗萍, 汤颖梅. 2018a. 网络销售提高生鲜零售商的经营效率了吗: 来自固城湖螃蟹的调查[J]. 农业经济问题, (11): 114-123.

葛继红, 王文昊, 汤颖梅. 2018b. 我国生鲜电商发展模式及其适用条件分析[J]. 贵州社会科学, (1): 133-138.

葛继红, 周曙东, 王文昊. 2016. 互联网时代农产品运销再造: 来自"褚橙"的例证[J]. 农业经济问题, 37 (10): 51-59, 111.

郭美荣, 李瑾, 冯献. 2017. 基于"互联网+"的城乡一体化发展模式探究[J]. 中国软科学, (9): 10-17.

郭娜, 刘东英. 2009. 农产品网上交易模式的比较分析[J]. 农业经济问题, (3): 75-80, 112.

郭燕, 吴价宝, 王崇, 等. 2018. 多渠道零售环境下消费者渠道选择意愿形成机理研究: 产品类别特征的调节作用[J]. 中国管理科学, 26 (9): 158-169.

韩振国, 刘启明, 李拾娣, 等. 2014. 社会资本与治理视角下"公司+农户"养殖模式契约稳定性分析[J]. 农村经济, (8): 41-46.

何德华, 韩晓宇, 李优柱. 2014. 生鲜农产品电子商务消费者购买意愿研究[J]. 西北农林科技大学学报 (社会科学版), 14 (4): 85-91.

侯玉梅, 马腾飞, 刘楠, 等. 2010. 以龙头企业为核心的河北省生鲜农产品供应链模式的构建[J]. 调研世界, (10): 22-24.

胡定寰. 2010. 谁最适合做"农超对接"[J]. 中国农民合作社, (10): 30-32.

胡定寰, Gale F, Reardon T. 2006. 试论"超市+农产品加工企业+农户"新模式[J]. 农业经济问题, (1): 36-39, 79.

胡俊波. 2011. 农产品电子商务发展模式研究: 一个模式构想[J]. 农村经济, (11): 111-113.

胡历芳, 叶中华, 刘家贵. 2019. 政策扶持提高了农产品流通绩效吗?——基于 1298 家购销商数据的随机前沿分析[J]. 管理评论, 31 (5): 267-276.

胡天石, 傅铁信. 2005. 中国农产品电子商务发展分析[J]. 农业经济问题, (5): 23-27.

胡新艳, 陈文晖, 罗必良. 2021. 资本下乡如何能够带动农户经营: 基于江西省绿能模式的分析[J]. 农业经济问题, (1): 69-81.

胡永铨，齐亚峰. 2016. 网络经济下传统商贸流通平台升级研究[J]. 浙江工商大学学报，(5)：78-86.

黄建辉，林强. 2019. 保证保险和产出不确定下订单农业供应链融资中的政府补贴机制[J]. 中国管理科学，27（3）：53-65.

黄祖辉，刘东英. 2006. 论生鲜农产品物流链的类型与形成机理[J]. 中国农村经济，(11)：4-8, 16.

黄祖辉，鲁柏祥，刘东英，等. 2005. 中国超市经营生鲜农产品和供应链管理的思考[J]. 商业经济与管理，(1)：9-13.

贾旭东，谭新辉. 2010. 经典扎根理论及其精神对中国管理研究的现实价值[J]. 管理学报，7(5)：656-665.

贾兆颖，王哲璇，张金乐，等. 2016. 美国、英国、日本生鲜电商行业发展模式对中国的启示[J]. 世界农业，(8)：39-42.

江积海，王若瑾. 2020. 新零售业态商业模式中的价值倍增动因及创造机理：永辉超级物种的案例研究[J]. 管理评论，32（8）：325-336.

江小玲，但斌，吴胜男，等. 2023. 生鲜电商如何突破物流"成本-时效-体验"困局：基于盒马鲜生的案例研究[J]. 管理工程学报，37（2）：222-239.

姜丽媛，吴小丁. 2016. 礼品生鲜的网络适应性探索研究[J]. 商业经济与管理，(5)：18-26.

金玉然，戢守峰，于江楠. 2018. 商业模式创新的研究热点及其演化可视化分析[J]. 科研管理，39（7）：50-58.

荆浩. 2014. 大数据时代商业模式创新研究[J]. 科技进步与对策，31（7）：15-19.

柯建峰. 2017. 基于互联网能力的传统制造企业战略转型研究[D]. 武汉：武汉理工大学.

孔剑平. 2015. 社群经济：移动互联网时代未来商业驱动力[M]. 北京：机械工业出版社，42-51.

寇光涛，卢凤君. 2016. "互联网+农业产业链"的实践总结与创新路径[J]. 农村经济，(8)：30-34.

冷志杰. 2006. 集成化大宗农产品供应链模型及其应用[M]. 北京：中国农业出版社.

李长云. 2012. 创新商业模式的机理与实现路径[J]. 中国软科学，(4)：167-176.

李崇光，胡华平. 2009. 论生鲜农产品垂直渠道关系整合[J]. 中国流通经济，23（6）：77-80.

李国英. 2015. "互联网+"背景下我国现代农业产业链及商业模式解构[J]. 农村经济，(9)：29-33.

李晗，陆迁. 2020. 产品质量认证能否提高农户技术效率：基于山东、河北典型蔬菜种植区的证据[J]. 中国农村经济，(5)：128-144.

李鸿磊，黄速建. 2017. 智能化时代的商业模式特征及创新路径[J]. 经济与管理研究，38（6）：113-123.

李季芳. 2007. 我国生鲜农产品供应链管理思考[J]. 中国流通经济，(1)：17-19.

李季芳，冷霄汉. 2016. 基于节点关系视角的我国农产品供应链研究[J]. 吉林大学社会科学学报，56（1）：45-53, 88.

李世杰，刘琼，高健. 2018. 关系嵌入、利益联盟与"公司+农户"的组织制度变迁：基于海源公司的案例分析[J]. 中国农村经济，(2)：33-48.

李维安，李勇建，石丹. 2016. 供应链治理理论研究：概念、内涵与规范性分析框架[J]. 南开管理评论，19（1）：4-15, 42.

李宪宁，安玉发. 2013. 基于协议流通的中国生鲜农产品供应链管理策略：物美集团、中商集团、新疆果业集团的案例研究[J]. 现代管理科学，(3)：62-65.

李晓. 2018. 基于大数据的生鲜农产品电商配送优化研究[J]. 农村经济，(6)：106-109.

李兴旺，武斯琴. 2015. 中国企业商业模式创新特征：基于内容分析法的研究[J]. 经济与管理研究, 36 (11): 123-130.

李研，金慧贞，李东进. 2018. 社交网络情境下消费者口碑生成的影响因素模型：基于真实口碑文本的扎根研究[J]. 南开管理评论, 21 (6): 83-94.

李玉霞，庄贵军，卢亭宇. 2021. 传统零售企业从单渠道转型为全渠道的路径和机理：基于永辉超市的纵向案例研究[J]. 北京工商大学学报（社会科学版）, 36 (1): 27-36.

厉无畏，王慧敏. 2009. 创意农业的发展理念与模式研究[J]. 农业经济问题, (2): 11-15.

梁学成. 2016. 服务价值链视角下的服务业多元化发展路径探究[J]. 中国软科学, (6): 171-179.

林炳坤，吕庆华，杨敏. 2016. 多渠道零售商线上线下协同营销策略研究[J]. 软科学, 30 (12): 135-139.

林家宝，万俊毅，鲁耀斌. 2015. 生鲜农产品电子商务消费者信任影响因素分析：以水果为例[J]. 商业经济与管理, (5): 5-15.

林略，杨书萍，但斌. 2011. 时间约束下鲜活农产品三级供应链协调[J]. 中国管理科学, 19 (3): 55-62.

林强，叶飞. 2014. "公司＋农户"型订单农业供应链的 Nash 协商模型[J]. 系统工程理论与实践, 34 (7): 1769-1778.

刘刚. 2013. 基于农民专业合作社的鲜活农产品流通模式创新研究[J]. 商业经济与管理, (8): 5-10.

刘刚. 2019. 服务主导逻辑下的农产品电商供应链模式创新研究[J]. 商业经济与管理, (2): 5-11.

刘建刚，马德清，陈昌杰，等. 2016. 基于扎根理论的"互联网＋"商业模式创新路径研究：以滴滴出行为例[J]. 软科学, 30 (7): 30-34.

刘建刚，钱玺娇. 2016. "互联网＋"战略下企业技术创新与商业模式创新协同发展路径研究：以小米科技有限责任公司为案例[J]. 科技进步与对策, 33 (1): 88-94.

刘墨林，但斌，马崧萱. 2020. 考虑保鲜努力与增值服务的生鲜电商供应链最优决策与协调[J]. 中国管理科学, 28 (8): 76-88.

刘天军，胡华平，朱玉春，等. 2013. 我国农产品现代流通体系机制创新研究[J]. 农业经济问题, 34 (8): 20-25, 110.

刘晓鸥，邸元. 2013. 订单农业对农户农业生产的影响：基于三省（区）1041 个农户调查数据的分析[J]. 中国农村经济, (4): 48-59.

刘振滨，刘东英. 2015. 共享资源视域下的农产品供应链整合研究[J]. 农村经济, (1): 44-48.

刘助忠，龚荷英. 2015. "互联网＋"概念下的"O2O"型农产品供应链流程集成优化[J]. 求索, (6): 90-94.

柳俊，王求真，陈珲. 2011. 基于内容分析法的电子商务模式分类研究[J]. 管理工程学报, 25 (3): 200-205.

鲁钊阳. 2021. 网络直播与生鲜农产品电商发展：驱动机理与实证检验[J]. 中国软科学, (3): 18-30.

罗必良. 2016. 农地确权、交易含义与农业经营方式转型：科斯定理拓展与案例研究[J]. 中国农村经济, (11): 2-16.

罗必良，胡新艳. 2016. 农业经营方式转型：已有试验及努力方向[J]. 农村经济, (1): 3-13.

罗珉，李亮宇. 2015. 互联网时代的商业模式创新：价值创造视角[J]. 中国工业经济, (1): 95-107.

骆毅. 2012. 我国发展农产品电子商务的若干思考：基于一组多案例的研究[J]. 中国流通经济，26（9）：110-116.

马九杰，徐雪高. 2008. 市场结构与订单农业的履约分析[J]. 农业经济问题，29（3）：35-41.

马士华，林勇. 2006. 供应链管理（第二版）[M]. 北京：高等教育出版社.

毛基业，陈诚. 2017. 案例研究的理论构建：艾森哈特的新洞见：第十届"中国企业管理案例与质性研究论坛（2016）"会议综述[J]. 管理世界，（2）：135-141.

毛基业，张霞. 2008. 案例研究方法的规范性及现状评估：中国企业管理案例论坛（2007）综述[J]. 管理世界，（4）：115-121.

慕艳芬，聂佳佳. 2018. 产品耐用度对制造商渠道选择的影响分析[J]. 软科学，32（8）：125-128，133.

农业部农村经济体制与经营管理司课题组，张红宇. 2016. 农业供给侧结构性改革背景下的新农人发展调查[J]. 中国农村经济，（4）：2-11.

欧伟强，沈庆琼. 2014. 我国生鲜电商O2O模式发展探析[J]. 宁德师范学院学报（哲学社会科学版），（3）：42-45.

欧阳桃花，武光. 2013. 基于朗坤与联创案例的中国农业物联网企业商业模式研究[J]. 管理学报，10（3）：336-346.

庞燕. 2016. 农产品供应链企业与农户共生关系的优化：以油茶为实证[J]. 求索，（6）：100-103.

秦开大，李腾. 2016. 多不确定条件下的订单农业供应链研究[J]. 经济问题，（2）：111-116.

秦开大，赵帅，秦翠平. 2016. "互联网+现代农业"趋势下主导产业选择模型及路径分析[J]. 科技进步与对策，33（12）：67-72.

邱晔，黄群慧. 2016. 休闲农业中的美感资源与美感体验分析：基于美学经济的视角[J]. 中国农村观察，（2）：2-13，94.

仇莉，王旭. 2014. 农产品云管理模式的构建研究[J]. 科技管理研究，34（1）：178-182.

任杰，赵冬梅. 2014. 网络零售环境下生鲜水果参考价格影响因素[J]. 经济与管理研究，（12）：119-124.

阮俊虎，刘天军，冯晓春，等. 2020. 数字农业运营管理：关键问题、理论方法与示范工程[J]. 管理世界，36（8）：222-233.

阮荣平，周佩，郑风田. 2017. "互联网+"背景下的新型农业经营主体信息化发展状况及对策建议：基于全国1394个新型农业经营主体调查数据[J]. 管理世界，（7）：50-64.

邵腾伟，吕秀梅. 2016. 生鲜农产品电商分布式业务流程再造[J]. 系统工程理论与实践，36（7）：1753-1759.

邵腾伟，吕秀梅. 2018a. 生鲜电商众筹预售与众包生产联合决策[J]. 系统工程理论与实践，38（6）：1502-1511.

邵腾伟，吕秀梅. 2018b. 基于消费者主权的生鲜电商消费体验设置[J]. 中国管理科学，26（8）：118-126.

史亚雅，杨德明. 2021. 数字经济时代商业模式创新与盈余管埋[J]. 科研管理，42（4）：170-179.

苏敬勤，张琳琳. 2015. 情境视角下的中国管理研究：路径与分析框架[J]. 科学学研究，33（6）：824-832，858.

苏毅清，游玉婷，王志刚. 2016. 农村一二三产业融合发展：理论探讨、现状分析与对策建议[J]. 中国软科学，（8）：17-28.

苏毅清，周永刚，王志刚. 2015. 中国在工业化进程中应该如何进行农业调整：来自韩国的经验启示[J]. 经济与管理研究，36（12）：32-38.

孙百鸣，王春平. 2009. 黑龙江省农产品电子商务模式选择[J]. 商业研究，(8)：175-176.

孙炜，万筱宁，孙林岩. 2004. 电子商务环境下我国农产品供应链体系的结构优化[J]. 工业工程与管理，9（5）：33-37.

孙学文，包金龙. 2013. 苏州现代农业发展的对策研究：基于信息化及电子商务视角[J]. 华东经济管理，(11)：26-29.

孙玉玲，石岿然，张琳. 2013. 库存能力约束下损失规避型零售商的鲜活农产品订货决策[J]. 系统工程理论与实践，33（12）：3020-3027.

谭砚文，李丛希，陈志钢. 2020. 新冠肺炎疫情对中国与东盟区域农产品供应链的影响及对策[J]. 农业经济问题，(10)：113-121.

唐润，李倩倩，彭洋洋. 2018. 考虑质量损失的生鲜农产品双渠道市场出清策略研究[J]. 系统工程理论与实践，38（10）：2542-2555.

唐润，彭洋洋. 2017. 考虑时间和温度因素的生鲜食品双渠道供应链协调[J]. 中国管理科学，25（10）：62-71.

唐振宇，罗新星，陈晓红. 2019. 两类信息不对称条件下基于期权的生鲜农产品供应链协调研究[J]. 预测，38（3）：76-83.

田刚，冯缨. 2018. 垂直型生鲜电商经营有效率吗？——基于考虑环境因素的三阶段DEA模型的实证[J]. 商业经济与管理，(6)：27-33.

田刚，吴英琳，李治文. 2019. 线上线下企业共生演化与生鲜电商发展：易果生鲜生态系统的案例[J]. 西北农林科技大学学报（社会科学版），19（4）：105-112.

田刚，张义，张蒙，等. 2018. 生鲜农产品电子商务模式创新对企业绩效的影响：兼论环境动态性与线上线下融合性的联合调节效应[J]. 农业技术经济，(8)：135-144.

涂洪波，胥草森，赵晓飞. 2021. O2O生鲜电商平台消费者重购意愿影响机制[J]. 中国流通经济，35（4）：38-47.

万宝瑞. 2015. 我国农村又将面临一次重大变革："互联网+三农"调研与思考[J]. 农业经济问题，36（8）：4-7.

万宝瑞. 2017. 新形势下我国农业发展战略思考[J]. 农业经济问题，38（1）：4-8.

万俊毅. 2008. 准纵向一体化、关系治理与合约履行：以农业产业化经营的温氏模式为例[J]. 管理世界，(12)：93-102，187-188.

万俊毅，欧晓明. 2011. 社会嵌入、差序治理与合约稳定：基于东进模式的案例研究[J]. 中国农村经济，(7)：14-24.

汪旭晖，张其林. 2013. 多渠道零售商线上线下营销协同研究：以苏宁为例[J]. 商业经济与管理，(9)：37-47.

汪旭晖，张其林. 2014. 基于线上线下融合的农产品流通模式研究：农产品O2O框架及趋势[J]. 北京工商大学学报（社会科学版），29（3）：18-25.

汪旭晖，张其林. 2016. 电子商务破解生鲜农产品流通困局的内在机理：基于天猫生鲜与沱沱工社的双案例比较研究[J]. 中国软科学，(2)：39-55.

王柏谊，杨帆. 2016. "互联网+"重构农业供应链的新模式及对策[J]. 经济纵横，(5)：75-78.

王冲，陈旭. 2012. 农产品价格上涨的原因与流通改革的思路探讨[J]. 中国软科学，(4)：11-17.

王福, 庞蕊, 高化, 等. 2021. 场景如何重构新零售商业模式适配性?——伊利集团案例研究[J]. 南开管理评论, 24 (4): 39-52.

王吉发, 侯强. 2012. 企业转型的系统化理论[M]. 沈阳: 辽宁人民出版社, 12-29.

王珂, 李震, 周建. 2014. 电子商务参与下的农产品供应链渠道分析: 以"菜管家"为例[J]. 华东经济管理, 28 (12): 157-161.

王磊, 但斌. 2015. 考虑消费者效用的生鲜农产品供应链保鲜激励机制研究[J]. 管理工程学报, 29 (1): 200-206.

王磊, 但斌, 王钊. 2017. "互联网+"环境下生鲜超市创新销售模式研究[J]. 农业经济问题, 38 (9): 100-109, 112.

王磊, 但斌, 王钊. 2018. 基于功能拓展的生鲜农产品供应商"互联网+"转型策略[J]. 商业经济与管理, (12): 5-17.

王茜. 2011. IT驱动的商业模式创新机理与路径研究[J]. 管理学报, 8 (1): 126-132, 150.

王琴. 2011. 基于价值网络重构的企业商业模式创新[J]. 中国工业经济, 25 (1): 79-88.

王生金. 2013. 顾客增加值嵌入的B2C商业模式创新研究[J]. 经济经纬, (1): 88-93.

王胜, 丁忠兵. 2015. 农产品电商生态系统: 一个理论分析框架[J]. 中国农村观察, (4): 39-48, 70, 96.

王晓红. 2009. 农产品超市零售发展研究[D]. 济南: 山东农业大学.

王晓然, 徐天悦. 2018-08-15. 传统超市自有电商AB面[EB/OL]. http://industry.people.com.cn/n1/2018/0815/c413883-30228970.html.

王艳玮, 王拖拖, 常莹莹. 2013. 生鲜农产品网上超市物流配送模式选择研究[J]. 经济与管理, 27 (4): 69-74.

王永明, 秦翠平. 2017. 气候风险下考虑政府补贴的订单农业契约设计[J]. 软科学, 31(7): 60-65.

王正沛, 李国鑫. 2019. 消费体验视角下新零售演化发展逻辑研究[J]. 管理学报, 16(3): 333-342.

魏国辰. 2015. 电商企业生鲜产品物流模式创新[J]. 中国流通经济, 29 (1): 43-50.

魏来, 陈宏. 2007. 绿色农产品电子商务平台对于供应链垂直协作体系的影响研究[J]. 软科学, 21 (5): 68-71.

文风, 成龙, 冯华. 2016. 供应链整合跨度与强度二维互动演进机理研究[J]. 重庆大学学报(社会科学版), 22 (4): 81-87.

吴晓波, 赵子溢. 2017. 商业模式创新的前因问题: 研究综述与展望[J]. 外国经济与管理, 39(1): 114-127.

吴小节, 谭晓霞, 陈小梅, 等. 2020. 中国企业转型升级研究的知识结构与未来展望[J]. 研究与发展管理, 32 (2): 167-178.

吴瑶, 肖静华, 谢康, 等. 2017. 从价值提供到价值共创的营销转型: 企业与消费者协同演化视角的双案例研究[J]. 管理世界, (4): 138-157.

吴忠和, 陈宏, 赵千. 2014. 时间约束下鲜活农产品供应链应急协调数量折扣契约研究[J]. 运筹与管理, (3): 146-156.

项国鹏, 杨卓, 罗兴武. 2014. 价值创造视角下的商业模式研究回顾与理论框架构建: 基于扎根思想的编码与提炼[J]. 外国经济与管理, 36 (6): 32-41.

谢安世. 2017. 我国休闲农业发展演进及"互联网+"转型研究[J]. 经济纵横, (6): 102-107.

邢小强, 仝允桓, 陈晓鹏. 2011. 金字塔底层市场的商业模式: 一个多案例研究[J]. 管理世界, (10):

108-124,118.

熊峰,方剑宇,袁俊,等.2019.盟员行为偏好下生鲜农产品供应链生鲜努力激励机制与协调研究[J].中国管理科学,27(4):115-126.

徐立成,周立.2016."农消对接"模式的兴起与食品安全信任共同体的重建[J].南京农业大学学报(社会科学版),16(1):59-70,164.

徐玲玲,赵京,李清光,等.2017.食品可追溯体系建设的标准问题研究[J].重庆大学学报(社会科学版),23(4):56-63.

徐娜娜,徐雨森.2015.基于纵向案例扎根分析的后发企业逆向创新实现路径研究[J].管理学报,12(11):1579-1587.

徐生菊,徐升华,张浩.2013.农产品供应链知识共享的动因分析:以耐储果蔬供应链为例[J].科技管理研究,33(6):159-162.

徐志刚,朱哲毅,邓衡山,等.2017.产品溢价、产业风险与合作社统一销售:基于大小户的合作博弈分析[J].中国农村观察,(5):102-115.

阎建明,周顺薇.2012.价格高位运行背景下蔬菜行业营销渠道整合研究[J].农业经济,(7):114-115.

杨浩雄,孙祎琪,马家骥.2019."农超对接"过程中的订单违约问题研究[J].科研管理,40(6):225-233.

杨慧琴,孙磊,赵西超.2018.基于区块链技术的互信共赢型供应链信息平台构建[J].科技进步与对策,35(5):21-31.

杨向阳,胡迪,张为付,等.2017.农户蔬菜销售方式选择及优化策略[J].农业经济问题,38(1):91-99,112.

杨亚,范体军,张磊.2016.新鲜度信息不对称下生鲜农产品供应链协调[J].中国管理科学,24(9):147-155.

杨亚,范体军,张磊.2018.生鲜农产品供应链RFID技术投资决策及协调[J].系统工程学报,33(6):823-833,864.

姚伟峰,鲁桐.2011.基于资源整合的企业商业模式创新路径研究:以怡亚通供应链股份有限公司为例[J].研究与发展管理,23(3):97-101.

姚源果,贺盛瑜.2019.基于交通大数据的农产品冷链物流配送路径优化研究[J].管理评论,31(4):240-253.

叶敬忠,丁宝寅,王雯.2012.独辟蹊径:自发型巢状市场与农村发展[J].中国农村经济,(10):4-12.

叶俊,顾波军,付雨芳.2023.不同贸易模式下生鲜农产品供应链冷链物流服务与定价决策[J].中国管理科学,31(2):95-107.

易法敏.2006.电子商务平台与农产品供应链的网络集成[J].财贸研究,(6):13-18.

易海燕,张峰.2014.基于冷链物流的生鲜电商发展模式研究[J].中国市场,(31):26-27.

于亢亢.2020.农产品供应链信息整合与质量认证的关系:纵向一体化的中介作用和环境不确定性的调节作用[J].南开管理评论,23(1):87-97.

余云龙,冯颖.2020.不同冷链服务模式下生鲜农产品供应链决策[J].中国管理科学,29(9):135-143.

苑鹏.2013."公司+合作社+农户"下的四种农业产业化经营模式探析:从农户福利改善的视

角[J]. 中国农村经济, (4): 71-78.

岳柳青, 刘咏梅, 陈倩. 2017. C2C 模式下消费者对农产品质量信号信任及影响因素研究: 基于有序 Logistic 模型的实证分析[J]. 南京农业大学学报（社会科学版）, 17 (2): 113-122.

曾维维. 2013. 农业与现代服务业的融合发展模式: 以生鲜农产品为例[J]. 科技管理研究, 33 (30): 107-110.

曾亿武, 郭红东. 2016. 农产品淘宝村形成机理: 一个多案例研究[J]. 农业经济问题, 37 (4): 39-48, 111.

张浩, 冯惠霞, 唐孟娇. 2021. 基于突变级数-灰靶的生鲜电商 O2O 成熟度模型[J]. 运筹与管理, 30 (4): 206-211.

张建军, 赵启兰. 2018. 新零售驱动下流通供应链商业模式转型升级研究[J]. 商业经济与管理, (11): 5-15.

张均涛, 李春成, 李崇光. 2008. 消费经历对顾客满意感影响程度研究: 基于武汉市生鲜农产品的实证研究[J]. 管理评论, 20 (7): 21-27, 63-64.

张旭梅, 邓振华, 陈旭, 等. 2019a. "互联网+"生鲜电商跨界合作商业模式创新: 基于易果生鲜和海尔合作的案例研究[J]. 重庆大学学报（社会科学版）, 25 (6): 50-60.

张旭梅, 李家俊, 陈旭, 等. 2021. "互联网+"环境下生鲜电商动态营销能力形成机理研究: 以本来生活为例[J]. 重庆大学学报（社会科学版）, 27 (4): 245-258.

张旭梅, 梁晓云, 陈旭, 等. 2019b. 生鲜电商 O2O 商业模式实现路径[J]. 西北农林科技大学学报（社会科学版）, 19 (2): 99-108, 115.

张旭梅, 梁晓云, 但斌. 2018. 考虑消费者便利性的"互联网+"生鲜农产品供应链 O2O 商业模式[J]. 当代经济管理, 40 (1): 21-27.

张旭梅, 吴雨禾, 吴胜男. 2022. 基于优势资源的生鲜零售商供应链"互联网+"升级路径研究: 百果园和每日优鲜的双案例分析[J]. 重庆大学学报（社会科学版）, 28 (4): 106-119.

张旭梅, 吴雨禾, 吴胜男, 等. 2020. 互联网环境下生鲜实体店全渠道转型路径及机理研究: 百果园 2008-2018 年纵向案例研究[J]. 软科学, 34 (3): 129-136.

张炎治, 王同心, 冯颖. 2018. 考虑弹性产出时间的生鲜农产品产运销供应链协调[J]. 系统工程, 36 (12): 58-66.

张漪, 胡祥培, 李永刚. 2021. 考虑消费者退单行为的生鲜电商分级退款决策[J]. 系统工程理论与实践, 41 (2): 273-285.

张应语, 张梦佳, 王强, 等. 2015. 基于感知收益-感知风险框架的 O2O 模式下生鲜农产品购买意愿研究[J]. 中国软科学, (6): 128-138.

张正, 孟庆春. 2017. 供给侧改革下农产品供应链模式创新研究[J]. 山东大学学报（哲学社会科学版）, (3): 101-106.

赵晶. 2010. 企业社会资本与面向低收入群体的资源开发型商业模式创新[J]. 中国软科学, (4): 116-123, 163.

赵黎明, 孙健慧. 2014. 基于产品视角的消费电子企业商业模式创新实现路径研究[J]. 中国科技论坛, (11): 103-108.

赵苹, 骆毅. 2011. 发展农产品电子商务的案例分析与启示: 以"菜管家"和 Freshdirect 为例[J]. 商业经济与管理, (7): 19-23.

赵帅, 李文立, 曹晓宁, 等. 2021. 预售模式下的生鲜农产品双渠道供应链协调机制[J]. 管理工程学报, 35（4）：162-177.

赵晓飞. 2012. 我国现代农产品供应链体系构建研究[J]. 农业经济问题, 33（1）：15-22.

赵晓飞, 李崇光. 2012. 农产品流通渠道变革：演进规律、动力机制与发展趋势[J]. 管理世界,（3）：81-95.

赵振. 2015. "互联网+"跨界经营：创造性破坏视角[J]. 中国工业经济,（10）：146-160.

赵志田, 何永达, 杨坚争. 2014. 农产品电子商务物流理论构建及实证分析[J]. 商业经济与管理,（7）：14-21.

甄珍, 王凤彬. 2020. 全球价值链嵌入企业转型升级研究述评[J]. 管理评论, 32（8）：254-268, 294.

郑红岗, 郑勇军. 2016. 网络经济背景下浙江省专业市场转型升级研究[J]. 浙江工商大学学报,（3）：65-71.

郑琪, 范体军. 2018. 考虑风险偏好的生鲜农产品供应链激励契约设计[J]. 管理工程学报, 32（2）：171-178.

郑琪, 范体军, 张磊. 2019. "农超对接"模式下生鲜农产品收益共享契约[J]. 系统管理学报, 28（4）：742-751.

周飞跃, 勾竞懿, 梅灵. 2018. 国内外社区支持农业（CSA）体系的比较分析[J]. 农业经济问题,（7）：78-87.

周继祥, 王勇, 邱晗光. 2020. 部分信息下生鲜农产品采购外包问题研究[J]. 中国管理科学, 28（7）：122-131.

周洁红, 金宇, 王煜, 等. 2020. 质量信息公示、信号传递与农产品认证：基于肉类与蔬菜产业的比较分析[J]. 农业经济问题,（9）：76-87.

周礼南, 周根贵, 綦方中, 等. 2019. 考虑消费者有机产品偏好的生鲜农产品供应链均衡研究[J]. 系统工程理论与实践, 39（2）：360-371.

周凌月. 2020. 基于服务化的装备制造企业价值链整合模式研究[D]. 哈尔滨：哈尔滨理工大学.

周绍东. 2016. "互联网+"推动的农业生产方式变革：基于马克思主义政治经济学视角的探究[J]. 中国农村观察,（6）：75-85, 97.

周应恒, 胡凌啸, 严斌剑. 2015. 农业经营主体和经营规模演化的国际经验分析[J]. 中国农村经济,（9）：80-95.

朱晓莉, 王全忠, 周宏. 2016. "互联网+"嵌入、专业化服务与农户响应：来自湖南益阳"田田圈"农业服务中心的经验证据[J]. 南京农业大学学报（社会科学版）, 16（5）：127-136, 157-158.

Ahumada O, Villalobos J R. 2009. Application of planning models in the agri-food supply chain: a review[J]. European Journal of Operational Research, 196（1）：1-20.

Ahumada O, Villalobos J R. 2011. Operational model for planning the harvest and distribution of perishable agricultural products[J]. International Journal of Production Economics, 133（2）：677-687.

Avery J, Steenburgh T J, Deighton J, et al. 2012. Adding bricks to clicks: predicting the patterns of cross-channel elasticities over time[J]. Journal of Marketing, 76（3）：96-111.

Bao L W, Huang Y C, Ma Z J, et al. 2012. On the supply chain management supported by e-commerce service platform for agreement based circulation of fruits and vegetables[J]. Physics Procedia, 33：1957-1963.

参 考 文 献

Baourakis G, Kourgiantakis M, Migdalas A. 2002. The impact of e-commerce on agro-food marketing: the case of agricultural cooperatives, firms and consumers in Crete[J]. British Food Journal, 104 (8): 580-590.

Beck N, Rygl D. 2015. Categorization of multiple channel retailing in Multi-, Cross-, and Omni-Channel retailing for retailers and retailing[J]. Journal of Retailing and Consumer Services, 27: 170-178.

Bellemare M F. 2012. As you sow, so shall you reap the welfare impacts of contract farming[J]. World Development, 40 (7): 1418-1434.

Blackburn J, Scudder G. 2009. Supply chain strategies for perishable products: the case of fresh produce[J]. Production and Operations Management, 18 (2): 129-137.

Cai X, Chen J, Xiao Y, et al. 2013. Fresh-product supply chain management with logistics outsourcing[J]. Omega-The International Journal of Management Science, 41 (4): 752-765.

Canavari M, Fritz M, Hofstede G J, et al. 2010. The role of trust in the transition from traditional to electronic B2B relationships in agri-food chains[J]. Computers and Electronics in Agriculture, 70 (2): 321-327.

Cao L, Li L. 2015. The impact of cross-channel integration on retailers' sales growth[J]. Journal of Retailing, 91 (2): 198-216.

Carpio C E, Isengildina-Massa O, Lamie R D, et al. 2013. Does E-Commerce help agricultural markets? The case of marketmaker[J]. Choices the Magazine of Food, 28 (4): 1-7.

Cassab H, MacLachlan D L. 2006. Interaction fluency: a customer performance measure of multichannel service[J]. International Journal of Productivity and Performance Management, 55 (7): 555-568.

Chamhuri N, Batt P J. 2013. Segmentation of Malaysian shoppers by store choice behaviour in their purchase of fresh meat and fresh produce[J]. Journal of Retailing and Consumer Services, 20 (6): 516-528.

Chesbrough H. 2007. Business model innovation: it's not just about technology anymore[J]. Strategy & Leadership, 35 (6): 12-17.

Chesbrough H, Rosenbloom R S. 2002. The role of the business model in capturing value from innovation: evidence from Xerox Corporation's technology spin-off companies[J]. Industrial and Corporate Change, 11 (3): 529-555.

Chiu H C, Hsieh Y C, Roan J, et al. 2011. The challenge for multichannel services: cross-channel free-riding behavior[J]. Electronic Commerce Research and Applications, 10 (2): 268-277.

Choo H, Petrick J F. 2014. Social interactions and intentions to revisit for agritourism service encounters[J]. Tourism Management, 40: 372-381.

Corbin J, Strauss A. 2008. Basics of Qualitative Research: Techniques and Procedures for Developing Grounded Theory[M]. California: SAGE Publications, Inc.

Dinner I M, van Heerde H J, Neslin S A. 2014. Driving online and offline sales: the cross-channel effects of traditional, online display, and paid search advertising[J]. Journal of Marketing Research, 51 (5): 527-545.

Doz Y L, Kosonen M. 2010. Embedding strategic agility: a leadership agenda for accelerating business model renewal[J]. Long Range Planning, 43 (2-3): 370-382.

Dye C Y, Hsieh T P. 2012. An optimal replenishment policy for deteriorating items with effective investment in preservation technology[J]. European Journal of Operational Research, 218 (1): 106-112.

Eisenhardt K M, Graebner M E. 2007. Theory building from cases: opportunities and challenges[J]. Academy of Management Journal, 50 (1): 25-32.

Esenhardt K M. 1989. Building theories from case study research[J]. Academy of Management Review, 14 (4): 532-550.

Gersick C J G. 1994. Pacing strategic change: the case of a new venture[J]. Academy of Management Journal, 37 (1): 9-45.

Glaser B G, Strauss A L. 1999. Discovery of Grounded Theory: Strategies for Qualitative Research [M]. New York: Routledge.

Gordijn J, Akkermans H, van Vliet J. 2001. Designing and evaluating e-business models[J]. IEEE Intelligent Systems, 16 (4): 11-17.

Grönroos C. 2012. Conceptualising value co-creation: a journey to the 1970s and back to the future[J]. Journal of Marketing Management, 28 (13/14): 1520-1534.

Guirkinger C, Platteau J P. 2015. Transformation of the family farm under rising land pressure: a theoretical essay[J]. Journal of Comparative Economics, 43 (1): 112-137.

He B, Gan X H, Yuan K F. 2019. Entry of online presale of fresh produce: a competitive analysis[J]. European Journal of Operational Research, 272 (1): 339-351.

Heath H, Cowley S. 2004. Developing a grounded theory approach: a comparison of Glaser and Strauss[J]. International Journal of Nursing Studies, 41 (2): 141-150.

Herhausen D, Binder J, Schoegel M, et al. 2015. Integrating bricks with clicks: retailer-level and channel-level outcomes of online-offline channel integration[J]. Journal of Retailing, 91 (2): 309-325.

Johnson M W, Christensen C C, Kagermann H. 2008. Reinventing your business model[J]. Harvard Business Review, 86 (12): 52-60.

Knowd I. 2006. Tourism as a mechanism for farm survival[J]. Journal of Sustainable Tourism, 14(1): 24-42.

Kwon W S, Lennon S J. 2009. Reciprocal effects between multichannel retailers' offline and online brand images[J]. Journal of Retailing, 85 (3): 376-390.

Lai Y Y, Zhan S B. 2014. Study on B2C transactions of agricultural products in China[R]. Tianjin: 363-365.

Lin S J, Chen J Y. 2015. Integration research on online and offline agricultural products[R]. Xi'an: 813-816.

Liu M, Dan B, Zhang S G, et al. 2021. Information sharing in an e-tailing supply chain for fresh produce with freshness-keeping effort and value-added service[J]. European Journal of Operational Research, 290 (2): 572-584.

Liu Y, Dang Z J, Yao J. 2019. Data driven "Internet+" open supply chain system for fresh agricultural products[R]. Wuhan: 69-73.

Lusch R F, Vargo S L. 2014. Service-Dominant Logic: Premises, Perspectives, Possibilities[M].

Cambridge: Cambridge University Press.

Magretta J. 2002. Why business models matter[J]. Harvard Business Review, 80 (5): 86-92, 133.

Marcos-Cuevas J, Nätti S, Palo T, et al. 2016. Value co-creation practices and capabilities: sustained purposeful engagement across B2B systems[J]. Industrial Marketing Management, 56: 97-107.

Michelson H, Boucher S, Cheng X Z, et al. 2018. Connecting supermarkets and farms: the role of intermediaries in Walmart China's fresh produce supply chains[J]. Renewable Agriculture and Food Systems, 33 (1): 47-59.

Mueller R A E. 2001. E-commerce and entrepreneurship in agricultural markets[J]. American Journal of Agricultural Economics, 83 (5): 1243-1249.

Osterwalder A, Pigneur Y, Tucci C L. 2005. Clarifying business models: origins, present, and future of the concept[J]. Communications of the association for Information Systems, 16 (1): 1-25.

Osterwalder A, Pigneur Y. 2010. Business Model Generation: A Handbook for Visionaries, Game Changers, and Challengers[M]. New York: Wiley Publications.

Parker C, Ramdas K, Savva N. 2016. Is IT enough? Evidence from a natural experiment in India's agriculture markets[J]. Management Science, 62 (9): 2481-2503.

Pattnaik M, Suvadarshini A, Jena S, et al. 2015. Sustainable supply chain management in reliance fresh: a case analysis on green vegetables and fruits[R]. Dubai.

Pauwels K, Neslin S A. 2015. Building with bricks and mortar: the revenue impact of opening physical stores in a multichannel environment[J]. Journal of Retailing, 91 (2): 182-197.

Ranjan K R, Read S. 2016. Value co-creation: concept and measurement[J]. Journal of the Academy of Marketing Science, 44 (3): 290-315.

Rigby D. 2011. The future of shopping[J]. Harvard Business Review, (2): 89.

Rogerson M, Parry G C. 2020. Blockchain: case studies in food supply chain visibility[J]. Supply Chain Management: An International Journal, 25 (5): 601-614.

Rungi A, del Prete D. 2018. The smile curve at the firm level: where value is added along supply chains[J]. Economics Letters, 164 (1): 38-42.

Sellitto M A, Vial L A M, Viegas C V. 2018. Critical success factors in short food supply chains: case studies with milk and dairy producers from Italy and Brazil[J]. Journal of Cleaner Production, 170: 1361-1368.

Spieth P, Schneider S. 2016. Business model innovativeness: designing a formative measure for business model innovation[J]. Journal of Business Economics, 86 (6): 671-696.

Srivastava H S, Wood L C. 2015. Encyclopedia of Information Science and Technology (3rd ed.)[M]. Pennsylvania, IGI Global: 1059-1069.

Strzębicki D. 2015. The development of electronic commerce in agribusiness-the polish example[J]. Procedia Economics and Finance, 23: 1314-1320.

Tanaka K, Inoue T, Matsuhashi R, et al. 2018. Global value chain assessment based on retrospectively induced economic costs associated with technology application: a case study of photovoltaic power system in Japan[J]. Journal of Cleaner Production, 181: 460-472.

Taylor D H, Fearne A. 2009. Demand management in fresh food value chains: a framework for analysis and improvement[J]. Supply Chain Management: An International Journal, 14 (5):

379-392.

Teece D J. 2010. Business models, business strategy and innovation[J]. Long Range Planning, 43 (2/3): 172-194.

Trebbin A. 2014. Linking small farmers to modern retail through producer organizations–experiences with producer companies in India[J]. Food Policy, 45: 35-44.

Vargo S L, Lusch R F. 2016. Institutions and axioms: an extension and update of service-dominant logic[J]. Journal of the Academy of Marketing Science, 44 (1): 5-23.

Velu C. 2015. Business model innovation and third-party alliance on the survival of new firms[J]. Technovation, 35: 1-11.

Verdouw C N, Vucic N, Sundmaeker H, et al. 2014. Future Internet as a driver for virtualization, connectivity and intelligence of agri-food supply chain networks[J]. International Journal on Food System Dynamics, 4 (4): 261-272.

Williams J. 2001. E-commerce and the lessons from nineteenth century exchanges[J]. American Journal of Agricultural Economics, 83 (5): 1250-1257.

Wolz A, Duong P B. 2010. The transformation of agricultural producer cooperatives: the case of Vietnam[J]. Journal of Rural Cooperation, 38 (2): 117-133.

Wu Q, Mu Y P, Feng Y. 2015. Coordinating contracts for fresh product outsourcing logistics channels with power structures[J]. International Journal of Production Economics, 160: 94-105.

Yang B, Xie L. 2019. Bayesian network modelling for "direct farm" mode based agricultural supply chain risk[J]. Journal of Physics: Conference Series, 1288 (1): 012056.

Yang L, Tang R H. 2019. Comparisons of sales modes for a fresh product supply chain with freshness-keeping effort[J]. Transportation Research Part E: Logistics and Transportation Review, 125: 425-448.

Yin R K. 2014. Case Study Research: Design and Methods[M]. 5th ed. Los Angeles: Sage Publications.

Yip G S. 2004. Using strategy to change your business model[J]. Business Strategy Review, 15 (2): 17-24.

Zasada I. 2011. Multifunctional peri-urban agriculture: a review of societal demands and the provision of goods and services by farming[J]. Land Use Policy, 28 (4): 639-648.

Zhang J, Farris P W, Irvin J W, et al. 2010. Crafting integrated multichannel retailing strategies[J]. Journal of Interactive Marketing, 24 (2): 168-180.

Zheng C. 2014. The inner circle of technology innovation: a case study of two Chinese firms[J]. Technological Forecasting and Social Change, 82 (3): 140-148.

Zikmund W G, McLeod R, Gilbert F W. 2002. Customer Relationship Management: Integrating Marketing Strategy and Information Technology[M]. New York: Wiley Publications.

Zott C, Amit R, Massa L. 2011. The business model: recent developments and future research[J]. Journal of Management, 37 (4): 1019-1042.